"十四五"国家重点出版物出版规划项目

★ 转型时代的中国财经战略论丛 ◢

中国进口价值链与国内价值链互动机制及其经济增长效应研究

Interaction Mechanism between
China's Import Value Chain and Domestic Value Chain
and Its Economic Growth Effect

高敬峰　王　彬　著

中国财经出版传媒集团
经济科学出版社
Economic Science Press

图书在版编目（CIP）数据

中国进口价值链与国内价值链互动机制及其经济增长效应研究/高敬峰，王彬著．—北京：经济科学出版社，2021.9

（转型时代的中国财经战略论丛）

ISBN 978 - 7 - 5218 - 2930 - 3

Ⅰ．①中… Ⅱ．①高…②王… Ⅲ．①进口贸易 - 研究 - 中国②国内贸易 - 经济增长 - 研究 - 中国　Ⅳ．①F752.61②F72

中国版本图书馆 CIP 数据核字（2021）第 198277 号

责任编辑：于　源
责任校对：杨　海
责任印制：范　艳

中国进口价值链与国内价值链互动机制及其经济增长效应研究
高敬峰　王　彬　著
经济科学出版社出版、发行　新华书店经销
社址：北京市海淀区阜成路甲 28 号　邮编：100142
总编部电话：010 - 88191217　发行部电话：010 - 88191522
网址：www.esp.com.cn
电子邮箱：esp@esp.com.cn
天猫网店：经济科学出版社旗舰店
网址：http://jjkxcbs.tmall.com
北京季蜂印刷有限公司印装
710×1000　16 开　16 印张　260000 字
2022 年 1 月第 1 版　2022 年 1 月第 1 次印刷
ISBN 978 - 7 - 5218 - 2930 - 3　定价：66.00 元
(图书出现印装问题，本社负责调换．电话：010 - 88191510)
(版权所有　侵权必究　打击盗版　举报热线：010 - 88191661
QQ：2242791300　营销中心电话：010 - 88191537
电子邮箱：dbts@esp.com.cn）

总　序

转型时代的中国财经战略论丛

　　《转型时代的中国财经战略论丛》是山东财经大学与经济科学出版社合作推出的"十三五"系列学术著作，现继续合作推出"十四五"系列学术专著，是"'十四五'国家重点出版物出版规划项目"。

　　山东财经大学自2016年开始资助该系列学术专著的出版，至今已有5年的时间。"十三五"期间共资助出版了99部学术著作。这些专著的选题绝大部分是经济学、管理学范畴内的，推动了我校应用经济学和理论经济学等经济学学科门类和工商管理、管理科学与工程、公共管理等管理学学科门类的发展，提升了我校经管学科的竞争力。同时，也有法学、艺术学、文学、教育学、理学等的选题，推动了我校科学研究事业进一步繁荣发展。

　　山东财经大学是财政部、教育部、山东省共建高校，2011年由原山东经济学院和原山东财政学院合并筹建，2012年正式揭牌成立。学校现有专任教师1688人，其中教授260人、副教授638人。专任教师中具有博士学位的962人。入选青年长江学者1人、国家"万人计划"等国家级人才11人、全国五一劳动奖章获得者1人，"泰山学者"工程等省级人才28人，入选教育部教学指导委员会委员8人、全国优秀教师16人、省级教学名师20人。学校围绕建设全国一流财经特色名校的战略目标，以稳规模、优结构、提质量、强特色为主线，不断深化改革创新，整体学科实力跻身全国财经高校前列，经管学科竞争力居省属高校领先地位。学校拥有一级学科博士点4个，一级学科硕士点11个，硕士专业学位类别20个，博士后科研流动站1个。在全国第四轮学科评估中，应用经济学、工商管理获B+，管理科学与工程、公共管理获B-，B+以上学科数位居省属高校前三甲，学科实力进入全国财经高校前十。工程学进入 ESI 学科排名前 1%。"十三五"期间，我校聚焦内涵式发展，全面实施了科研强校战略，取得了一定成绩。获批国家级课题项目 172 项，教育部及其他省部级课题项目 361 项，承担各级各类横向课题 282 项；教师共发表高水平学术论文 2800 余篇，出版著作 242 部。同时，新增了山东省重点实验室、省重点新型智库和研究基地等科研平台。学校的发展为教师从事科学研究提供了广阔的平台，创造了更加良好的学术生态。

"十四五"时期是我国由全面建成小康社会向基本实现社会主义现代化迈进的关键时期，也是我校进入合校以来第二个十年的跃升发展期。2022 年也将迎来建校 70 周年暨合并建校 10 周年。作为"十四五"国家重点出版物出版规划项目，《转型时代的中国财经战略论丛》将继续坚持以马克思列宁主义、毛泽东思想、邓小平理论、"三个代表"重要思想、科学发展观、习近平新时代中国特色社会主义思想为指导，结合《中共中央关于制定国民经济和社会发展第十四个五年规划和二〇三五年远景目标的建议》以及党的十九届六中全会精神，将国家"十四五"期间重大财经战略作为重点选题，积极开展基础研究和应用研究。

与"十三五"时期相比，"十四五"时期的《转型时代的中国财经战略论丛》将进一步体现鲜明的时代特征、问题导向和创新意识，着力推出反映我校学术前沿水平、体现相关领域高水准的创新性成果，更好地服务我校一流学科和高水平大学建设，展现我校财经特色名校工程建设成效。通过对广大教师进一步的出版资助，鼓励我校广大教师潜心治学，扎实研究，在基础研究上密切跟踪国内外学术发展和学科建设的前沿与动态，着力推进学科体系、学术体系和话语体系建设与创新；在应用研究上立足党和国家事业发展需要，聚焦经济社会发展中的全局性、战略性和前瞻性的重大理论与实践问题，力求提出一些具有现实性、针对性和较强参考价值的思路和对策。

山东财经大学校长

2021 年 11 月 30 日

前　言

转型时代的中国财经战略论丛

全球价值链的发展推动了国际贸易和世界各国的经济增长，在新一轮技术革命的背景下，发达国家的贸易保护做法加剧了全球价值链重构。面对复杂严峻的国际和国内经济形势，我国提出了以国内大循环为主体、国内国际双循环相互促进的中长期发展战略。这迫切要求我们在探讨如何畅通国内经济循环的同时，进一步研究国际经济循环与国内经济循环相互作用的机制。本书从进口价值链角度研究全球价值链，以价值链质量为基础研究进口价值链与国内价值链的互动机制，从进口供给侧视角研究国内价值链优化升级，从理论上进一步丰富了全球价值链研究领域的学术思想，对于推动我国经济双循环发展和全球价值链地位攀升等政策研究具有积极的现实意义。

本书来源于国家社会科学基金项目（17BJY147）的研究成果，针对中国进口价值链与国内价值链的互动机制以及对国内经济增长的影响进行研究。本书在分析全球价值链分工与合作的理论机制的基础上，提出了价值链质量的概念和测算方法，通过构建包括国内经济区域和国内省区市的嵌入式世界投入产出分析工具，对国内价值链与全球价值链的生产长度和生产位置、国内价值链与进口价值链的质量等问题进行了研究，分析了我国国内价值链的演化及其对经济增长的影响，提出了我国国内价值链优化升级的发展目标、发展战略和措施建议。

国内价值链优化升级最终要体现到全球价值链中的竞争力上来，我国国内价值链优化升级的发展目标是要向全球价值链的中高端不断迈进，提高我国在全球价值链中所获取的附加值，增强产业在全球价值链中的控制力和竞争力。我们要充分利用新技术发展带来的机遇，培育数字技术新优势，促进国内价值链成长；充分利用"一带一路"等开放倡议，加强与跨国企业互动合作，改善进口价值链质量；重视服务业对外开放，延伸技术贸易进口在国内区域价值链的长度；调整国内区域发展政策，尽力消除区域壁垒，促进国内区域经济一体化；积极培育高级生产要素，提高国内生产与进口技术的配套能力，提升国内价值链的质量，提高国内企业对价值链的控制力和竞争力；进一步扩大国家自由贸易试验区建设，注重培育区内产业集群，提高产业集群的知识溢出能力和辐射能力。

本书在学术思想、学术观点、研究方法上进行了探索性创新。在学术思想上，本书认为供给侧结构改革也应关注全球价值链条上的进口供给问题，进口价值链与国内价值链通过投入产出机制、供应链机制和产业集聚机制等会产生内在的作用力与反作用力，这既会影响国内的经济增长和创新发展，也会影响一国的国际竞争力。在学术观点上，本书提出价值链质量概念及其测算方法，并将其应用于进口价值链与国内价值链的互动机制研究。通过研究发现，包含来源地和技术复杂度等多方面异质性的中间进口品所引致的进口价值链不仅有长度上的差异，更有质量上的不同。一国若想获得进口价值链与国内价值链的良性互动发展效果，要着重改善进口价值链质量。在研究方法上，本书强调世界投入产出模型与国内区域投入产出模型的结合应用，利用线性规划技术将世界投入产出表与国内区域投入产出模型相结合，分别构建了国内八大经济区域、国内30个省区市的嵌入式世界投入产出表，并应用于中国内部区域和省区市的细化研究。

在经济双循环发展格局下，国内供给侧改革逐渐深化，国际上全球价值链发展和产业结构深度调整。我们要抓住全球价值链重构的机遇，注重国内经济一体化建设，积极培育高质量的国内价值链，争取在全球价值链治理规则上的话语权和控制力，实现我国在全球价值链中地位的攀升。

目　录

转型时代的中国财经战略论丛

第1章　引言 ………………………………………………………… 1
　　1.1　研究内容 …………………………………………………… 2
　　1.2　研究思路与方法 …………………………………………… 5
　　1.3　创新之处 …………………………………………………… 7

第2章　国内外相关研究动态 ……………………………………… 9
　　2.1　全球价值链生产长度与分工位置研究 …………………… 9
　　2.2　价值链质量研究 …………………………………………… 21
　　2.3　国内价值链研究 …………………………………………… 22
　　2.4　本章小结 …………………………………………………… 30

第3章　全球价值链分工与合作的理论机制 ……………………… 31
　　3.1　全球价值链分工和生产位置的理论研究 ………………… 31
　　3.2　进口价值链与国内价值链的互动机制 …………………… 42
　　3.3　本章小结 …………………………………………………… 53

第4章　价值链拆分：概念、工具及模型 ………………………… 55
　　4.1　全球价值链、国内价值链和进口价值链的概念界定 …… 55
　　4.2　嵌入式投入产出表构建方法 ……………………………… 59
　　4.3　价值链拆分模型 …………………………………………… 72
　　4.4　本章小结 …………………………………………………… 76

第5章　国内价值链与全球价值链生产长度和生产位置 …… 77
5.1　价值链生产长度与位置定义 …… 77
5.2　价值链生产长度与位置测算方法 …… 79
5.3　中国国内价值链和全球价值链生产长度及与世界其他经济体的比较 …… 82
5.4　中国国内经济区域和省区市价值链生产长度及其比较 …… 91
5.5　价值链生产位置及中国的表现 …… 98
5.6　本章小结 …… 104

第6章　国内价值链与进口价值链质量 …… 106
6.1　价值链质量概念界定与测算方法 …… 106
6.2　价值链质量的演化特征 …… 112
6.3　进口价值链质量影响国内价值链质量的经验分析 …… 118
6.4　本章小结 …… 131

第7章　国内价值链发展与地区经济增长 …… 133
7.1　价值链参与度及其测算方法 …… 133
7.2　国内价值链发展基本情况 …… 135
7.3　国内省区市价值链参与度情况 …… 153
7.4　融入国内价值链分工与地区经济增长 …… 159
7.5　本章小结 …… 168

第8章　国内价值链优化升级 …… 170
8.1　国内价值链优化升级的发展目标和实现机制 …… 170
8.2　国内价值链优化升级的特征性事实 …… 181
8.3　国内价值链优化升级的经验检验 …… 188
8.4　本章小结 …… 212

第9章　结论与建议 …… 214
9.1　研究结论 …… 214

9.2 研究建议 …………………………………………… 216
9.3 进一步的研究方向 ………………………………… 219

参考文献 …………………………………………………… 221

附表 ………………………………………………………… 236

第1章 引　　言

全球价值链的兴起和发展推动了国际贸易的快速增长，大规模的中间产品出口和进口在推动生产制造活动顺利开展的同时，为世界各国的经济增长也作出了重要贡献。不过，在经历了几十年的快速发展之后，全球价值链已经出现了发展缓慢的迹象（World Bank，2020）。一方面，全球价值链的发展本身已较为成熟，全球价值链贸易规模在2019年就已经占到世界贸易的3/4（博鳌亚洲论坛，2019），继续快速发展的难度越来越大；另一方面，在新技术革命的背景下，发达国家出于保护国内就业和促进经济增长等目的纷纷出台了制造业回流战略，美国的贸易保护做法更加剧了国际经贸冲突。全球价值链将进入剧烈调整期，各国的国内价值链也同样面临重构。

世界经济和贸易政策的不确定性对全球价值链重构的影响还很难估算，对我国而言，这其中既有风险，也有很大的机遇。当前我国经济发展正步入新常态，迫切需要从国内、国外不同角度寻求新的增长动力。国内外经济发展环境压力巨大，迫切要求我们在探讨如何通过国内供给侧改革促进经济增长的同时，进一步研究国外价值链与中国生产制造活动的供求关系，探讨如何有效利用国外价值链供给的资源，完善进口价值链与国内价值链的互动机制，实现国内价值链的优化升级，通过创新发展来提高我国的国际竞争力。

本书从进口价值链角度研究全球价值链，以价值链质量为基础研究进口价值链与国内价值链的互动机制，从理论上进一步丰富全球价值链研究领域的学术思想。价值链的质量并不局限于价值链条上中间产品的质量，它还应该从价值链的角度更多地关注各个生产环节之间的生产关联和技术联系，也就是价值链条上的互动和协同效果。本书将价值链质量问题引入全球价值链的研究领域,对于该领域的研究具有一定的理论价值。

  本书以开放经济为前提,从进口供给侧视角研究国内价值链优化升级,分析进口价值链与国内价值链的相互作用关系,以及对我国经济增长的影响,有助于我们在更高层次上提炼出国内价值链优化升级的发展战略和具体措施,从而应用于政府决策参考。我国致力于推进更高水平对外开放,尤其重视贸易高质量发展,并于2019年出台了《关于推进贸易高质量发展的指导意见》。本书关于国内价值链质量以及国内价值链优化升级等问题的研究,对于推动我国贸易高质量发展和全球价值链地位攀升等政策研究具有积极的现实意义。

1.1　研究内容

1.1.1　研究对象与目标

  本书针对中国进口价值链与国内价值链的互动机制以及对国内经济增长的影响进行研究。首先,从理论上分析全球价值链分工位置的决定因素;其次,依据供应链理论、产业关联和产业集聚理论,从不同维度阐述进口价值链与国内价值链的相互促进和相互制约关系;再次,在明确了理论基础之后,本书将进一步对中国的实践进行经验研究,包括中国总体及其细分区域的进口价值链的长度和质量测算、进口价值链与国内价值链的关联效果、国内价值链的发育程度及其经济增长效应等;最后,在理论分析和经验研究的基础上,本书提出中国国内价值链优化升级的目标、发展战略及其具体的政策措施建议。

  本书的主要目标一是要分析进口价值链与国内价值链的互动机制,二是要构建进口价值链长度和质量指标并进行测算和国际比较,三是研究国内价值链成长对国内经济增长的影响,四是要提出中国国内价值链优化升级的发展目标、战略和政策措施。

1.1.2　研究框架与内容

本书由9章内容组成,除本章引言和第2章国内外研究动态评述外,具体的研究框架和主要内容如下:

1. 全球价值链分工与合作的理论机制

该部分在阐述全球价值链分工位置决定因素的基础上,着重研究进口价值链与国内价值链的互动机制。全球价值链分工和生产位置除了由劳动生产率和要素禀赋比较优势因素决定外,还受技术水平、规模经济、离岸外包成本等因素的影响。在不完全契约条件下,跨国企业会进行外包和一体化生产的选择与决策。进口价值链与国内价值链既存在竞争和相互制约的关系,也存在互补和相互促进的作用。进口价值链与国内价值链会通过投入—产出关联机制、供应链机制和产业集群机制产生互动影响,投入—产出关联机制侧重于考察生产活动的技术经济联系以及相应的前向、后向关联作用;供应链机制侧重于考察供应链上下游环节的协同技术进步和技术溢出效应;产业集群机制侧重于考察价值链组织和治理下具有区域特征的产业集群的形成及其外部性。

2. 价值链拆分工具和模型的构建

该部分一是厘清全球价值链、进口价值链与国内价值链的内涵及其相互关系。进口价值链和国内价值链都是全球价值链的一部分,三者在分工决定因素、生产网络组织运营方面并无本质区别,但在分工地理范围、治理结构和营销渠道等方面存在差异。国内价值链是在国家边界内的分工,可以从经济区域、省区市、行业不同角度进行考察。二是运用一般均衡和线性规划思想改进世界投入产出分析,引入中国不同区域的投入产出模型,将国内区域间、省区市间的投入产出表嵌入世界投入产出表,构建起价值链拆分的基础工具。三是建立价值链拆分研究的量化模型,用于研究中国进口价值链与国内价值链的关联关系。

3. 国内价值链与全球价值链生产长度和生产位置的量化研究

该部分在界定价值链生产长度和生产位置定义的基础上，运用价值链生产长度和位置的测算方法，对中国国内价值链和全球价值链生产长度、中国国内经济区域和省区市价值链生产长度进行测算，并将中国国内价值链和全球价值链生产长度与世界其他经济体进行比较，对中国国内经济区域和省区市各种类型的价值链生产长度进行比较，分析中国在全球价值链中的生产位置及其表现，并对细分的中国国内经济区域、国内各省区市的价值链生产位置进行比较和分析。

4. 国内价值链与进口价值链的质量研究

该部分首先在界定价值链质量概念的基础上，综合考虑价值链条上中间产品的质量以及投入产出关联关系的密切程度，提出价值链质量的测算方法；然后运用经由中国国内经济区域扩充的世界投入产出分析数据库，分别测算中国及其国内各经济区域中不同类型价值链的质量，并与世界主要国家和地区的相应指标进行对比；最后建立计量模型，对进口价值链质量影响国内价值链质量提升问题进行经验分析。

5. 中国国内价值链演化与经济增长效应分析

国内价值链发展可以从多个维度进行刻画，包括国内价值链的参与度、国内价值链的广度（区域覆盖程度）、深度（价值链分工体系完整程度）、匹配度（资源配置合理度）以及国际竞争力等指标。本部分一方面在对上述指标进行测算的基础上，对国内价值链发展的基本状况进行描述性统计分析，另一方面检验中国融入全球价值链和融入国内价值链对经济增长的影响。该部分依托于本书扩展的世界投入产出分析方法，利用计量分析工具进行研究。

6. 中国国内价值链优化升级研究

中国市场空间广阔，不同区域要素禀赋互补，为国内价值链成长提供了良好的基础。在中国对外开放向纵深发展的背景下，有效利用进口价值链和国内价值链的互动机制，有助于国内价值链优化升级，并促进经济增长。本部分以迈向全球价值链中高端、获取高附加值和提高国际竞争力为发展目标,从区域一体化合作战略、要素培育和要素集聚战略、产业集群发展战略等角度,提出国内区域价值链优化升级的具体措施建议,包括以下方面:充分利用"一带一路"等开放倡议,创造良好的进口环境,改善进口价值链质量;重视服务业对外开放,延伸技术贸易进口在国内区域价值链的长度;调整国内区域发展政策,尽力消除区域壁垒,实现国内区域一体化;积极培育高级生产要素,提高国产品与进口技术的配套能力,提升国内价值链的质量,提高国内企业对价值链的控制力和竞争力;进一步扩大国家自由贸易试验区建设,注重培育区内产业集群,提高产业集群的知识溢出能力和辐射能力等。本部分还对中国国内价值链优化升级的特征性事实进行分析,并对国内价值链优化升级的影响因素进行经验检验。

1.1.3 研究重点与难点

本书的重点是研究进口价值链与国内价值链的互动机制并运用于中国的经验分析,其关键一是要从"量"和"质"两个维度构建价值链的度量指标,二是要将世界投入产出分析与国内区域分析相结合。

本书的难点是进口价值链质量维度指标的构建,该指标既要考虑进口投入品在来源国和技术复杂度方面的异质性,还有考虑生产链条上因投入产出关系而形成的产业关联性。

1.2 研究思路与方法

1.2.1 研究思路

本书研究的基本思路以技术路线图方式表示(见图1-1)。

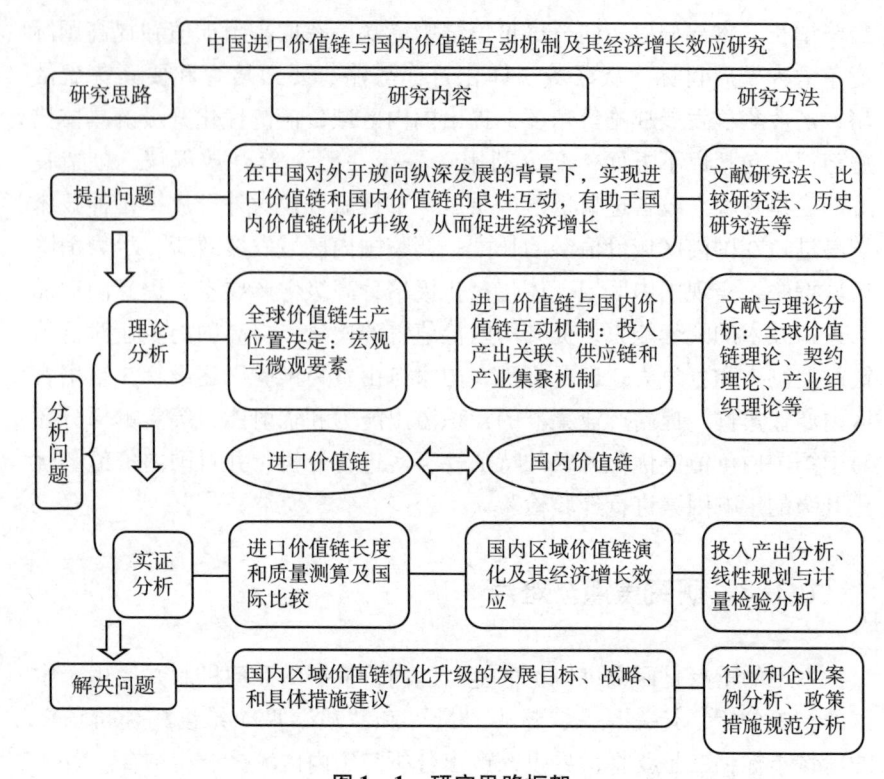

图 1-1 研究思路框架

资料来源：作者绘制。

1.2.2 研究方法

根据本书的研究目标与内容，以全球价值链理论、增加值贸易理论、契约理论、产业组织理论、数理模型等为基础，综合采用以下分析方法：

1. 文献分析与比较研究方法

在全球价值链分工位置决定因素、进口价值链与国内价值链互动机制等方面，使用文献分析和比较研究方法，确立价值链长度和质量测算技术，分析进口价值链与国内价值链的相互作用关系。

2. 投入产出分析、线性规划与计量分析方法

测算进口价值链和中国国内价值链的互动关系，其重要基础是世界性的投入产出模型和国内区域投入产出模型，二者的结合依靠的是线性规划最优求解技术，而在实证分析进口价值链对国内价值链的影响、国内价值链对经济增长的影响时需采用相关的计量检验方法。

3. 实地调研方法

在对国内部分地区的产业集群、外包服务基地以及有关重点企业进行实地调研的基础上，本书从企业经营活动的现实中总结出企业参与全球价值链分工的利益分配机制和竞争力状况，并与实证测算结果相互进行检验。

1.3　创新之处

本书在学术思想、学术观点、研究方法上具有一定的特色和创新之处，具体如下：

在学术思想上，本书认为供给侧结构改革也应关注全球价值链条上的进口供给问题，进口价值链与国内价值链通过投入产出机制、供应链机制和产业集聚机制等会产生内在的作用力与反作用力，这既会影响国内的经济增长和创新发展，也会影响一国的国际竞争力。

在学术观点上，本书提出价值链质量概念及其测算方法，并应用于进口价值链与国内价值链的互动机制研究。包含来源地和技术复杂度等多方面异质性的中间进口品所引致的进口价值链不仅有长度上的差异，更有质量上的不同。一国欲获得进口价值链与国内价值链的良性互动发展效果，要着重改善进口价值链质量。

在研究方法上，本书强调世界投入产出模型与国内区域投入产出模型的结合应用。世界投入产出分析技术近几年由经济合作与发展组织（OECD）和世界贸易组织（WTO）等国际机构推广应用至增加值贸易研究领域，本书利用线性规划技术将其与国内区域投入产出模型相结合，分别构建了国内八大经济区域、国内30个省区市的嵌入式世界投入产出表，并应用于中国内部区域和省区市的细化研究。

在经济新常态背景下，国内供给侧改革逐渐深化，国际上全球价值链发展和产业结构深度调整，我国面临的国内外形势日趋严峻。研究如何通过改善进口价值链质量、优化进口价值链和国内区域价值链的互动机制来进一步拉动经济增长和提高国际竞争力，具有很强的政策指导意义。预计本书的研究将有助于推动政府制定国内区域和产业协作发展战略，有助于提高企业自主创新意识，产生良好的社会效益。

第2章 国内外相关研究动态

全球价值链领域的研究取得了较为丰富的成果，尤其是最近几年，伴随着世界投入产出数据库的成功开发，与全球价值链相关的测算研究成果更为丰富。与本书相近的国内外文献主要集中在全球价值链生产长度与分工位置、价值链质量、国内价值链与全球价值链的对接研究等几个方面，本章将对这些研究进展和动态进行评述。

2.1 全球价值链生产长度与分工位置研究

本部分主要简述全球价值链生产长度和分工位置影响因素及测度方法方面的国内外研究进展。

2.1.1 全球价值链分工位置的影响因素

全球价值链由一系列的生产阶段组成，这些生产阶段全部完成后生产出来的产品或服务，最终销售给消费者。全球价值链上的每个生产阶段都会增加价值，并且至少有两个生产阶段在不同的国家完成（Antràs，2019）。这种跨国界的更为精细的国际分工是一种高度的专业化分工（Hyper-specialization），全球价值链不仅允许资源跨国家和部门流动，也允许资源跨生产阶段在部门内得到最有效的利用。一个国家中的某个企业参与全球价值链意味着该企业至少在全球价值链中的一个生产阶段上生产，因此，传统的国际分工和国际贸易的决定因素，例如要素禀赋、技术差距、市场规模等，都与融入全球价值链的位置和程度有关。

在比较优势贸易模型中，要素禀赋是决定国际贸易结构的关键因素。劳动力丰富的国家在生产劳动密集型产品方面具有比较优势，拥有大量可耕地或自然资源的国家从事初级产品的生产出口。在全球价值链条件下，要素禀赋在形成专业化分工方面发挥着类似的作用，从而影响到各国在全球价值链分工中的位置。一般情况下，自然资源丰富的国家会通过前向关联方式参与到全球价值链分工中，向处在下游生产阶段的其他国家出口其资源性产品。物质资本或熟练劳动力丰富的国家可能位于全球价值链的上游阶段生产，也可能位于全球价值链的下游阶段生产，这取决于不同行业或产品的全球价值链上游阶段和下游阶段的要素密集性质。不过，在全球价值链条件下，对外直接投资行为经常发生，即便是物质资本相对匮乏的发展中国家和地区，通过吸收外商直接投资也有能力从事资本密集型的生产阶段。

在制度因素引入比较优势变量之后（Nunn，2007），一个国家的制度质量也成为影响全球价值链分工的重要因素。合同是否能得到保障是决定国际货物和服务贸易流的重要影响因素之一，全球价值链所要求的生产阶段之间的紧密联系性对合同执行力提出了更高的要求。全球价值链具有显著互补性的多阶段生产过程往往对合同制度特别敏感（Acemoglu et al.，2007），尤其是全球价值链的绩效往往受到其最薄弱环节的强度的严重影响（Antràs，2019），由合同执行不力导致的生产延迟或事故在全球价值链中的危害性相对更大。因此，一个国家的制度质量及其政治稳定性是影响这个国家参与全球价值链分工的重要决定因素，而且相比于其在传统贸易中的影响更大。

国际分工和国际贸易贸易模型所强调的一个重要因素是成本，而贸易成本对贸易规模的影响作用已经被国际贸易的经验研究所证实。贸易成本可能源自地理位置、基础设施、关税和非关税贸易壁垒、通关手续和效率等多种因素，这些因素对全球价值链的影响是非常直接的。全球价值链的多阶段生产特征不允许其中任何一个阶段出现差错，无论哪个生产环节出现了差错或延误，都会对全球价值链产生一定的负面影响，而且从成本角度看，贸易成本会进入中间品的成本，并通过价值链进行传递，从而转化为相应国家的出口成本，这样就会影响这些国家参与全球价值链的比较优势。世界银行的研究表明，在全球价值链上交易的很多产品，每延迟一天就相当于被征收超过1%的关税（World Bank，

2020)。约翰逊和莫克斯（Johnson & Moxnes，2019）也研究了比较优势和贸易成本对全球价值链结构和贸易流动的影响。该文献建立了一个多阶段制造业价值链的贸易定量模型，该模型以产品和生产阶段都具有不同的冰山贸易成本和技术为特征。该模型分析了贸易成本和技术在推动生产分散化方面的作用，以及价值链结构在塑造贸易弹性方面的作用。研究发现，各国在全球价值链上游、下游上的比较优势存在着相当大的差异，这些差异决定了出口最终产品和投入品的结构。贸易成本的变化促使价值链重组，导致出口平台采购策略更加复杂。

国际贸易成本除了对全球价值链的分工位置产生影响之外，还会对跨国企业在全球价值链中的组织方式选择等决策行为产生影响。科斯蒂诺等（Costinot et al.，2013）研究了全球价值链上出错的概率对不同国家生产位置的影响，较低的出错率对应着较高的技术水平或全要素生产率水平，工资较高的国家会处于价值链相对较为高端的生产阶段；格罗斯曼和罗西·汉斯伯格（Grossman & Rossi-Hansberg，2012）在分析任务贸易时认为，离岸外包的成本因任务而异，离岸外包成本相对较高的任务在工资较高、总产出较高的国家完成；安特拉斯和乔（Antràs & Chor，2013）则讨论了价值链上企业关于外包和一体化的决策问题。从成本份额角度来考虑，投入品的技术重要性也是决定一体化还是外包的一个主要因素，技术上重要的投入品很可能是由企业内部生产的。在买方与供应商之间存在不完全契约的条件下，企业虽然希望将其重要的投入品生产外包，以鼓励供应商对投入品质量进行投资，但是通过市场来完成高成本份额的中间品交易可能会导致昂贵的适应和协调成本以及上游合作伙伴的机会主义行为，因此，企业选择纵向一体化是有利的。贝林杰里等（Berlingieri et al.，2018）使用法国的细致贸易数据和企业层面数据对此进行了验证。

2.1.2 全球价值链生产长度与分工位置的测算方法

从实证研究来看，准确度量一国在全球价值链中所处的位置非常困难，学者们的尝试主要分为以下三类方法：一是价值增值法，主要使用企业纵向产业链上各环节的增加值与总销售额的比值来衡量企业的纵向一体化水平（Kraemer et al.，2011；Dedrick，2010；Linden et al.，2011），该方法对于全球价值链的描述非常精细,但限于企业层次具体产品数据获得的困难,只适合于个案研究;二是技术指标替代法,通过考察一国的出口商品构成状况给出该国所处价值链位置的间接证据(Lall et al.,2006;Xu,2007),该方法适合对不同国家的总体状况进行近似比较,但在细分行业或产品的价值链研究方面较为困难;三是投入产出法,运用投入产出表来反映产业间的纵向关系,利用企业在各产业的市场份额数据和各产业间的投入产出关系计算企业的纵向一体化程度。投入产出方法在最近几年取得了较大进展,尤其是在 OECD 和 WTO 世界投入产出数据库开发成功之后。

由于本书是通过投入产出方法对全球价值链生产长度和分工位置开展研究,下面主要针对投入产出方法的研究进展进行评述。这主要包括库普曼等(Koopman et al.,2010)的垂直专业化方法、法利(Fally,2012)和安特拉斯等(Antràs et al.,2012)的生产工序方法、王等(Wang et al.,2017)的生产结构分解方法。

1. 库普曼等(2010)的垂直专业化方法

库普曼等(2010)在对出口中的增加值分解的基础上,提出了全球价值链嵌入位置和参与程度的测算方法,具体公式为:

$$\text{GVC\_Position}_{ir} = \ln\left(1 + \frac{\text{IV}_{ir}}{\text{E}_{ir}}\right) - \ln\left(1 + \frac{\text{FV}_{ir}}{\text{E}_{ir}}\right) \quad (2-1)$$

$$\text{GVC\_Participation}_{ir} = \frac{\text{IV}_{ir}}{\text{E}_{ir}} + \frac{\text{FV}_{ir}}{\text{E}_{ir}} \quad (2-2)$$

其中,GVC_Position 表示全球价值链嵌入位置,GVC_Participation 表示全球价值链参与度,i 表示行业,r 表示国家,IV 表示间接出口的增加值,FV 表示出口中包含的国外增加值,E 表示海关统计方式的出口额。

全球价值链嵌入位置说明了一个国家某行业在全球价值链中是处于上游位置还是下游位置。GVC_Position 值越大,对应的行业越是处于全球价值链的上游位置,其基本含义是:如果一个行业出口中的国内增加值被直接进口国加工使用后再出口的份额相对较大,而该行业出口中所使用的国外增加值份额相对较小,那么该行业处于全球价值链的上游生产位置,否则处于下游生产位置。全球价值链参与度说明了一个国家的某个行业在全球价值链中的相对参与规模和长度,GVC_Participation 值越大，对应的行业在全球价值链中的参与度越高。

利用上述全球价值链嵌入位置和全球价值链参与度的测算方法，很多学者对我国在全球价值链的嵌入位置和参与程度问题进行了研究，如盛斌等（2018）、许和连等（2018）、余振等（2018）、张志明和周彦霞（2019）、盛斌和景光正（2019）等。吕越等（2018）还进一步运用该方法匹配到微观企业层面，分析了企业嵌入全球价值链的位置与企业研发创新的关系。库普曼等（Koopman et al., 2014）、王等（Wang et al., 2013）更细致地对双边出口中的增加值分解进行了研究，这使得有关全球价值链嵌入位置、全球价值链地位的研究也相对更为细致。王孝松等（2017）、唐宜红等（2018）借鉴王等（2013）的研究方法分别分析了全球价值链嵌入与贸易保护、国际经济发展周期的关系，张鹏杨和唐宜红（2018）、陈旭等（2019）、耿晔强和白力芳（2019）、罗军（2019）则利用出口中的国内增加值率研究了全球价值链地位问题。

2. 法利（2012）和安特拉斯等（2012）的生产工序方法

全球价值链中的生产位置描述了一个国家某部门是处于价值链的上游还是下游生产环节，这主要通过价值链的生产长度来判断。在利用投入产出分析方法从生产工序的角度理解和测度全球价值链生产长度和生产位置的研究方法方面，法利（2012）和安特拉斯等（2012）作出了开创性贡献，此后，安特拉斯和乔（2013）、米勒和特穆索耶夫（Miller & Temurshoev，2017）、安特拉斯和乔（Antràs & Chor，2018）等进一步完善和发展了该研究方法。法利（2012）、安特拉斯等（2012）、安特拉斯和乔（2013）等，是以国内投入产出表为工具对价值链生产长度和分工位置进行测算。法利（2012）区分了相对于初始生产要素和相对于最终需求的生产长度，对美国生产价值链长度演化特征进行了研究，安特拉斯等（2012）提出了相对于最终需求的产出上游度（Output Upstreamness）测算方法，并对多个国家的生产价值链长度和出口价值链长度进行了研究。在世界投入产出工具较为成熟之后，尤其是 WIOD 数据库开发成功之后，后期的文献，包括米勒和特穆索耶夫（2017）、安特拉斯和乔（2018）等，都是以世界投入产出表为工具对价值链生产长度和分工位置进行测算。米勒和特穆索耶夫（2017）将国内投入产出分析方法过渡到全球投入产出分析方法，进一步阐述了全球价值链产出上游度和投入下游度（Input Downstreamness）的研究思路，安特拉斯和乔（2018）针对上述研究方法进行了梳理和总结对比。

下面分别对上述研究方法的研究思路、测度方法和公式、研究进展进行介绍和评述。

①研究思路。

价值链的生产长度有两种定义：一是产出上游度，是部门相对于最终需求的生产长度，它度量某部门产品在生产出来之后，以中间投入品的形式投入各个部门产品的生产中去，在到达最终需求之前所经历的生产阶段数量，表达了产业之间的前向关联关系（Forward Industrial Linkages）。二是投入下游度，是部门相对于初始生产要素的生产长度，它度量某部门产品在生产出来之前所经历的生产阶段数量，也就是有多少工厂或生产环节顺序进入了该产品的生产过程，表达了产业之间的后向关联关系（Backward Industrial Linkages）。

法利（2012）为了研究生产活动垂直分工程度，构建了关于生产阶段的两个指标，一个是产品在生产出来之前所经历的生产阶段数，另一个是产品在生产出来之后直到最终需求的生产阶段数，这就是投入下游度和产出上游度两个概念的雏形。该文献利用美国1947年以来的投入产出表，对50多年来的两个生产阶段数进行了测算，发现美国生产活动的垂直分工程度是逐渐下降的，生产阶段数在减少。即便排除服务业，总的生产阶段数也是减少的。生产阶段数下降的原因很难解释，部分原因在于增加值不断地向最终生产阶段转移，如广告密集型行业的增长。该文献验证了生产阶段数测算方法的稳健性，不会因为投入产出表行业分类过于粗略或细致而产生显著偏向。

安特拉斯等（2012）、安特拉斯和乔（2013）进一步研究了部门相对于最终需求的生产长度，提出了产出上游度的另外一种测算方法，并证明了与法利（2012）测算结果的一致性。这两篇文献都是使用了美国2002年的投入产出表作为计算工具，前者主要解释了产出上游度与产业前向关联两个概念的关系，并将生产长度用于国际贸易活动分析，检验了出口上游度（Upstreamness of Exports）的决定因素；后者还另外提出了一种判断生产位置时只考虑直接使用的简单方法（DUse_TUse），即一部门作为中间投入品被最终产品直接使用的价值占该部门总的中间使用价值的比例,该比例越高,说明该部门产品越是被密集地用作最终产品的直接投入品,因此,该部门越是于生产活动的下游;反过来,该比例越低,说明该部门产品越是通过间接的方式进入生产过程,因此,该部门处于相对上游生产阶段。安特拉斯和乔(2013)将生产位置与企业的组织决策问题相联,构建了一个关于企业的产权模型。在这个模型中,生产需要一个具有独特顺序的连续阶段。在每个阶段,最终产品生产者与不同的供应商签订合同,采购定制的特定阶段的零部件。该模型描述了价值链上所有权最优分配的特征,整合供应商的动机取决于供应商在价值链中的相对位置是上游还是下游,而这种依赖性的关键是由企业面临的平均买方需求弹性的相对大小和生产投入之间的互补程度决定的。

  米勒和特穆索耶夫(2017)明确提出了产出上游度和投入下游度的概念,并在安特拉斯等(2012)、安特拉斯和乔(2013)产出上游度测算方法的基础上,提出了投入下游度的测算方法,分析了产出上游度和投入下游度与产业前向关联和后向关联的关系,认为产出上游度从总产出的角度度量了某行业总的前向关联,具有大规模前向关联的部门处于产出供应链上游,为其他行业提供投入品,是经济刺激的合适目标;投入下游度度量了某行业总的后向关联,具有大规模后向关联的部门处于投入需求链的下游,从其他部门大量采购中间投入品,也是经济刺激的合适目标。该文献从国内投入产出表工具转向世界投入产出表工具,利用 WIOD 数据库 1995~2011 年的世界投入产出表对该表所包含国家和地区的产出上游度和投入下游度进行了测算,分析了产出上游度和投入下游度的变化特征以及影响因素。

  安特拉斯和乔(2018)对上述文献进行了梳理和总结,明确了产出上游度和投入下游度的含义及其测算方法,并试图从贸易成本、产业结构等角度为价值链生产长度和生产位置的测算分析构建理论基础,以为未来世界经济的变化可能如何影响各国在全球价值链中的定位提供指导。产出上游度指标描述了一个国家某行业生产的商品直接销售给最终消费者或销售给其他行业的程度,而这些行业本身也以不同的比例将其产品销售给最终消费者。因此,一个相对上游的行业将其产出的一小部分出售给最终消费者,大部分出售给其他行业,而这些行业本身对最终消费者的销售相对较少。投入下游度指标反映了一个特定行业与经济初始生产要素（或增加值来源）之间的距离或流向。根据这一衡量标准，如果一个国家某行业的生产过程几乎不使用初始生产要素，而是相对更多地使用中间投入品，特别是当这些中间投入品行业又密集地使用了中间投入品时，那么，该国的这个行业处于下游。

②测度方法和公式。

安特拉斯等（2012）、安特拉斯和乔（2013，2018）、米勒和特穆索耶夫（2017）关于测算产出上游度和投入下游度的方法基本上是一脉相承的，法利（2012）的测算方法虽与上述方法不同，但二者测算的数据结果是一致的。下面以世界投入产出表为工具，对这两类测算方法归纳和总结。

假设在世界投入产出表中有 G 个国家，每个国家有 N 个生产部门，s、r、t ∈ G，i、j、k ∈ N。令 X_i^s 表示 s 国 i 部门的总产出；Y_i^{sr} 表示由 s 国 i 部门生产被 r 国消费的最终产品价值，$Y_i^s = \sum_{r=1}^{G} Y_i^{sr}$；$Va_j^r$ 表示 r 国 j 部门的直接增加值；Z_{ij}^{sr} 表示由 s 国 i 部门生产被 r 国 j 部门使用的中间品投入价值；a_{ij}^{sr} 表示由 s 国 i 部门生产被 r 国 j 部门使用的直接消耗系数，$a_{ij}^{sr} = \dfrac{Z_{ij}^{sr}}{X_j^r}$；$h_{ij}^{sr}$ 表示由 s 国 i 部门生产被 r 国 j 部门使用的直接投入系数，$h_{ij}^{sr} = \dfrac{Z_{ij}^{sr}}{X_i^s} = \dfrac{a_{ij}^{sr} X_j^r}{X_i^s}$。

那么，产出上游度可以通过世界投入产出表的行向平衡表达式推导出。世界投入产出表的行向平衡表达式为：

$$X_i^s = \sum_{r=1}^{G}\sum_{j=1}^{N} Z_{ij}^{sr} + \sum_{r=1}^{G} Y_i^{sr} = \sum_{r=1}^{G}\sum_{j=1}^{N} Z_{ij}^{sr} + Y_i^s \quad (2-3)$$

将直接消耗系数 a_{ij}^{sr} 代入，可得：

$$X_i^s = \sum_{r=1}^{G}\sum_{j=1}^{N} a_{ij}^{sr} X_j^r + Y_i^s \quad (2-4)$$

通过对公式（2-4）进行迭代处理，我们可以得到 s 国 i 部门的产出在全球价值链不同位置的使用情况，被用作最终产品，被用作最终产品的直接投入品，被用作最终产品直接投入品的直接投入品……即：

$$X_i^s = Y_i^s + \sum_{r=1}^{G}\sum_{j=1}^{N} a_{ij}^{sr} Y_j^r + \sum_{r=1}^{G}\sum_{t=1}^{G}\sum_{j=1}^{N}\sum_{k=1}^{N} a_{ij}^{sr} a_{jk}^{rt} Y_k^t + \cdots \quad (2-5)$$

根据安特拉斯等（2012）、安特拉斯和乔（2013），计算国家—部门在全球价值链中的加权平均位置的方法是：对公式（2-5）右侧的每一项乘以各自从最终产品算起的生产阶段距离加 1，然后再除以 X_i^s。因此，s 国 i 部门的产出上游度（U_i^s）可表示为：

$$U_i^s = 1 \times \frac{Y_i^s}{X_i^s} + 2 \times \frac{\sum_{r=1}^{G}\sum_{j=1}^{N} a_{ij}^{sr} Y_j^r}{X_i^s} + 3 \times \frac{\sum_{r=1}^{G}\sum_{j=1}^{N}\sum_{t=1}^{G}\sum_{k=1}^{N} a_{ij}^{sr} a_{jk}^{rt} Y_k^t}{X_i^s} + \cdots \quad (2-6)$$

该式的运算可以通过转化为矩阵形式来完成，因为该式的分子是矩阵 $(I-A)^{-2}Y$ 或 $(I-A)^{-1}X$ 中的元素，其中，I 是单位矩阵，A 是世界投入产出表的直接消耗系数矩阵，Y 是最终产品列向量，X 是总产出列向量。U_i^s 的数值越大，表示 s 国 i 部门越是处于全球价值链的上游位置。

法利（2012）提出的上游度测算方法为：

$$\tilde{U}_i^s = 1 + \sum_{r=1}^{G}\sum_{j=1}^{N} h_{ij}^{sr} \tilde{U}_j^r \quad (2-7)$$

其中，$\tilde{U}_i^s$ 表示 s 国 i 部门的产出上游度，也就是相对于最终产品的生产长度。该式的基本含义是：一个部门如果将其大部分产出卖给相对上游的生产部门，那么该部门本身就处在价值链的相对上游。

可以证明，$\tilde{U}_i^s$ 和 U_i^s 在数值上是相等的（Antràs et al., 2012），该数值也可以由高希逆矩阵（Ghosh Inverse Matrix）通过行向求和得到。

同理，投入下游度可以通过世界投入产出表的列向平衡表达式经过同样的逻辑推导出。世界投入产出表的列向平衡表达式为：

$$X_j^r = \sum_{s=1}^{G}\sum_{i=1}^{N} Z_{ij}^{sr} + Va_j^r \quad (2-8)$$

将直接投入系数 h_{ij}^{sr} 代入，可得：

$$X_j^r = \sum_{s=1}^{G}\sum_{i=1}^{N} h_{ij}^{sr} X_i^s + Va_j^r \quad (2-9)$$

通过对式（2-9）进行迭代处理，我们可以得到 r 国 j 部门的产出在全球价值链不同位置的投入情况，即：

$$X_j^r = Va_j^r + \sum_{s=1}^{G}\sum_{i=1}^{N} Va_i^s h_{ij}^{sr} + \sum_{s=1}^{G}\sum_{i=1}^{N}\sum_{t=1}^{G}\sum_{k=1}^{N} Va_k^t h_{ki}^{ts} h_{ij}^{sr} + \cdots \quad (2-10)$$

根据米勒和特穆索耶夫（2017）关于投入下游度的测算方法，从初始生产要素算起的 r 国 j 部门的投入下游度（D_j^r）可表示为：

$$D_j^r = 1 \times \frac{Va_j^r}{X_j^r} + 2 \times \frac{\sum_{s=1}^{G} \sum_{j=1}^{N} Va_i^s h_{ij}^{sr}}{X_j^r} + 3 \times \frac{\sum_{s=1}^{G} \sum_{i=1}^{N} \sum_{t=1}^{G} \sum_{k=1}^{N} Va_k^t h_{ki}^{ts} h_{ij}^{sr}}{X_j^r} + \cdots$$

(2-11)

同样，投入下游度的运算也是将该式转化为矩阵形式来完成。D_j^r 的数值越大，表示 r 国 j 部门越是处于全球价值链的下游位置。

法利（2012）提出的下游度测算方法为：

$$\tilde{D}_j^r = 1 + \sum_{s=1}^{G} \sum_{i=1}^{N} a_{ij}^{sr} \tilde{D}_i^s$$

(2-12)

其中，$\tilde{D}_j^r$ 表示 r 国 j 部门的投入下游度，也就是相对于初始生产要素的生产长度。

该式的基本含义是，如果一个部门的大部分中间投入品来自相对下游的生产部门，那么该部门本身就是处在价值链的相对下游。

可以证明，$\tilde{D}_j^r$ 和 D_j^r 在数值上是相等的（Miller & Temurshoev, 2017），该数值也可以由里昂惕夫逆矩阵（Leontief Inverse Matrix）通过列向求和得到。

除了上述复杂方法对产出上游度和投入下游度进行测算外，安特拉斯和乔（2018）还提出了简化形式的测算方法。产出上游度可以用部门最终产品占部门总产出的比例表示（Y_i^s/X_i^s），该比例越低，表示该部门越是处于离最终需求较远的上游；投入下游度可以用部门增加值占部门总投入的比例表示（Va_j^r/X_j^r），该比例越高，表示该部门越是处于离初始生产要素较近的上游。这种简化方法的测算结果与前述复杂方法的测算结果具有很高的相关性。

③研究进展。

以法利（2012）、安特拉斯等（2012）、安特拉斯和乔（2013, 2018）、米勒和特穆索耶夫（2017）的研究方法为基础，全球价值链生产长度和生产位置进入了全球价值链嵌入程度和嵌入位置的研究领域，涌现了较多的研究成果。例如，王永进等（2015）研究了出口下游化程度、出口下游化竞争力对经济增长的影响，魏龙和王磊（2017）研究了中国制造业在全球价值链中的嵌入位置是如何影响制造业转型升级的，韩剑等（2018）研究了互联网事业的发展对不同国家全球价值链参与程度、参与长度、参与位置的影响，高翔等（2019）研究了全球价值链嵌入位置对我国制造业出口国内增加值率的影响，蒋含明（2019）利用不完全契约模型对中国制造业在全球价值链中的利益分配问题进行了分析，王振国等（2019）区分加工贸易和一般贸易方式对中国嵌入全球价值链的位置和发展变化情况进行了研究。

上述方法基于投入产出表对国家和行业层面的价值链生产长度进行测算和分析，乔等（Chor et al.，2014）、鞠和余（Ju & Yu，2015）又进一步将行业层面的价值链生产长度测度方法推广到企业层面，主要思路是将企业层面的进出口数据与行业相匹配，通过加权方式获得企业嵌入全球价值链的位置。唐宜红和张鹏杨（2018）、沈鸿等（2019）借鉴上述思路分别检验了中国企业嵌入全球价值链生产位置的变动机制、企业在全球价值链中的嵌入位置与中国企业出口成本加成的关系。

全球价值链生产长度提供了行业不同生产阶段的平均值，更容易说明产业间的联系以及产业内垂直分离的特征，由此派生出的出口价值链长度、进口价值链长度，在说明国内不同行业在出口贸易、进口贸易中价值链长度差异的同时，也能比较不同国家在全球价值链中的相对位置。高敬峰（2013）研究了中国制造业出口价值链的演化以及在全球价值链中的相对位置提升，将生产长度加权运用到出口价值长度和进口价值链长度方面，苏庆义和高凌云（2015）、占丽等（2018）将传统出口额权重转换为增加值出口额权重，改进了出口价值链长度和进口价值链长度的测度方法。

3. 王等（2017）的生产结构分解方法

产出上游度和投入下游度的测算对于判断全球价值链的生产长度和生产位置具有重要意义，不过，上述测算方法存在的一个问题是，采用产出上游度方法测算出来的部门生产位置排序，与采用投入下游度方法测算出来的部门生产位置排序会出现不一致的情况。这意味着上述定义的测算方法存在某种矛盾，其中一个问题在于从一个部门的总产出出发测量并且是绝对测算方法。王等（2017）认为，在标准的里昂惕夫模型中，要素投入和最终需求是外生变量，而总产出是内生变量，生产链应该是从劳动、资本等初始投入（或增加值）开始，而不是总产出。王等（2017）通过将生产长度定义为从初始投入到最终产品的阶段数，提出了关于价值链生产长度和生产位置的新的测算方法，从而解决了部门生产位置排序的一致性问题。

按照王等（2017）的定义，价值链的平均生产长度是一国某部门生产要素创造的增加值在连续生产过程中被计入总产出的次数平均值，它等于累积的总产出相对于引致该产出的对应增加值的比例。生产位置是相对概念，一国某部门在全球生产网络中的相对上游度和下游度是通过比较生产长度来确定的，而生产长度是特定生产阶段相对于价值链两个端点的距离，它是通过前向和后向行业间联系来测算的。

根据价值链平均生产长度的定义，从 s 国 i 部门增加值至 r 国 j 部门最终产品的价值链平均生产长度（plvy）可以表示为：

$$plvy_{ij}^{sr} = \frac{v_i^s \sum_{t,k}^{G,N} b_{ik}^{st} b_{kj}^{tr} y_j^r}{v_i^s b_{ij}^{sr} y_j^r} \qquad (2-13)$$

其中，v、b、y 分别是矩阵 V、B、Y 中的元素，V 是直接增加值系数行向量，B 是里昂惕夫逆矩阵 $(I-A)^{-1}$，Y 是最终产品列向量。

将 V、Y 分别转化为对角矩阵 $\hat{V}$、$\hat{Y}$，价值链平均生产长度（PLvy）的计算公式用矩阵可表示为：

$$PLvy = \frac{\hat{V}BB\hat{Y}}{\hat{V}B\hat{Y}} \qquad (2-14)$$

对 PLvy 矩阵每行沿水平方向以增加值份额为权重求平均值，即可得到基于前向产业关联的 s 国 i 部门增加值形成的价值链平均生产长度（plv），矩阵形式（PLv）公式为：

$$PLv = \frac{\hat{V}BB\hat{Y}u'}{\hat{V}B\hat{Y}u'} \qquad (2-15)$$

其中，u 表示元素均为 1 的行向量，上标"'"符号表示转置矩阵。

对 PLvy 矩阵每列沿垂直方向以增加值份额为权重求平均值，即可得到基于后向产业关联的 r 国 j 部门最终产品形成的价值链平均生产长度（ply），矩阵形式（PLy）公式为：

$$PLy = \frac{u\hat{V}BB\hat{Y}}{u\hat{V}B\hat{Y}} \qquad (2-16)$$

用 PS 表示总的价值链生产位置矩阵，那么，一国某部门在价值链网络中总的生产位置计算公式为：

$$PS = \frac{PLv}{[PLy]'} \qquad (2-17)$$

该数值越大，表示该国该部门越是处于相对上游位置。

王等（2017）提出的基于前向关联的价值链平均生产长度和基于后向关联的价值链平均生产长度，与前述产出上游度和投入下游度的测算结果相比，双方在数值上是相等的，但在所具有的含义上是有差别的。价值链平均长度是以初始投入为起点，而不是总产出，而且价值链平均长度公式的分子分母都有确切的经济含义。

综合来看，王等（2017）在增加值分解模型的基础上，将价值链生产长度定义为生产过程中增加值计入总产出的次数，由此提出价值链生产位置的测度应该由基于前向关联的价值链生产长度和基于后向关联的价值链生产长度的相对值来确定，这解决了法利（2012）、安特拉斯等（2012）等利用生产工序定义价值链生产位置所产生的部门生产位置排序的不一致问题，而且由于其测算公式中的每一项都有确切的经济含义，从而可以继续进行进一步的细致分解，继而完成更细致的分析和研究工作。闫云凤和赵忠秀（2018）、张会清和翟孝强（2018）、王思语和郑乐凯（2019）利用王等（2017）的研究方法，分别研究了我国在全球价值链中的嵌入路径、嵌入特征以及对出口技术复杂度的影响。本书也将选用王等（2017）的方法在后续章节中对价值链生产长度和生产位置问题展开研究。

2.2　价值链质量研究

当前关于全球价值链问题的研究有两种角度：一是经济学、统计学层面的研究，主要从国家、行业等宏观角度进行分析研究；二是管理学层面的研究，主要从企业这一微观角度进行分析研究。宏观层面的研究在全球价值链测算体系、理论体系研究方面进展较快，但尚未涉及价值链质量问题；微观层面的研究关注质量管理问题，其相关成果对价值链质量研究还是有借鉴意义的。

管理学领域关注质量管理问题，主要是从全球供应链质量管理的角度出发，运用有关管理科学理论指导企业的供应链管理。供应链质量管理（Supply Chain Quality Management，SCQM）研究开始于20世纪90年代，在进入21世纪之后，该研究领域成为研究热点并取得了众多研究成果（蒲国利等，2011）。改善供应链管理绩效需要重视产品质量，而产品质量取决于制造商与上游供应商、下游消费者之间的协调、沟通与合作，整个供应链上参与企业间的合作关系共同影响产品质量。因此，产品质量的提高要求参与供应链企业的共同努力（Lotfi et al.，2013）。罗宾逊和马尔霍特拉（Robinson & Malhotra，2005）认为，质量实践必须从传统的以企业为中心和以产品为基础的思维方式，转向以包括供应商、顾客及其他合作伙伴在内的组织间的供应链为导向，供应链质量管理应对供应链中所有合作伙伴组织的业务流程进行正式协调和整合，以衡量、分析和持续改进产品和服务质量。

有关全球供应链的研究充分认识到，全球价值链的发展把企业之间的竞争改变为供应链之间的竞争，这要求供应链网络上的供应商、分销商、生产商和客户进行更大程度的协调，从系统的角度充分利用好从供应商到客户、从供应链上游到下游密切联系所创造的机会（Foster，2008）。提高产品质量，既要关注参与供应链企业的内部管理，也要关注参与供应链企业之间的合作关系。因此，从供应链角度出发的质量管理至关重要（Soares et al.，2017），企业如果要向顾客长期、持续地提供高质量的产品或服务，需要建立完善的供应链质量管理体系（麻书城和唐晓青，2001）。

因此，本书受微观层面全球供应链质量研究的启发，试图从全球供应链视角研究全球价值链质量问题，结合全球价值链在宏观层面的研究成果，再进一步对全球价值链质量进行细化拆分，分别测度国内价值链质量和进口价值链质量，并探讨进口价值链质量在改善国内价值链质量方面的作用。

2.3　国内价值链研究

在当代国际分工向精细化发展的状况下，全球价值链通过引导中间产品在世界各国和地区间的流动，促进了发达国家先进技术在世界范围内的扩散和转移，对于各国经济的发展都起到了一定的积极作用。不过，全球价值链在经历了几十年的快速发展后目前已出现了放缓的迹象（Lund et al.，2019）。发达国家开始实施"再工业化"战略、美国不断采取各种单边主义的做法等因素加剧了世界贸易体系的不确定性，全球价值链分工网络处于重构过程之中，全球价值链还会继续充当新技术传播的渠道并促进各国经济发展吗？

发展中国家如何利用全球价值链重构的机会，摆脱由发达国家跨国公司主导和控制的全球价值链，培育和发展国内价值链，这是近年来从发展中国家角度研究全球价值链问题的重要思路。这方面的研究既有定性分析，也有定量分析，只是研究过程中如何界定国内价值链还是有差异的。

2.3.1 国内价值链的定性研究

定性研究方面，国内价值链强调本土企业应该发挥主导力量，着力推动国内产业升级（刘志彪和张杰，2007；刘志彪和张少军，2008）。在这种情况下，国内价值链概念具有属权特征，适合个案研究。由于发展中国家在全球价值链中基本上处于低端地位，因此，向全球价值链高端攀升、实现国内产业升级是发展中国家的共同愿望。以本土企业为主导、以国内需求为依托、国内专业化市场和领导型企业为载体（刘志彪，2011），通过构建和发展国内价值链，再以国内价值链融入全球价值链，是发展中国家摆脱全球价值链低端锁定和被俘获地位的一种可行路径。中国地域广阔、国内市场容量大，这既是优势，也存在一定的劣势。东部沿海地区依托政策支持和优越的地理位置充分融入全球分工体系，对东部地区的经济增长起到了较大的促进作用，但也拉开了国内东部地区和中西部地区的经济发展差距。再加上国内还存在一定程度的区域市场分割以及生产要素市场的扭曲，区域经济协调发展成为迫切需要解决的问题。通过构建和发展国内价值链，有助于形成我国东部地区和中西部地区之间的产业互动和产业升级（高煜和杨晓，2012）；在本土企业控制国内价值链的条件下，本土企业可以在国内不同地区之间整合资源（刘志彪，2017），充分带动东部地区和中西部地区关联产业的发展。

在中国融入全球价值链分工体系的过程中，由于依靠低成本的劳动力优势，产生了很多的代工企业。这些代工企业利润微薄，处于被发达国家企业俘获的困境之中。从全球价值链这一被俘获的困境中脱离出来，选择加入由本土企业主导和控制的国内价值链，是代工企业实现地位升级的可行路径（徐宁等，2014）。当然，强调构建由本土企业主导的国内价值链并非是完全脱离全球价值链。全球价值链虽然可能对我国产业升级带来产业波动和低端锁定等风险，但加入全球价值链仍然给我国产业升级带来很大的机会。通过加入全球价值链，与发达国家领先企业充分互动，利用好全球价值链上的知识、技术和机遇，还是有助于实现我国产业升级的（刘仕国等，2015）。

在"一带一路"倡议提出之后，考虑我国在"一带一路"国家中的相对优势地位，一些学者开始研究构建"一带一路"区域价值链的可行性和必要性，以及如何发挥"一带一路"价值链在国内价值链、全球价值链之间的协调作用。刘志彪和吴福象（2018）提出了"双重嵌入模式"，国内企业可以依托国内产业集群形成"抱团"模式，无论是融入国内价值链，还是融入全球价值链，甚至是构建由我国企业主导的"一带一路"价值链，都采取开放包容的方式，国内价值链和全球价值链通过双向开放能够实现全方位的衔接和互动。黄先海和余骁（2017）强调了中国在发达国家和欠发达国家之间的核心枢纽地位，以"一带一路"建设为契机，以双向"嵌套型"为模式，通过重新构建全球价值链分工体系，发挥中国在区域价值链、全球价值链之间的协调作用。

总的来看，上述主张以本土企业为主导构建国内价值链，更多的是强调本土企业在全球价值链中的话语权，国内价值链经过整合、发展之后，仍然是要走向全球价值链竞争，但是在全球价值链中的地位会提升。中国市场容量和潜力巨大，国内价值链发展充分利用好国内市场，中国企业力争摆脱在全球价值链中的低端锁定状况，这类定性研究的观点具有很强的现实意义。

2.3.2　国内价值链的定量研究

定量研究方面，国内价值链强调国家的边界要求，关注国内不同区域之间的分工与合作，具有属地特征。此类国内价值链的研究涉及国内资源配置问题、区域整合问题、行业关联以及国内价值链总体发展状况等问题，主要采用的分析方法是投入产出模型，还有极少量的文献，使用微观企业数据对国内价值链的发展状况展开定量研究。

下面主要依据采用投入产出模型的差异进行分类评述，包括使用国家投入产出表的分析、使用国内地区投入产出表的分析、使用国内区域间投入产出表的分析、使用世界投入产出表的分析、使用不同层次投入产出表的结合分析等几类具体方法。

1. 国家投入产出表分析

在使用国家投入产出表分析方面，中国投入产出表中的中间产品流量并不区分是来源于国内还是来源于国外，在进行国内价值链和全球价值链区分研究时是较为困难的。一个可行的路径是借鉴赫梅尔斯等（Hummels et al., 2001）和刘遵义等（2007）的研究方法，在较强的进口中间品同比例投入的假设条件下，拆分出进口中间投入流量和国产中间投入流量，构建非竞争型投入产出表。OECD 投入产出数据库构建了少数几个年度的 OECD 国家和部分非 OECD 国家的非竞争型投入产出表，对进口中间投入和国产中间投入进行了拆分，柴斌锋和杨高举（2011）以此非竞争型投入产出表为工具对高技术产业全球价值链与国内价值链的互动关系进行了尝试分析。

2. 国内地区投入产出表分析

在使用国内地区投入产出表分析方面，我国 31 个省区市各自有独立的投入产出表，除了包含各省区市内部部门之间的投入产出关系之外，还包含分部门的国内省外流入、国内省外流出和进口、出口流量数据，可以用于观察国内中间品和国外进口中间品在各省区市的流动情况。以各省区市分部门的进出口数据为基础，可以考察各省区市分部门参与全球价值链的情况，以各省区市分部门的国内省外流入和流出数据为基础，可以考察各省区市分部门参与国内价值链的状况。借鉴赫梅尔斯等（2001）关于垂直专业化分工研究方法，张少军和刘志彪（2013）利用广东省和江苏省的投入产出表分析了全球价值链切入程度对国内价值链发展的影响；借鉴芬斯特拉和汉森（Feenstra & Hanson, 1999）的研究方法，陈启斐和巫强（2018）构建了离岸外包和在岸外包指标，分析了全球价值链、国内价值链对国内区域经济协调发展的影响；崔向阳（2018）借鉴赫梅尔斯等（2001）的垂直专业化指数，利用江苏省的投入产出表分析了江苏省嵌入国内价值链和全球价值链程度的差异，及其对区域经济发展影响作用的差异。然而，由于各省区市投入产出表中的国内省外流入和流出数据只是汇总数据，并不区分该数据是归属于哪一个具体的省区市，因此，以地区投入产出表为分析工具的方法，很难具体展现国内各省区市之间的投入产出关联关系，因而对国内价值链的反映也是相对较为粗略的。

3. 国内区域间投入产出表分析

在使用国内区域间投入产出表分析方面，国家信息中心、中国科学院等研究机构和科研团队开发了特定年份的国内八大经济区域①和分省区市的区域间投入产出表。此类区域间投入产出表的优势在于，其包含了国内不同区域间或省区市间的中间产品流量，这种投入产出关联关系在度量国内价值链时相对更为细致。国内区域间投入产出表还包括分区域或省区市、分部门的进出口数据，可以在一定程度上用于分析国内不同区域或省区市、不同部门参与全球价值链的情况。当然，由于进出口数据只是汇总数据，无法细致刻画中国参与全球价值链的细致情况。

以国内八大经济区域的区域间投入产出表为分析工具，黎峰（2016）在全球价值链的基础上考虑国内价值链，借鉴库普曼等（2010）关于全球价值链参与度的研究方法，构建了国内价值链指标，探讨了国内价值链的形成和发展问题；李跟强和潘文卿（2016）借鉴赫梅尔斯等（2001）的垂直专业化指数研究方法，从增加值的角度，对国内价值链嵌入全球价值链问题进行了分析；沈剑飞（2018）借鉴法利（2012）关于全球价值链生产阶段的研究方法，对影响国内价值链的国内市场分割、国内流通活动等问题进行了讨论；袁凯华等（2019）借鉴蒂默等（Timmer et al., 2015）关于增加值贸易的研究方法，将其运用到国内区域层面，研究了国内价值链对我国制造业出口价值攀升的推动作用。

以国内省区市的区域间投入产出表为分析工具，苏庆义（2016）利用库普曼等（2014）国家层面出口价值来源的分解框架，构建了国家内部地区的出口增加值分解框架，从省级层面对出口增加值来源进行

---

① 国内八大经济区域包括东北区域、京津区域、北部沿海区域、东部沿海区域、南部沿海区域、中部区域、西北区域和西南区域。

了分解，追踪中国内部地区出口增加值来源途径；黎峰（2017）将国内价值链分工细分为两类，一类是基于内生能力的国内价值链分工，另一类是嵌套于全球价值链的国内价值链分工，分析了进口贸易对不同类型国内价值链发展的影响；邵朝对等（2018）基于赫梅尔斯等（2001）垂直专业化思想界定的全球价值链贸易，对国内价值链贸易进行了界定，分析了国内价值链贸易对地区技术差距的影响，从国内价值链角度探讨了国内区域经济协调发展问题；邵朝对和苏丹妮（2019）又进一步依据库普曼等（2010）关于国家层面出口价值来源的分解方法，对国内价值链的地区流出增加值进行了分解，一方面分析了国内价值链对国内区域经济周期协同的促进作用，另一方面也分析了全球价值链与国内价值链对国内区域经济周期联动性的交互影响；苏丹妮等（2019）从地区维度和产业维度双重维度探讨了国内价值链对经济增长的溢出效应，国内市场化程度会强化国内价值链对经济增长的溢出机制，完善国内分工网络下的国内价值链有助于促进经济增长。

4. 世界投入产出表分析

无论是国家、国内地区投入产出表，还是国内区域间投入产出表，在依据国内投入产出结构分析国内价值链方面都具有一定的研究效果，然而，由于这些投入产出表中的进出口数据都是汇总数据，没有细致区分进口中间品和最终消费品的来源国别以及出口中间品和最终消费品的去向国别，所以在研究国内地区或部门与不同国家和地区的关联关系时受到了较大限制。细致区分国别研究国内价值链和全球价值链需要用到世界性的投入产出表，在这方面，以 WIOD 数据库的世界投入产出表为基础，一些学者对国内价值链和全球价值链的相关问题进行了研究。魏龙和王磊（2016）从"一带一路"倡议出发，分析了中国如何从发达国家和地区主导的全球价值链中走出，充分利用"一带一路"倡议所带来的机遇，建立由我国主导的区域价值链；刘景卿和车维汉（2019）在赫梅尔斯等（2001）垂直专业化角度下的全球价值链贸易思想基础上，进一步区分了直接价值链贸易和间接价值链贸易，通过构建直接价值链贸易强度和间接价值链贸易强度指标，研究了国内价值链和全球价值链的互补与替代关系；马丹等（2019）通过构建中间产品内向化程度指标来刻画国内价值链，分析了国内价值链成长对我国提高出口增加值率的影响。

上述研究方法中，通过使用国家投入产出表、国内地区投入产出表、国内区域间投入产出表进行分析的方法，对于国内不同地区或地区间的联系考察得较为细致，但对国内地区与世界其他国家的有机联系欠缺分析，即便是结合了国家间投入产出分析，国内不同地区与国外的投入产出联系也是分割的；通过使用世界投入产出表进行分析的方法，能够对于不同国家和地区间的联系进行细致分析，但难以在国内不同地区与世界其他国家和地区之间建立起联系。

5. 嵌入式世界投入产出表分析

既然国内区域间投入产出表能够细致刻画国内不同地区之间的投入产出联系，世界投入产出表能够细致刻画不同国家和地区之间的投入产出联系，那么，只要将国内区域间投入产出表和世界投入产出表建立起联系，关于国内不同地区与世界其他国家和地区之间的价值链关联关系的分析就可以展开。在这方面，孟等（Meng et al., 2013）、倪红福和夏杰长（2016）、李善同等（2018）进行了有益的尝试，在世界投入产出表中嵌入国内区域间的投入产出表，建立了嵌入式世界投入产出表（Embedded International IO Table，EMIIOT），该种投入产出表在国内区域、世界不同国家和地区之间建立起了投入产出的生产关联。

考虑到中国国内不同地区参与国内价值链和全球价值链的异质性，孟等（2013）通过构建嵌入式世界投入产出表，扩展了出口增加值来源的分解方式，既考虑了全球价值链路径上国内区域的增加值流动，也考虑了增加值在不同国家和地区之间的流动。全球价值链在分解为国内环节和国外环节后，中国国内不同地区参与全球价值链的差异得以体现。倪红福和夏杰长（2016）在王等（2013）对增加值出口分解框架的基础上，利用嵌入式投入产出表，不仅对中国增加值出口进行了分解分析，也对增加值在国内区域间的流动进行了分解分析，研究了中国不同区域，尤其是沿海地区和内陆地区，在参与全球价值链方面的差异性。李善同等（2018）也是沿用了王等（2013）的增加值出口分解框架，利用嵌入式投入产出表，将该分解框架扩展到国内省区市之间的分析，并结合赫梅尔斯等（2001）垂直专业化指数的研究方法，分析了国内价值链和全球价值链的相互关系，以及长三角、珠三角、京津冀等不同地区参与垂直专业化分工的状况和对周边地区的辐射和带动作用。

不过，上述文献编制的嵌入式世界投入产出表细致程度较弱。孟等（2013）仅编制了 2007 年的嵌入式世界投入产出表，部门分类、国内区域分类和国家分类也较为粗略，由 8 个部门、国内 4 个次级区域和国外 4 个合并的国家集团组成。倪红福和夏杰长（2016）编制了 1997 年、2002 年、2007 年的嵌入式世界投入产出表，由 17 个部门、国内 8 个次级区域和世界其他国家组成。李善同等（2018）与孟等（2013）类似，仅编制了 2007 年一个年度的嵌入式世界投入产出表，由 14 个部门、国内省区市和国外 4 个合并的国家或地区组成。

另外，国家信息中心与日本贸易振兴机构亚洲经济研究所（IDE – JETRO）、韩国银行共同合作，开发了 2005 年的跨国区域间投入产出表（Transnational Interregional Input – Output Table for China, Japan and Korea, 2005）。该投入产出表由中国内地（大陆）7 个次级区域、日本 9 个次级区域、韩国 4 个次级区域以及中国香港、中国台湾、东盟 5 国、美国和世界其他地区组成[①]。该投入产出表的部门分类也较为粗略，有 10 部门和 15 部门两种格式。潘文卿和李跟强（2018）利用该区域间投入产出表对中国次级区域参与国内价值链和全球价值链的互动关系及增加值收益进行了分析。

本书借鉴上述研究成果，构建了时效性更强、国内区域分类和部门分类更为细致的嵌入式世界投入产出表，用于分析我国国内各个经济区域以及各省区市参与国内价值链和全球价值链的情况。

除了利用投入产出分析工具对国内价值链和全球价值链的关系展开研究之外，还有少数文献使用微观企业数据对此问题进行研究。陈健等（2019）利用世界银行中国投资环境调查数据库数据，从国际空间尺度、国家空间尺度、同一城市、同一市辖区等不同的空间尺度，研究了企业的价值链联系，对企业依托国内价值链向全球价值链拓展和攀升进行了较为细致的分析。企业是参与全球价值链的主体，从企业角度依托

---

① 7 个次级区域分别是：东北区域（辽宁、吉林、黑龙江）、华北区域（北京、天津、河北、山东）、华东区域（上海、江苏、浙江）、华南区域（福建、广东、海南）、华中区域（山西、安徽、江西、河南、湖北、湖南）、西北区域（内蒙古、陕西、甘肃、青海、宁夏、新疆）、西南区域（广西、重庆、四川、贵州、云南、西藏）。东盟 5 国由印度尼西亚、马来西亚、菲律宾、新加坡、泰国合并组成一个地区显示在投入产出表中。

企业数据对国内价值链和全球价值链问题展开研究，应该是极具潜力的研究方向，但限于获取数据的困难，开展这方面的研究还存在很高的难度。

综上所述，培育和发展国内价值链，提高中国企业在全球价值链中的竞争力和控制力，是一个值得深入研究的领域。实际上，从当前我国要素成本上升、经济中低速增长的新常态背景来看，研究国内价值链成长更具有迫切性。当前研究领域关于国内价值链概念理解是稍有差异的，以定性研究为基础的国内价值链概念基于国内产业价值链升级的角度而提出，强调本土企业在国内价值链分工中的主导力量和属权特征，以定量研究为基础的国内价值链概念基于国内区域间分工合作的角度而提出，强调国内价值链的国家边界要求和属地特征。事实上，中国的经济外向程度已经很高，而且对外开放还将继续扩大，本土企业已经很难找到封闭的国内市场空间作为发育的土壤，只能在开放竞争中成长。因此，本书使用属地特征的国内价值链概念，以对外开放为背景，以定量研究为主，来分析和探讨全球价值链给国内价值链发展带来的竞争和机遇。

2.4 本章小结

有关全球价值链分工的理论研究和实证研究都取得了丰富的研究成果，尤其是在全球价值链生产长度和分工位置的测度方法方面取得了较大的研究进展。然而，由于世界投入产出数据库开发时间较晚，很多领域还值得进一步研究和探索：一是既要从出口角度分析全球价值链的位置，还要关注进口角度的分析。虽然出口和进口是一个问题的两个侧面，但就一国而言，由于中间品进口供给直接和间接地融入了国内生产体系中，它对国内经济的影响比出口的需求拉动更为深刻，因此有必要深入研究。二是不仅要关注价值链的长度，更要研究价值链的质量。现有关于全球价值链长度的测算基本上用于判断一国生产所处的上游或下游位置，难以判断国家或产业价值链以及进口或出口价值链的质量水平。本书将在全球价值链生产长度和分工位置研究的基础上，着重研究价值链质量问题，并运用于我国国内价值链成长的分析。

第3章 全球价值链分工与合作的理论机制

本章从全球价值链分工和生产位置的理论研究出发，阐述进口价值链与国内价值链的互动机制。全球价值链分工和生产位置的理论方面主要考虑比较优势、技术水平、规模经济、外包成本以及不完全契约等因素，进口价值链与国内价值链的互动机制主要分析投入—产出机制、供应链机制和产业集群机制。

3.1 全球价值链分工和生产位置的理论研究

在产品内国际分工越来越精细化和中间品贸易盛行的情况下，生产价值链演变得日益复杂，全球价值链生产长度和相应的全球价值链位置研究逐渐展开。从理论研究来看，全球价值链分工和生产位置是由多种因素共同决定的，这包括劳动生产率、要素禀赋等比较优势变量，也包括技术、规模经济、外包成本因素，还有影响跨国企业组织决策的不完全契约等制度因素。下面分别对不同影响因素与全球价值链分工和生产位置的关系进行分析。

3.1.1 比较优势与全球价值链分工和生产位置

传统的比较优势主要有两种，一种是基于李嘉图模型的国家间相对劳动生产率差异形成的比较优势，另一种是基于赫克歇尔—俄林模型的国家间要素禀赋差异形成的比较优势。在全球价值链分工和中间产品贸易的现实背景下,这两类比较优势模型在经过扩展后都可以用于解释全球价值链分工模式和各国在全球价值链中的专业化分工位置。

迪尔多夫(Deardorff,2001)从经典的李嘉图模型引入国际生产分割(Fragmentation)阐述了比较优势在全球价值链分工方面的解释力。在一个小型开放经济中,假设一国有固定数量的劳动力供给L,它可以用劳动要素生产两种最终产品X和Y,两种产品的单位劳动投入分别表示为a_X和a_Y。作为一个小型开放经济体,该国在世界市场上面临着两种商品的固定价格P_X和P_Y。假定$\frac{a_X}{a_Y} < \frac{P_X}{P_Y}$,该国在X产品上具有比较优势并将其出口。

如果X行业出现了国际生产分割,即X产品的生产过程可以分割成多个生产阶段i,i=1,…,n_X,每个生产阶段的单位劳动投入表示为a_{Xi}。为简化分析,暂时不考虑生产分割可能带来的技术进步,假定$\sum_{i=1}^{n_X} a_{Xi} \geq a_X$,因为分散的零部件生产环节通常需要一个实体单位负责协调和监督。每个生产阶段生产的一单位中间投入品Z_{Xi},也是下一个生产阶段的中间投入,用于生产一单位的$Z_{X,i+1}$,最后阶段生产出一单位X,即$Z_{Xn_X} = X$。第一个生产阶段不需要中间投入,之后的其他生产阶段的一单位中间产品都需要投入劳动a_{Xi}和前一个生产阶段的一单位中间投入品$Z_{X,i-1}$。

假设所有中间产品都是可以进行国际贸易的,以$n_X = 2$为例进行分析。也就是说,产品X的生产分成两个生产阶段,各自的单位劳动投入分别为a_{X1}和a_{X2},第一阶段生产中间投入品Z,第二阶段生产一单位X需要投入一单位Z,Z的世界价格表示为P_Z。那么,该国可能的生产活动就有了四种选择:以原有技术生产最终产品X和Y、以生产分割技术生产Z和X,其专业化分工模式取决于在哪种生产活动中获得最高的工资。用w_F表示这一环境下该国的工资水平,那么:

$$w_F = \max\left(\frac{P_X}{a_X}, \frac{P_Y}{a_Y}, \frac{P_Z}{a_{X1}}, \frac{(P_X - P_Z)}{a_{X2}}\right) \quad (3-1)$$

继续沿用该国生产产品X具有比较优势的假定,该国并不生产产品Y。那么,该国以何种方式生产产品X取决于中间投入品Z的价格。以产品X为基准,如果P_Z足够低,使得$P_Z < \frac{a_X - a_{X2}}{a_X}$,则该国利用生产

分割技术仅在 X 的第二阶段生产，从世界其他国家进口中间品 Z；如果 P_Z 较高，使得 $\frac{a_X - a_{X2}}{a_X} < P_Z < \frac{a_{X1}}{a_X}$，则该国利用原技术生产产品 X；如果 P_Z 足够高，使得 $P_Z > \frac{a_{X1}}{a_X}$，则该国利用生产分割技术仅在 X 的第一阶段生产 Z 用于出口。

如果 Y 行业出现了国际生产分割，与上述分析方法一致，可以解释进口行业多阶段生产时比较优势原理的适用性。由此可见，全球价值链环境下的专业化分工模式仍然取决于各国的相对劳动生产率差异。区别仅在于，在传统的李嘉图模型中，基于相对劳动生产率差异的比较优势用于解释最终产品的专业化分工模式，在全球价值链分工条件下，经过扩展的李嘉图模型可以解释多阶段生产过程中不同生产阶段的专业化分工，其基本的原则仍然是基于相对劳动生产率差异的比较优势。

除了基于李嘉图模型扩展来解释全球价值链分工外，基于要素禀赋比较优势解释全球价值链分工的研究文献也有很多。上述迪尔多夫（2001）的文献既扩展了李嘉图模型也扩展了要素禀赋理论模型，分别用于解释全球价值链分工条件下的国际生产分工问题，阐述了比较优势在解释不同生产阶段专业化分工方面的适用性。

迪克西特和格罗斯曼（Dixit & Grossman，1982）是较早通过要素禀赋比较优势解释多阶段生产分工的模型。该模型分析了通过多个阶段的垂直生产结构生产的制成品贸易，其中每个阶段的中间产品都会增加一些价值，从而为下一阶段的生产做好准备。中间产品交易的每一阶段是经济中的内生变量，要素禀赋比较优势决定了各国在不同生产阶段上的专业化分工模式。

该模型假定制成品分成一系列连续的生产阶段，每个生产阶段的序号为 i，$i \in [0, 1]$，其中 0 为上游始端，1 为下游末端。假定 $i < 1$ 的所有产品都是纯粹的中间产品，消费者只需要完成所有阶段的最终产品。生产 $i + di$ 阶段的中间产品要求使用 1 单位 i 阶段的投入品和一个资本/劳动组合的成本 $f(w, r, i)di$，其中 w 表示工资，r 表示资本租金。这样投入品的生产是固定比例的，但是资本和劳动可以相互替代。f 函数具有单位成本函数的通常特征，最优的劳动/资本比率可表示为 $f'_w(w, r, i)/f'_r(w, r, i)$。以劳动密集度递增的顺序对生产阶段

排序，即：

$$\frac{\partial[f'_w(w, r, i)/f'_r(w, r, i)]}{\partial i} > 0 \quad (3-2)$$

两国要素价格分别为 (w_1, r_1) 和 (w_2, r_2)，从 i^* 到 $i^* + di$ 的生产成本在两国相等，即：

$$f(w_1, r_1, i^*) = f(w_2, r_2, i^*) \quad (3-3)$$

令 $w_1 > w_2$，$r_1 < r_2$，两国在 i^* 上的单位成本线是相同的，根据式（3-2），随着 i 的增加，单位成本线顺时针旋转。

若 $i > i^*$，资本相对丰富的国家 1 有更高的单位成本线。

$$f(w_1, r_1, i) > f(w_2, r_2, i) \quad (3-4)$$

国家 1 在从 i^* 开始的上游阶段有比较优势，国家 2 在从 i^* 开始的下游阶段有比较优势，高工资国家分工生产资本密集型生产阶段，低工资国家分工生产劳动密集型生产阶段，两国实行完全分工，国家 1 生产上游阶段产品并出口到国家 2，由其完成下游阶段。排序本身排除了比较优势逆转或多种转换的可能，均衡价格：

$$p = \int_0^{i^*} f(w_1, r_1, i)di + \int_{i^*}^1 f(w_2, r_2, i)di \quad (3-5)$$

迪克西特和格罗斯曼（1982）的中间产品贸易模型通过规定生产阶段的单向顺序，避免了投入产出模型的循环性。在每一阶段，产品的生产过程使用固定的资本—劳动比例，消除了中间投入和原始要素投入之间的替代性。该模型通过扩展要素禀赋比较优势理论，提出了制产品各生产阶段的专业化分工模式，即工资—租金比越高的国家越是集中在资本密集度高的生产阶段从事专业化生产。

3.1.2 技术水平与全球价值链分工和生产位置

技术水平无疑是决定全球价值链分工和各国在全球价值链中的生产位置的重要变量。各国的劳动生产率差异实际上也是一种技术差异，因此，前述基于李嘉图模型的相对劳动生产率差异形成的比较优势，也是从技术角度解释全球价值链分工和生产位置的理论模型。在从单一的劳动要素模型扩展到多要素模型分析的情况下，当前的理论模型则是更多地从全要素生产率（Total Factor Productivity，TFP）的角度分析国家间技术差异对全球价值链分工和生产位置的影响。科斯蒂诺等（2013）

在分析技术水平影响全球价值链分工和生产位置问题时，就是采用了全要素生产率的概念和指标。

科斯蒂诺等（2013）认为各个生产环节顺序执行完成最终产品的生产，但是每个生产环节都有出错的可能，每个环节出错的概率会影响不同国家在全球价值链上的生产位置。在自由贸易平衡中，在各个阶段犯错概率较低的国家专门从事价值链高端环节的生产，绝对生产率差异是国家间比较优势的来源。该模型所指的出错率（Failure Rate）是一个国家的外生技术特征，它度量了生产过程中任何给定阶段的全要素生产率，较低的出错率对应着较高的技术水平或全要素生产率水平。当一个错误在某个阶段发生时，中间产品就完全丧失了。如果一些国家技术工人较少、基础设施较差或合同执行不力，那么这些国家就更容易出现成本高昂的缺陷或生产延误等错误。

该模型在假定有多个国家、一个生产要素（劳动）和一个最终产品的世界经济基础上，构建了一个具有连续生产特征的贸易模型。具体而言，该模型假定世界上包含多个国家，分别用序号 c 表示，$c \in C \equiv \{1, 2, \cdots, C\}$；假定只有一种生产要素——劳动；一种最终产品。劳动供给缺乏弹性，而且在各国之间不流动。最终产品的生产是连续的，而且容易出错。为了生产最终产品，必须完成一系列生产阶段 $s \in S \equiv (0, S]$。在每个生产阶段，生产一个单位的中间产品都需要投入一个单位的劳动和一个单位的前一阶段生产的中间产品。假定中间品 0 具有无限的供给且价格为 0，中间品 S 表示最终产品。所有的市场都是完全竞争的，所有产品都能够自由交易。

全球供应链上的错误以恒定的泊松比率（Poisson Rate）发生，c 国的出错率用符号 λ_c 表示，$\lambda_c > 0$。对供应链上的国家 c 重新按 λ_c 递减的方式排序，即如果一国的序号 c 较高，则 λ_c 较低，该国具有较高的全要素生产率。在该模型中，在任意的自由贸易均衡条件下，对于所有的 $s \in S$ 和 $c \in C$ 总是存在一个生产阶段序列 $S_0 \equiv 0 < S_1 < \cdots < S_C = S$，向量 $(S_1, \cdots, S_C)$ 称为垂直专业化分工模式（Pattern of Vertical Specialization）。这意味着，对于任意的自由贸易平衡总是存在垂直专业化分工，生产率越高的国家，越是在靠后的阶段生产和出口。或者说，在所有生产阶段，出错率较低的国家都专门从事供应链后期阶段的生产，在这些阶段，犯错的代价更高。

由于该模型假定每个生产阶段的生产函数要求都是一个单位的中间产品生产需要投入一个单位的劳动和一个单位的前一阶段生产的中间产品，因此，沿着供应链生产阶段从前往后，产品价格必须是不断上涨的，中间产品的劳动密集度是不断下降的，这使得在工资较高的国家生产后续生产阶段的中间产品，价格也相对便宜。由于国家序号 c 已经按照全要素生产率升序（λ_c 降序）排列，这些处在较后生产阶段的国家也是在所有阶段全要素生产率都相对较高的国家。

因此，考虑到该模型严格的假定条件，在连续生产阶段中，沿着供应链生产阶段从前往后，低工资的贫穷国家在供应链的靠前阶段生产和出口，高工资的富裕国家在供应链的靠后阶段生产和出口。供应链较为靠前的生产阶段要求相对较低的技术水平和全要素生产率水平，也就是通常意义上的供应链相对较为低端的生产阶段，处在这些阶段生产的国家工资水平也较低；反之，供应链较为靠后的生产阶段要求相对较高的技术水平和全要素生产率水平，也就是供应链相对较为高端的生产阶段，处在这些阶段生产的国家工资水平也较高，绝对生产率差异是国家间比较优势的来源。

科斯蒂诺等（2013）所提出的垂直专业化分工和贸易模式，与林德（Linder，1961）的需求偏好相似理论有一定的相通之处。林德的理论在收入决定消费模式的假定下，认为高收入国家偏好消费高质量的商品，因此，高收入国家也倾向于进口单位价值较高的商品。在高收入国家生产高质量商品的能力也相对较高的假设下，这些高收入国家也倾向于出口单位价值较高的商品。这样，人均国内生产总值水平相似的国家倾向于彼此进行更多的贸易。科斯蒂诺等（2013）的模型一方面认为，富裕的高收入国家分工从事全球供应链后期阶段的生产，而贫穷的低收入国家分工从事全球供应链前期阶段的生产，在全球供应链连续生产阶段的假设下，这意味着高收入国家倾向于与其他高收入国家进行相对较多的贸易，既要从其他高收入国家进口中间产品，又要向其他高收入国家出口其中间产品，而低收入国家则倾向于与其他低收入国家进行相对较多的贸易。另一方面，由于全球供应链后期阶段生产的中间产品价格较高，而处在这些阶段的国家工资也较高，这意味着富裕的高收入国家倾向于进口单位价值较高的商品，也出口单位价值较高的商品。

3.1.3 外部规模经济、离岸外包成本与全球价值链分工和生产位置

关于处于不同发展水平的国家，即具有不同要素禀赋和不同技术能力的国家之间离岸外包的分析，已经有很多研究文献。然而，现实中的离岸外包贸易活动很多发生在发达工业化经济体之间，而且这些发达经济体正在形成一个更加复杂的生产分享网络。鉴于此种情况，格罗斯曼和罗西·汉斯伯格（2012）提出了一个相对要素禀赋相似但规模不同的国家之间的任务贸易（International Task Trade）模型。企业通过执行一系列的任务来生产差异化的产品，每一个任务都会产生本地溢出效应。任务可以在国内或国外执行，但离岸外包的成本因任务而异。在均衡状态下，离岸外包成本最高的任务可能不会被交易。剩下的，那些离岸外包成本相对较高的任务在工资较高、总产出较高的国家完成。

该模型重点考虑了经验和当地知识的外部规模经济作用。波音787梦想客机就是一个很好的例子，这种新型中型客机的生产涉及43家供应商，分布在全球135个生产地点。波音公司在做出采购决策时高度依赖当地的专业知识。机翼在日本生产，发动机在英国和美国生产，襟翼和副翼在加拿大和澳大利亚生产，机身在日本、意大利和美国生产，水平安定面在意大利生产，起落架在法国生产，机舱门在瑞典和法国生产。在用于组装喷气式飞机的数千个部件中，海外生产占近70%（Newhouse，2007）。一些零件是在波音公司的外国子公司生产的，而另一些则是根据国际外包协议供应的。执行各种任务的国家没有显示出明显的技术优势差异，但当地的生产经验和知识却起着重要作用，这些专业知识通常来自为其他波音项目或相关行业（如军用航空和汽车生产等）执行的相似任务。

对于任务贸易而言，最终产品生产规模而不是最终需求的位置决定了专业化的模式。任务层面的本地化知识反映了外部规模经济，而不是内部规模经济。无论是受过专门培训的工程师，还是有共同经验的工人，它们往往集中在一个专业劳动力供应库中。通过强调本地知识和专业知识的外部规模经济作用，每个任务的生产地点就由外部规模经济收益和离岸外包成本的平衡来决定。

假定存在两个国家，东方国家和西方国家，每个国家都有两种固定供给的生产要素：管理者和工人，且两个国家的要素禀赋相同，即 $H/L = H^*/L^*$，其中，H 和 L 分别表示东方国家管理者和工人的要素供给量，H^* 和 L^* 分别表示西方国家管理者和工人的要素供给量。两个国家的规模不必相同。假定世界市场是垄断竞争的，不考虑运输成本，不区分一体化和外包的差异，假设企业在为自己执行任务时使用的技术与为他人执行任务时使用的技术是相同的。

最终产品生产需要许多"任务"来完成，每一个任务既可以在企业总部所在国家完成，也可以在外国完成。如果一项任务是在外国完成的，企业会产生一笔额外的成本，即离岸外包成本，花费在协调生产和与远方工人沟通方面。每项任务的离岸外包成本是不同的，有些任务要求员工和管理者之间更频繁、更密切地交流和互动，而有些任务则相对更容易在外国生产地点执行。

考虑本地的知识溢出效应，假定在任务层面存在外部规模经济。当同一生产地点所有企业执行任务的总规模增加时，该地任一企业执行该项任务的劳动生产率都会增加。假设任务 i 在国家 j 总共执行了 X_{ij} 次，那么总部位于国家 j 并选择国家 j 作为任务 i 的生产地点的企业在企业内部执行任务，每单位产出需要投入 $1/A(X_{ij})$ 工人，其中，$A(\cdot)$ 是连续可微、递增的凹函数。如果投资于外包能力的企业在国家 j 为总部也在该国的企业执行任务 i，其单位劳动投入是相同的。但是，如果在 j 国的企业为总部位于国家 j′ 的生产者执行任务 i，那么，它要承担较高的单位劳动投入 $\beta t(i)/A(X_{ij})$，其中，$\beta t(i) > 1$，反映了任务 i 的离岸外包成本。$t(i)$ 用于反映不同任务离岸外包成本的异质性，对任务 i 重新编号，使得 $t'(i) > 0$，即编号越大，离岸外包成本越高。编号较小的任务是那些指令可以在信息很少损失的情况下进行国际间沟通交流的任务，而编号较大的任务远程执行较为困难，这些任务必须由总部密切监测，并需要管理人员和工人密切互动。β 是技术参数，用于表示远距离活动协调技术水平，包括通信技术和其他技术进步等。

假设初始情况下，所有企业将任务 i 的生产地点安排在东方国家，然后观察是否有企业愿意在不投资外包能力的情况下改变生产地点。总部设在西方国家的企业存在改变生产地点的动机，因为这些企业需要权衡离岸外包成本和外部规模经济收益的大小。如果继续选择东方国家作为任务 i 的生产地点,这些西方国家企业的单位生产成本为:βt(i)w/A(nx + n*x*),其中,w 是东方国家生产工人的工资,n 和 n* 分别是东方国家和西方国家的生产者的数目,x 和 x* 分别是东方国家和西方国家每个生产者的产量。如果选择将西方国家作为任务 i 的生产地点,单位生产成本为 w*/A(n*x*)。显然,当且仅当 βt(i)w/A(nx + n*x*) > w*/A(n*x*) 时,西方国家企业转换生产地点才是有利可图的。因此,将任务 i 安排在东方国家生产要求 i≤I,其中,I 满足:

$$\beta t(I) = \frac{w^*}{w} \cdot \frac{A(nx + n^*x^*)}{A(n^*x^*)} \qquad (3-6)$$

显然,任务安排在哪个国家生产,取决于离岸外包成本和外部规模经济收益的比较。一方面,外部规模经济为一些企业提供了一种激励,使其能够将相应任务安排在其他企业正在执行的国家。另一方面,企业在总部所在国以外的国家组织和监测任务执行情况的费用也有可能过高,外部规模经济收益不足以抵消高昂的离岸外包成本。因此,当离岸外包成本较低时,企业会将某些任务集中在特定的国家来生产,以实现外部规模经济。而当沟通和协调问题产生过高的离岸外包成本时,外部规模经济的潜在收益不足以给企业产生任务外部的吸引力,这些任务分散在各自的总部所在国执行会更具有效率,此时不会发生离岸外包业务。

3.1.4 不完全契约与全球价值链分工和生产位置

全球价值链上生产阶段的顺序性形成了上游企业和下游企业的位置关系,最终产品生产者与不同生产阶段的供应商之间依靠契约相连。由于契约不完全性的存在,最终产品生产企业就要考虑如何设计沿价值链的控制权配置问题。合同摩擦与生产的效率有关,也与生产过程的跨国组织方式有关。在国际贸易环境中,确定哪个国家的法律适用于特定的合同纠纷往往是困难的。在涉及中间投入品的交易中,不完善的合同执行对国际贸易流动的有害影响尤其严重,因为从下订单签订合同到交付货物或服务执行合同之间的时间间隔较长,而且供应商通常根据特定买方的需求定制生产,但如果该买方不遵守合同条款,则供应商很难将这些产品卖给其他买家。同样,买方经常进行重大投资,如果供应商不履行合同义务,这些投资的回报就会因不兼容、生产线延误或质量下降等问题而严重降低。为了避免这些现象的发生，供应商和买方往往会选择进行关系专用性投资（Relationship-specific Investments）或其他锁定双方利益关系的方法。

安特拉斯和乔（2013）建立了一个企业的产权模型，讨论了价值链上企业关于外包和一体化的决策问题，即价值链上所有权的最优配置决策。在这个模型中，生产需要一个具有独特顺序的连续阶段。在每个阶段，最终产品生产者与不同的供应商签订合同，采购定制特定阶段的零部件。与供应商一体化还是外包，与供应商在价值链中所处的相对位置（上游还是下游）有关，这在很大程度上取决于最终产品生产者所面临的需求弹性。

该模型主要分析了在不完全契约情况下，当生产具有连续的生产阶段特征时，所有权的最优配置问题。最终产品的生产需要大量连续的生产阶段才能完成，每个阶段都由不同的供应商承担，这些供应商需要进行关系专用性投资，以确保价值链上所有供应商生产的零部件是兼容的。定义完成最终产品的一系列生产阶段序号为 $j \in [0, 1]$，较大的序号 j 对应较为下游的生产阶段，$x(j)$ 表示 j 阶段供应商交付的符合兼容条件的中间品，经过质量调整的最终产品的生产函数如下：

$$q = \theta \left(\int_0^1 x(j)^\alpha I(j) dj \right)^{\frac{1}{\alpha}} \qquad (3-7)$$

其中，θ 是劳动生产率参数；α 是表示各生产阶段中间品替代程度的参数，$\alpha \in (0, 1)$；$I(j)$ 是指示函数，当所有生产阶段 $j' < j$ 完成中间品生产之后，j 阶段也完成生产，$I(j)$ 取值为 1，否则取值为 0。

假定最终产品所属行业有众多企业生产一系列不同种类的产品，消费者对这些不同种类产品的偏好具有固定的替代弹性 $1/(1 - \rho)$，$\rho \in (0, 1)$，用 $\varphi(\omega)$ 表示不同种类产品的质量，用 $\tilde{q}(\omega)$ 表示消费量，用 Ω 表示产品种类的集合，那么消费者从该行业得到的次效用函数如下：

$$U = \left(\int_{\omega \in \Omega} (\varphi(\omega) \tilde{q}(\omega))^\rho d\omega \right)^{\frac{1}{\rho}} \qquad (3-8)$$

由于生产阶段在技术上具有顺序特征，只有当所有上游阶段的零部件都交付时，相应下游阶段的生产才能开始。如果没有一个有约束力的初始协议，企业与其供应商就要依次进行谈判，讨论特定生产阶段的盈余如何在该企业和特定阶段供应商之间进行分配。在这种不完全契约情况下,合并一家供应商是企业的一种权力来源,因为与所有权相关的剩余控制权能够使得该企业采取行动或发出威胁,以提高其针对其他供应商讨价还价的能力(Grossman & Hart, 1986)。然而,所有权的最优配置并不总是要求所有生产阶段都实行一体化,因为一体化在降低供应商议价能力的同时,也减少了供应商进行关系专用性投资的动机。这就要求在不完全契约条件下分析价值链上连续生产阶段企业的组织决策时,既要考虑对不同生产阶段供应商的剩余控制权问题,也要考虑供应商在上游阶段的关系专用性投资会如何影响下游阶段供应商的投资动机。

考虑到最终产品生产商与其供应商之间的合同是不完全的,该模型在不完全契约条件下,求解最终产品生产企业的利润最大化,得到均衡时的企业行为。当 $\rho > \alpha$ 时,生产阶段上的投资机会是顺序互补的(Sequential Complements),此时对于某一特定生产阶段 m,其上游阶段的投资水平增加能够提高该阶段投资的边际收益。在生产阶段上的投资机会顺序互补的情况下,总是存在一个唯一的生产阶段 $m_C^* \in (0, 1)$,使得 $m \in (0, m_C^*]$ 的生产阶段采用外包形式,$m \in [m_C^*, 1]$ 的生产阶段采用一体化形式。当 $\rho < \alpha$ 时,生产阶段上的投资机会是顺序替代的(Sequential Substitutes),此时对于某一特定生产阶段 m,其上游阶段的投资水平增加会降低该阶段投资的边际收益。在生产阶段上的投资机会顺序替代的情况下,总是存在一个唯一的生产阶段 $m_S^* \in (0, 1)$,使得 $m \in (0, m_S^*]$ 的生产阶段采用一体化形式,$m \in [m_S^*, 1]$ 的生产阶段采用外包形式。

这一结果意味着,价值链上的最优所有权模式关键取决于生产阶段的性质是顺序互补还是顺序替代。当最终产品生产者面临的需求弹性足够大时,生产阶段的性质是顺序互补的,此时存在一个唯一的临界生产阶段,使得在此生产阶段之前的所有阶段都被外包,而在该生产阶段之后的所有阶段被一体化。其主要原因在于,当中间品投入阶段是顺序互补时,最终产品生产企业选择放弃对上游供应商的控制权,以激励其投资努力,因为这会对下游供应商的投资决策产生积极的溢出效应。相反,当最终产品生产者面临的需求缺乏弹性时,生产阶段的性质是顺序替代的,最终产品生产企业与相对上游阶段一体化是最优的,外包行为发生在价值链的相对下游生产阶段。

3.2 进口价值链与国内价值链的互动机制

全球价值链通过中间产品的国际贸易将世界各国和地区的生产活动连接在一起，构成了复杂的国际生产网络。在现实的国际生产网络中，进口价值链和国内价值链都是全球价值链的有机组成部分，全球价值链、进口价值链和国内价值链三者在分工决定因素、生产网络组织运营方面并无本质区别，但在分工地理范围、治理结构和营销渠道等方面存在差异。国内价值链是在国家边界内的分工，它是一个地域概念，可以从一国内部细分的区域、行业或企业不同角度进行分析和研究。进口价值链只是全球价值链的一种观察角度，从中间产品进口国的角度来看，全球价值链是该国的进口价值链[①]。进口价值链通过供求机制与国内的生产活动相联，承载着进口中间产品在国内生产网络中的流转。

进口价值链与国内价值链既存在竞争和相互制约的关系，也存在互补和相互促进的作用。从理论上考察进口价值链与国内价值链通过投入—产出关联机制、供应链机制和产业集聚机制所产生的互动作用，三种机制的侧重点略有不同。投入—产出关联机制侧重于考察生产活动的技术经济联系以及相应的前向、后向关联作用；供应链机制侧重于考察供应链上下游环节的协同技术进步和技术溢出效应；产业集聚机制侧重于考察价值链组织和治理下具有区域特征的产业集群的形成及其外部性（见图3-1）。

从全球价值链的背景来理解进口价值链与国内价值链的相互作用机制，二者无疑是相互影响的。在进口价值链通过投入—产出关联机制、供应链机制和产业集聚机制作用于国内价值链的同时，国内价值链也会通过相应的机制反作用于进口价值链，更高技术水平、更高质量的国内

---

① 当然，相应的也会有出口价值链的概念。从全球价值链的另一种观察角度来看，中间产品的出口国可以把全球价值链视为出口价值链。由于进口价值链和出口价值链只是因观察角度不同而产生的关于全球价值链的一组镜像概念，所以，本章的理论分析并不刻意区分全球价值链、进口价值链、出口价值链三个概念的差异，基本上是依据上下文的含义和连贯性需要，选择使用三个概念之一。本书在第4章中依据具体数据测算的需要，对全球价值链、进口价值链、出口价值链以及国内价值链进行严格的理论抽象和区分界定，继而给出确切的价值链拆分模型。

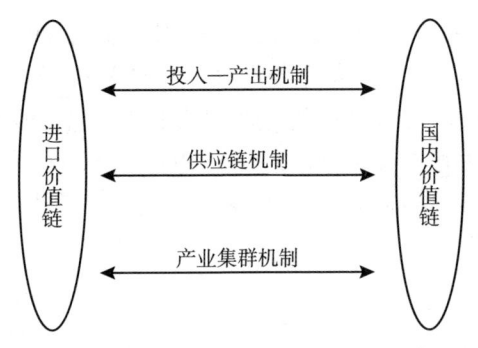

图 3-1 进口价值链与国内价值链的互动机制

资料来源：作者绘制。

价值链也会要求更高技术水平、更高质量的进口价值链与之关联和合作。由于本书考察的重点是作为发展中国家的中国如何实现国内价值链的成长和升级，以及相应的国内经济增长问题，因此，下面着重从发展中国家角度出发，分析作为技术水平相对落后的发展中国家在参与全球价值链过程中，进口价值链对国内价值链成长的作用机制，并区分为投入—产出关联机制、供应链机制和产业集聚机制三种机制分别进行分析，着重从中间品进口供给的角度出发，探讨进口价值链对国内价值链成长和升级所产生的影响。

3.2.1 投入—产出机制

数十年的快速全球化已将各国的生产结构转变为复杂的全球价值链，鲍德温（Baldwin，2006）称之为全球化的第二次大分离（Un-bundling）。在这种复杂的国际生产网络中，中间产品生产者从上游供应商处购买投入品，通过自身的生产活动增加价值后，再将其产品出售给其他下游生产者或最终消费者。这种价值链关系错综复杂，涉及不同国家不同部门的企业。从图 3-2 中可以看到，全球价值链由很多的生产阶段组成，在每一个生产阶段，价值被添加到产品中，最后成为最终消费品。图中每个箭头都是一个零部件或产品本身的实体运动，这些运动可能发生在一个国家内部，也可能发生在不同国家的工厂之间。全球价值链中不同生产阶段的连接有两种基本形式：一种是蜘蛛型，多个零部件聚集在一起形成一个产品，它可以是最终产品，也可以是中间产品；另一种是蛇型，中间品从上游到下游依次移动，在每个阶段都有增加值。大部分产品的生产过程是两种形式的混合，全球投入产出联系的这种结构关系将各国各部门的经济活动联系起来。弗洛姆和冈妮拉（Frohm & Gunnella，2017）的经验估计表明，全球价值链中实际增加值的 1% 变化，平均对一个行业的实际增加值的影响约为 0.3 个百分点。

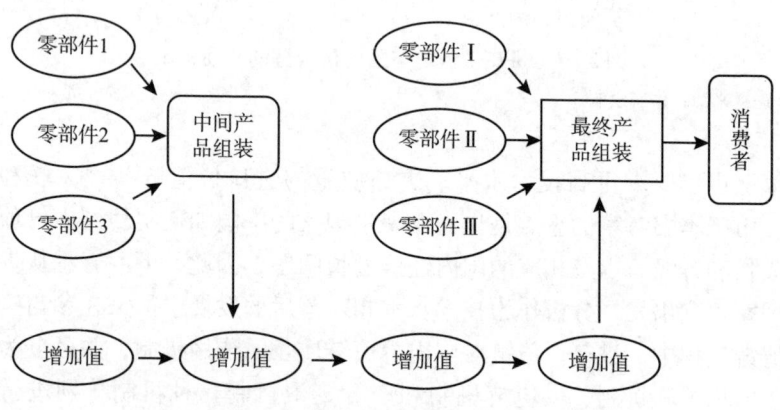

图 3-2　全球价值链上的网络联系：蜘蛛型和蛇型

资料来源：根据鲍德温和维纳布斯（Baldwin & Venables，2013）整理。

而且，并不仅仅是各国各部门的这种投入产出联系在影响着国际经济活动，全球价值链网络结构全球枢纽部门或行业（Hub Sectors）的存在对国际间的经济传递起着更为重要的作用。这些枢纽行业可以是其他行业投入品的大型供应部门，或者是其他行业产品的大型采购部门。当考虑到这些部门与全球价值链其他部门之间的联系时，国际间的传递效应会大幅增强。这是因为，国际生产网络中的大型枢纽部门不仅通过供应和使用关系与许多其他部门有直接的联系，而且从网络的角度来看，它们还使其他不相关的部门"更接近"（Carvalho，2014）。部门间的接近程度可以用"距离"来度量，即国际生产网络中任意两个部门之间的最短路径，也就是一个部门将其中间投入品销售给另一个部门需要经历的次数。如果国际生产网络以枢纽为特征，则部门间的距离应小于没有枢纽的情况。因为在枢纽网络中，每一个部门仅仅通过枢纽部门彼此之间就可以相联。当部门间的距离较短时，两个部门之间的经济活动相关性更强。

从全球价值链的下游角度看,由于存在投入产出关联关系,来自上游国家的中间品进口对国内生产活动存在很大影响。尤其是发展中国家相对于发达国家存在较大的技术差距,关键机器设备、零部件和技术的进口都会对国内生产网络产生直接的重要影响。2018 年以来的中美经贸摩擦暴露出来的"芯片危机",充分揭示了进口价值链对中国国内价值链的影响。自加入世界贸易组织以来,中国成功地在全球价值链的下游阶段实现了崛起,成为"世界工厂"。在中国加入世界贸易组织之前,全球价值链下游前 20 位的枢纽部门里都没有中国,但到了 2009 年,中国的建筑业、基本金属和金属制品的制造业以及电子、电气和光学设备制造业进入了全球价值链下游前 10 位的枢纽部门。中国电子、电气和光学设备制造业实际增加值变动 1%,将对世界各国 13% 的部门产生影响,并将导致实际增加值溢出 0.47 个百分点,而且其中近 2/3 的影响是对中国以外的其他国家的部门(Frohm & Gunnella,2017)。在理解中国枢纽部门对世界其他国家部门产生很大影响的同时,换个角度考察这一现象可以发现,良好的进口价值链无疑促进了这些枢纽部门国内价值链的形成和发展,全球价值链上投入产出的无缝连接成就了中国加工制造行业的崛起和繁荣。

3.2.2 供应链机制

进口价值链通过供应链机制影响国内价值链,侧重于考察供应链上下游环节的协同技术进步和技术溢出效应。国际生产网络产生技术扩散有两个基本机制:一是直接学习国外技术知识,二是采用国外发明的先进的中间产品(Keller,2004)。当供应链上的国外先进企业发明了新技术或新产品时,国内企业可以通过技术转让的方式直接获得该项新的技术知识,这样会增加国内的知识存量,使国内发明新产品相对更为容易。通过增加国内知识存量,国际技术溢出提高了国内发明创造活动的效率。从国外技术知识转化为国内知识存量的角度看,这种技术溢出对于促进国内研发具有积极的意义,可以称为主动的技术溢出效应(Active Technology Spillover)。通过进口国外先进的中间投入品,会产生被动的技术溢出效应(Passive Technology Spillover)。在生产活动中使用进口的中间投入品意味着使用了隐含在该中间品中的国外企业通过研发投资得到的新知识,国内企业将有机会通过模仿、学习而积累相应的知识和能力。

全球供应链是技术转让的有力渠道。全球供应链涉及中间投入品和最终产品的贸易、外国直接投资和关键人员流动,因此为国内生产者提供了获得国外产品所包含的知识的途径,也提供了获得国外企业组织和管理经验等专有知识的途径(Piermartini & Rubínová,2014)。

一方面,全球供应链联系加强了国外企业与国内生产者之间的联系。当一个国外企业和一个本地生产者是同一条生产链的一部分时,他们需要相互联系和协调,以保证生产链的顺利运作。这种面对面的交流将有助于非编码知识的转移。霍汉尼斯扬和凯勒(Hovhannisyan & Keller,2011)的研究发现,从美国到一个国家的商务旅行如果增加10%,将使该国的专利增加约0.2%。

另一方面,由于外包企业更愿意转移知识,因此知识在全球供应链中很容易流动。在全球供应链中,外包一项投入品的企业有动机转让其高效生产所需的技术,因为它最终将成为该投入品的消费者,并需要确保与自己的生产过程兼容。鲍德温和洛佩兹-冈萨雷斯(Baldwin & Lopez-Gonzalez,2013)的研究发现,当发达国家企业将部分业务外包给发展中国家企业来完成时,这些发达国家企业并不依赖发展中国家的专业知识,而是将自己先进的技术、管理、物流和任何其他所需的专业知识带入企业的生产网络,因为供应链上接受外包业务的发展中国家企业生产的零部件必须严格地融入发达国家企业的生产网络。

当然,发展中国家企业为了达到其客户的要求,也会进行投资来改善和升级其生产技术,对高质量产品的需求的存在为这种投资提供了动力。因此,供应链上的知识流动和技术升级都会有助于国内企业的成长和国内经济的发展。

通常情况下,跨国公司是全球供应链的主导力量,跨国公司内部贸易约占世界贸易的三分之一,跨国公司的直接投资行为会通过全球供应链对东道国当地企业产生显著的技术溢出效应。一方面,跨国公司借助国际生产网络在东道国投资引进外国的先进技术,可以通过技术流动、劳动力流动和示范效应(Demonstration Effect)等途径为东道国当地企业吸收新技术带来机会（Carluccio & Fally，2013）；另一方面，跨国公司在东道国设立子公司会增加对中间产品的需求，从而与当地供应商建立后向关联联系，同时，供应链的加强也会带来投入品较低的价格，从而与当地下游生产者建立前向关联联系。全球供应链上的跨国公司通过促使东道国当地企业在上下游产业中学习、使用、吸收国外先进技术，会加强国内价值链与全球价值链的互动和关联关系，从而有利于国内价值链的升级和成长。

对东道国而言，外资企业的技术溢出效应来自外资企业的技术或专有技术向东道国当地企业的扩散，这种技术扩散不仅能够提高当地企业的生产效率，而且能够提高当地企业的创新能力。外资企业对东道国企业的技术溢出有两种基本形式，即水平溢出（Horizontal Spillovers）和垂直溢出（Vertical Spillovers）。水平溢出大多是外资企业对同一行业的当地企业（包括竞争对手）的无意的、间接的溢出，此时，外资企业与当地企业并没有供应链上直接的前向或后向关联关系，外资企业会对当地同行业内的企业的生产效率和创新能力产生间接的影响。垂直溢出则是外资企业对当地供应商和客户的有意和无意的溢出（Pavlínek & Žížalová，2016），外资企业通过供应链上直接的前向关联或后向关联关系对当地不同行业的企业产生影响。垂直溢出效应在很大程度上取决于外资企业和当地企业通过东道国经济中的买方—供应商关系所形成的前向关联和后向关联的强度，这些前向和后向关联可能导致技术、技能、各种形式的知识和诀窍从外资企业向当地企业有意和无意的溢出，产生直接效应和示范效应（见图3-3）。直接效应产生于当地企业通过供应链上的相互关联关系接受了外资企业直接的、有计划的培训，示范效应产生于当地企业通过供应链上的相互关联关系对外资企业的技术模仿。无论是直接效应还是示范效应，外资企业与当地企业之间的供应链联系是产生垂直溢出效应的重要先决条件。

当然，东道国当地企业能否真正依靠外资企业的技术溢出效应而实现国内价值链的成长和升级，还取决于当地企业的学习或吸收能力（Absorptive Capacity）。吸收能力是东道国当地企业从外国直接投资中获益、改善生产工艺和升级其产品以满足买方要求的关键（Dunning & Lundan，2008）。吸收能力是企业从环境中识别、吸收和利用知识的能力，也包括从公共研究中心和大学产生的新科技知识中识别和开发的能力。吸收能力特别取决于企业的研发能力，并且通过企业的研发投资得到增强（Sturgeon et al.，2010）。一般情况下，进行自己研发的企业比没有自己研发的企业更善于使用和模仿外部知识。企业融入全球价值链有助于吸收外国技术并提高其整体竞争力，逐步提高企业在全球价值链中的地位。

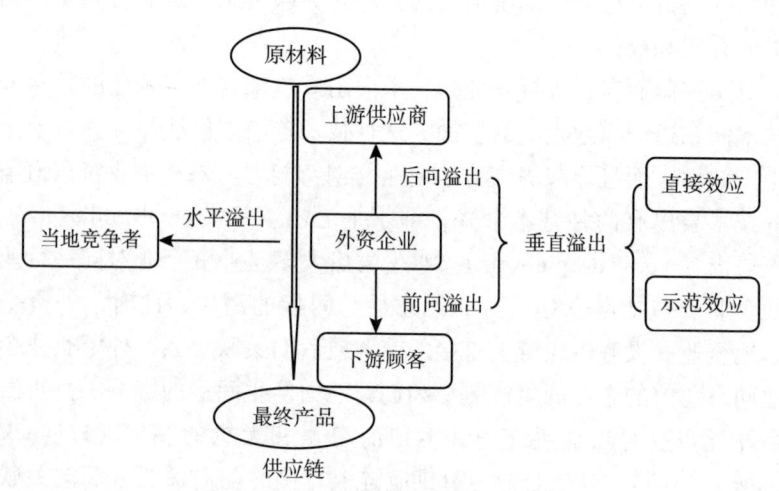

图 3-3　供应链上的 FDI 技术溢出效应

资料来源：作者绘制。

全球供应链通过协同技术进步和技术溢出效应，会提高供应链参与企业的劳动生产率，有助于参与国家国内价值链的成长和升级。一些企业通过学习和模仿其他企业更好的技术或生产工艺和流程来提高自己的劳动生产率，这种现象被称为生产率溢出效应。生产率溢出效应很大程度上来自供应链上企业业务伙伴之间的积极合作，在这种合作中，双方都采取措施确保所需知识的转让，或者生产率较高企业一些无意的行动产生了知识扩散和传播。在全球供应链条件下，由于企业资源计划系统（Enterprise Resource Planning Systems，ERP）、客户关系管理系统（Customer Relationship Management Systems，CRM）和其他供应链管理技术的快速发展，企业在连接原材料供应商、制造商、分销商和销售商的价值链中密切合作，共享资源和信息，实现了快速的信息流和顺畅的产品流（Agrawal & Pak，2001）。在买方驱动的价值链中，发挥主导作用的买方始终与其供应商密切合作，以改进供应商的生产流程和工艺。这种共享信息资源和共享知识的做法会对生产率溢出产生强烈影响。张等（Chang et al.，2009）的研究发现，供应链关系中企业的生产率之间存在显著的关系，供应链上不仅存在生产率溢出效应，而且供应链关系中双方的经济联系决定了生产率溢出的程度。

全球供应链上的生产率溢出效应来源于很多方面，这包括国外客户向国内供应商的直接知识转移、国外客户尤其是大型跨国公司迫使国内供应商提高中间产品的质量、国外客户增加对中间产品的需求使国内供应商能够获得规模经济收益等。从全球供应链的前向和后向关联关系来看，国外企业可以通过其采购规模，以及对所采购投入品的质量和这些投入品的供应效率等多种途径对国内企业生产率产生积极的影响。通常情况下，制造业的企业会将其收入的50%以上花费在中间品采购上，因此，这些企业有强烈的动机进行供应商开发活动（Supplier Development），这包括买方承担的改善供应商绩效和能力的任何活动（Handfield et al.，2000）。通过供应商开发活动，这些拥有先进技术和工艺的企业，在与其供应商分享技术和知识的同时，也很容易高效率地获得更低成本、更高质量的中间投入品等额外收益。客户与其供应商合作能够提高供应链上的生产率，已被很多研究文献所证实。例如，布莱洛克和格特勒（Blalock & Gertler，2008）的研究发现，跨国公司常常向供应商转让其技术以降低投入品成本，处在供应链下游的跨国公司会给处在供应链上游的企业带来更大的竞争和更低的价格，以及更高的产出和增加值。

3.2.3 产业集群机制

进口价值链通过产业集群机制影响国内价值链，侧重于考察价值链组织和治理下具有区域特征的产业集群的形成及其外部性。产业集群与价值链关系密切，从某种程度上讲，产业集群实际上是产业价值链在空间上的一种集聚现象，国内产业集群的形成、发展和升级有利于国内价值链的成长。在经济全球化的发展环境下，国内产业集群的形成、发展和升级与全球价值链密切相连，全球价值链的组织和治理方式对于国内产业集群的发展以及国内价值链的成长都具有很大的影响。

通常认为，产业集群一般具有以下特征：一批中小企业在地理上形成集聚，各自分工生产特定部门的产品或生产阶段；以产品、信息、人员的市场或非市场交易为基础形成前向和后向联系；共同的文化和社会背景将企业相连，形成共同的行为准则；形成公共或私营的地方机构网络，以支持集群的发展（Chaudhry，2005）。

进口价值链之所以能通过产业集群机制影响国内价值链，主要原因在于产业集群与全球价值链的密切联系以及由此形成的产业集群竞争优势。许多发展中国家的产业集群与发达国家的企业，尤其是发达国家的大企业有着密切的联系。发展中国家的产业集群从事产品的生产和制造活动，而发达国家的大企业在很大程度上控制着产品的设计和研发、营销和零售活动。发达国家的大企业依据在这些活动上的核心竞争力，往往成为产业集群中的主导企业（Lead Firms），从而获取全球价值链中的大部分增加值。发展中国家产业集群依靠全球价值链与发达国家主导企业的密切联系，也有助于改善和提高自身的竞争能力。

作为市场和企业之间的中间组织形式，产业集群的竞争优势表现在很多方面，包括集群内知识的传播和吸收、投资能力的改善以及相对更为重要的协同效应（Collective Efficiency）。

产业集群非常善于使用、复制和传播知识，新思想、新观念和新方法很容易在产业集群中快速传播和吸收。考虑产业集群的技术动态性，需要区分产业集群的生产系统和知识系统。产业集群的生产系统主要是指按照给定规格生产产品的过程，包括产品的设计、原材料和机器设备的投入以及相应的交易联系等；产业集群的知识系统是指与组织和管理生产活动有关的知识流动、知识贮存及其相应的组织系统（Bell & Albu，1999）。产业集群的知识系统有两个关键要素：一是知识使用要素（Knowledge-using Elements）；二是知识改变要素（Knowledge-changing Elements）。知识使用要素包括：使用既定的生产方式维持或扩大生产能力；在既定的操作程序中或在集群环境中培训工人；模仿邻近企业使用的生产技术等。知识改变要素包括：创新过程的管理；产品设计和开发；从集群外搜寻新产品或新工艺技术，然后进行选择、适应和吸收等。产业集群的生产系统和知识系统使得产业集群在国内经济发展中具备很强的竞争力。

产业集群并不仅仅是被动地从全球市场获得知识和信息，产业集群的知识改变能力还会产生对人员、组织安排和设备等方面的投资行为，从而增加有效投资。这是因为产业集群内的大量中小企业形成了细致的专业化分工，每个企业都专注于整个生产过程的特定阶段，而把其他生产阶段留给其他企业。产业集群内的任何一个企业对其专业技能的投资都相对容易带来回报，因为价值链上的其他企业会投资与该企业互补的专业技能，由此引致的有效投资规模会很大（Humphrey & Schmitz, 2000）。

产业集群的协同效应主要来源于本地外部经济（Local External Economies）和合作行动（Joint Action）（Schmitz, 1995），前者也被称为被动的协同效应（Passive Collective Efficiency），后者被称为主动的协同效应（Active Collective Efficiency）（Lema & Vang, 2018）。

本地外部经济产生于生产者的地理邻近性。产业集群中的企业由于共处于同一生产位置，企业之间会因为各种原因而产生正的外部性，这包括共享专业化的熟练劳动力市场，共享专业化的原材料和中间投入品市场，共享有关市场、技术、工艺、信息等方面的专业知识，以及相对更低的生产成本和更方便的市场准入等。由于在同一地理区域经营的企业数量众多，企业相对容易地从当地劳动力市场中获得大量熟练劳动力。技术信息也很容易在产业集群内部生产者之间相互传播，技术溢出效应较为明显。产业集群内部生产商之间细致的专业化分工和分阶段的生产特征，使得企业能够利用不同生产阶段上的规模经济获得较低的平均生产成本，而且由于产业集群内供应商众多、企业之间反复交易和紧密互动，使得企业间的信息交流通畅，信息交流的对称性和信息传递的完全性较高，产业集群内的交易成本也相对较低。产业集群由众多专门生产特定中间品的制造商和供应商组成，在集群内创业的企业可以从小规模起步，仅专注于生产过程的特定阶段，这也可以在很大程度上降低企业的创业成本。产业集群中的企业还往往从市场准入中受益，这是因为产业集群很容易吸引采购者的注意力，从而提高企业销售其产品的机会。

合作行动产生于集群内企业为提高效率和竞争力而进行的各种共同努力。在价值链的垂直关联中，集群内企业可以后向与供应商、分包商等合作，前向与贸易商、买方等合作；在价值链的水平关联中，集群内企业可以采取双边或多边形式进行多方面的合作，如在产品联合营销、订单共享、专业设备共享、产品联合开发和专有技术交流方面进行双边合作，或通过行业协会以及集群内其他机构联合一大批企业进行多边合作（见表3-1）。

表3-1 产业集群的不同价值链关联关系与合作行动的形式

价值链关联类型	产业集群合作行动形式
垂直型前向关联	与采购商之间的合作；价值链上的联盟；技术协议
垂直型后向关联	与供应商之间的合作；协同分包
双边水平关联	联合投标/订单共享；产品互补协议；技术研发合作
多边水平关联	员工共同培训；联合市场调研和促销；共同的产品目录；政策宣传

资料来源：根据勒马和万（Lema & Vang，2018）整理。

产业集群的形成受益于本地外部经济或被动的协同效应，而产业集群一旦建立起来，其长远发展更多的是依靠合作行动或主动的协同效应。产业集群内的企业由于存在紧密的商业联系和交易行为，因而产业集群存在一定的内部激励采取合作行动。由于全球价值链的发展，产业集群与国外企业也建立起了密切的进口价值链或出口价值链关联，国外企业，尤其是全球价值链上的主导企业以及全球价值链的组织和治理方会对产业集群的成长和升级产生很大影响。

产业集群及其内部企业升级有多种方式，其升级潜力与产业集群的合作行动或主动的协同效应有关。产业集群及其内部企业可以选择流程升级（Process Upgrading），这包括通过重新组织生产或实施新技术来降低成本；也可以选择功能升级（Functional Upgrading），引导制造商更多地参与设计和营销环节；还可以选择产品升级（Product Upgrading），生产更复杂的产品，以获取更高的附加值（Chaudhry，2005）。流程升级涉及企业与其供应商关系的转变，升级可以采取引进新技术、新设备等形式，也可以使用原先的生产技术而重组生产关系。无论升级采取何种形式，在处理来自外国买方的订单时，所期望的结果通常是更高、更可靠的质量和更短的交货时间。功能升级和产品升级则需要产业集群内部企业之间的合作行动，进行必要的共同投资来联合开发产品，或从事联合营销和零售活动。集群企业通过合作行动，自行设计或自行营销自己的产品，从而实现产业集群在全球价值链中的升级。

从全球价值链的发展过程看，全球价值链越来越具有发达国家主导企业的特征，这些企业正在深化其核心竞争力。发达国家主导企业专注于全球价值链中的特定任务，主要承担全球价值链的上游功能并提供设计规范，然后将生产制造、加工组装等相对下游功能外包给低成本生产的发展中国家和地区，生产过程的模块化和网络化使得发展中国家产业集群的发展对发达国家的进口价值链产生一定的依赖性。从全球价值链治理方式的角度看，市场型（Market-type GVC）、模块型（Modular-type GVC）、关系型（Relational-type GVC）、领导型（Captive-type GVC）、科层型（Hierarchy-type GVC）等不同权利关系结构类型的全球价值链对发展中国家产业集群成长和升级的影响是存在一定差异的。对于发展中国家来说，非科层型的全球价值链，如市场型、模块型和关系型全球价值链等，不大容易出现低端锁定的困境。发展中国家企业在领导型或科层型全球价值链中运营是难以进入全球价值链的设计和营销环节的，但这些类型的全球价值链却有助于当地生产商开始快速的产品和流程升级。从进口价值链角度看，产业集群中的生产商与国外中间产品、机器设备或原材料供应商建立起了密切的联系，当然，产业集群也通过出口价值链与相对下游的国外采购商和买方建立起了密切的联系。产业集群的这种外部联系对于发展中国家产业集群的发展和升级具有重要意义，全球价值链中的供应商和买方不仅在实物分配方面，而且在知识流动和创新方面，为产业集群生产者提供了重要的外部渠道。全球价值链将产业集群生产商与全球市场联系起来，在为产业集群提供中间品供应、产品销售渠道的同时，也带来了先进的知识、技术、生产管理经验和诀窍，其技术溢出和辐射效应有助于产业集群的发展。发展中国家产业集群通过采取合作行动，能够推动产业集群和国内价值链的成长和升级。

3.3 本章小结

从理论研究来看，基于劳动生产率和要素禀赋差异而形成的比较优势是一国在全球价值链分工中位置的决定因素，技术水平、规模经济、离岸外包成本等因素也会对全球价值链分工位置产生重要影响，在不完全契约条件下，跨国公司会着重考虑全球价值链中的企业组织决策等问题。将全球价值链细分为进口价值链和国内价值链后，进口价值链与国内价值链通过投入—产出机制、供应链机制和产业集群机制相互产生影响。由于本书侧重于研究中国国内价值链质量以及国内价值链的成长和升级问题，因此，后续章节分析将着重考虑进口价值链在国内价值链质量以及国内价值链成长等方面的作用。

第4章 价值链拆分：概念、工具及模型

在本书中，价值链概念涉及多个细分概念，包括国内价值链和全球价值链，其中，国内价值链根据研究的细致情况又可以进一步细分为省内价值链、省际价值链、区内价值链、区际价值链，全球价值链也可以进一步细分为出口价值链和进口价值链。本章首先对这些价值链相关概念进行界定和解释，然后构建嵌入式世界投入产出表分析工具，最后提出价值链拆分模型，作为后续章节测算和分析的基础。

4.1 全球价值链、国内价值链和进口价值链的概念界定

本部分对全球价值链、国内价值链、进口价值链等概念做出界定和解释。

4.1.1 国内价值链与进口价值链的拆分及其界定

价值链作为一个生产过程，其度量的起始点应该是初始投入的生产要素，然后要经历生产、加工、制造等环节，中间产品在价值链中顺序流转，之后还要经过物流运输、营销服务和售后服务等环节，直至国内外消费者将最终产品消费掉。因此，价值链的度量应该将初始生产要素的投入作为始端，将最终产品作为末端，最终产品在支出构成上包括政府和居民消费、投资以及出口。本书据此给出国内价值链和进口价值链的分类界定：国内价值链要求所有的生产环节都在国内完成，以本国初

始的生产要素投入作为始端，以本国最终产品作为末端。进口价值链要求生产环节在不同的国家完成，中间产品通过国际贸易渠道在不同国家流转，以外国（或本国①）的初始生产要素投入作为始端，以本国最终产品作为末端。

这一分类方式借鉴并综合了王等（2017）和孟等（2013）关于全球价值链的理解。王等（2017）对全球价值链的定义较为狭窄，要求产品在生产加工过程中存在中间品的国际贸易，此种情况下整个生产过程构成的价值链称为全球价值链。而对于不存在中间品国际贸易的情况，该文分别定义了单纯的国内生产（Pure Domestic Production）、"传统贸易品"②的生产（Production of "Traditional Trade"）两个术语，不过并没有给出国内价值链这一名称。孟等（2013）对全球价值链的理解相对宽泛，并区分了全球价值链的国内环节和国际环节（Domestic and International Segments of GVCs）。依据世界投入产出表来理解，孟等（2013）所指的全球价值链的国际环节等同于王等（2017）所定义的全球价值链，而孟等（2013）所指的全球价值链的国内环节则相当于王等（2017）所定义的单纯的国内生产和"传统贸易品"的生产两个部分，本书将这两部分定义为国内价值链。

实际上，王等（2017）和孟等（2013）对于全球价值链的理解并无本质上的矛盾。从世界投入产出表所表现出的投入产出体系来观察，各国的生产活动已通过中间品的国际贸易联系在一起，单纯的国内生产和"传统贸易品"的生产只能是通过理论上的抽象和数据上的假想进行分离和提取，也就是说，国内价值链是全球价值链的有机组成部分，只是为了分析和研究的方便，国内价值链有时需要和全球价值链作为并列的概念提出。孟等（2013）将全球价值链区分为国内环节和国际环节的方法应该与现实情况更为吻合，也较为确切地概括了世界投入产出表所反映的全球生产体系。

---

① 这是指本国增加值回流的特殊情况，即始端是本国初始要素投入，通过中间品的国际贸易，在不同国家完成生产加工环节，末端回流至本国最终产品。

② 传统贸易指的是传统国际贸易理论所研究的最终产品的进出口贸易活动。比如，李嘉图模型中的英国和葡萄牙两国相互交换布匹和葡萄酒的贸易情况，用出口品换来的进口品直接用于各自国民的消费。这种情况下，进口国不存在进一步的生产加工行为，所有的生产环节都发生在出口国，因此，孟等（2013）将这种传统贸易品的生产活动列入全球价值链的国内环节，本文将其界定为国内价值链。

第4章 价值链拆分：概念、工具及模型

为了尽量避免概念上的歧义可能导致的误解，本书对全球价值链、国内价值链和进口价值链做出以下界定：我们将孟等（2013）界定的全球价值链理解为广义的全球价值链（下文简称价值链），将王等（2017）界定的全球价值链理解为狭义的全球价值链（下文简称全球价值链）。价值链的分类以是否存在中间产品的进出口贸易为依据，如果价值链包含的整个生产过程中没有中间产品的进出口贸易，而是在国内完成了所有生产过程，这就是国内价值链，它以本国初始的生产要素投入作为起始端，以本国最终产品作为末端。如果有中间产品的进出口贸易进入了价值链所包含的整个生产过程，这就是全球价值链。全球价值链可以依据观察角度不同，分别称为出口价值链和进口价值链。从一国初始生产要素投入的起始端来观察，全球价值链是该国的出口价值链；从一国最终产品的末端来观察，全球价值链是该国的进口价值链。国内和进口价值链的关系如图4-1所示。

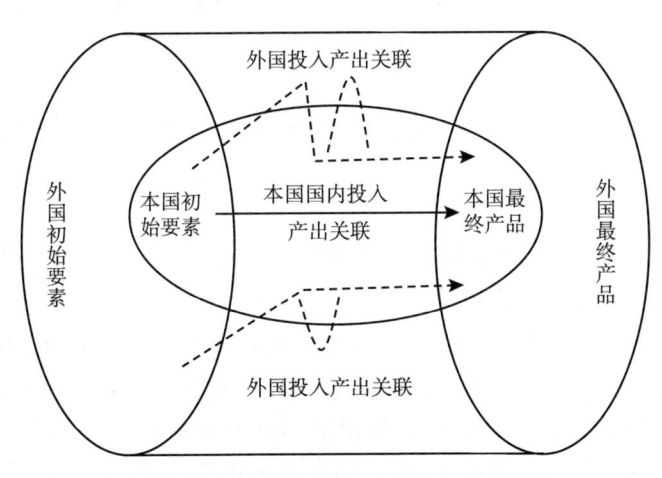

图4-1 国内价值链和进口价值链示意

注：①中间加粗实线椭圆代表本国国境，该椭圆之内表示本国区域，该椭圆之外表示外国区域（或世界其他国家和地区）。左侧椭圆区域表示初始要素投入（区分为本国、外国初始要素），右侧椭圆区域表示最终产品（区分为本国、外国最终产品），中间区域表示投入产出的生产过程（区分为本国、外国的投入产出生产过程）。实线箭头表示本国的国内价值链，虚线箭头表示本国的进口价值链。进口价值链可以一次跨越本国国境，也可以多次跨越本国国境（弯曲的短横虚线表示中间品可以多次跨越国境）。

②注意虚线箭头在此区域运行可以是经过一个国家，也可以是经过多个国家。

资料来源：作者绘制。

这一分类界定方式具有完备性，涵盖了投入产出体系所包含的完整生产过程。世界投入产出表是价值链的完整体现，国内价值链是价值链的内在组成部分，其余组成部分只是因观察视角不同可以分别称为进口价值链或出口价值链，就如同出口和进口互为镜像一样，从一国角度观察到的进口价值链就是对方国家的出口价值链，二者也是互为镜像的。

这种分类方式关于国内价值链和全球价值链的理解是属地性质的。从地域分类来看，根据所有生产阶段是在国家内部还是在全球完成，可以将价值链区分为国内价值链和全球价值链。由于现实中大多数产品或服务是通过全球价值链完成的，因此完整而又确切地拆分出国内价值链是非常困难的。国内价值链中不包含国外的要素投入和加工过程，只能通过特定的抽象和假想方法进行拆分计算。但需要注意的是，由于进口中间品本身带有增加值流动的方向性和跨国界特征，按照这一分类界定方式，进口价值链是包含国内生产环节的，即进口中间品在国内继续进入生产加工活动。

4.1.2 国内区内（省内）价值链和国内区际（省际）价值链

在将价值链拆分为国内价值链和进口价值链的基础上，下面按照同样的逻辑进一步将国内价值链细分为国内区内（省内）价值链和国内区际（省际）价值链[①]。具体的分类标准和方法为：在国内价值链中，按照产品的整个生产过程中是否包含中间品的国内区际（省际）贸易来分类，如果整个生产过程中存在中间品的国内区际（省际）贸易，那么此种价值链即为国内区际（省际）价值链，它表明了产品生产加工过程的区际（省际）联系；如果不存在中间品的国内区际（省际）贸易，这种价值链即为国内区内（省内）价值链。

---

① 下文中既有把中国划分为八大经济区域的分析，也有把中国细分为30个省区市的分析。在八大经济区域的分析中，本书使用国内区内价值链、国内区际价值链术语；在30个省区市的分析中，本书使用国内省内价值链、国内省际价值链术语。

4.2 嵌入式投入产出表构建方法

现实中的生产过程是错综复杂的，实现国内价值链、全球价值链的拆分和测算需要借助投入产出分析技术和一些理论上的假定。现有的投入产出数据库中，一类是体现国家间联系的世界性或区域性投入产出表，如WIOD、GTAP、OECD－ICIO等数据库[①]；另一类是各国自行编制的国内投入产出表、国内各地区投入产出表以及体现国内地区间联系的国内区域间投入产出表，如中国投入产出表、国内分省投入产出表和区域间投入产出表。

细致研究中国各区内（省内）价值链、国内区际（省际）价值链和全球价值链的关系，需要将上述两类投入产出表进行合并，构建一个基础的研究工具，即嵌入式世界投入产出表（EMIIOT）。本书选择世界投入产出表（World Input-output Table，WIOT）与中国区域间投入产出表（China's Domestic Multi-regional IO Table，CMRIOT）相结合，在WIOT中嵌入CMRIOT。

世界投入产出表源自WIOD数据库，该数据库拥有2000~2014年的世界投入产出表。世界投入产出表由56个细分部门组成，包括欧盟28个国家和另外15个主要国家和地区，以及一个合并列示的世界其他国家和地区（RoW）。

使用较为广泛的较早年度的中国区域间投入产出表是张亚雄和齐舒畅编制的2002年和2007年8区域17部门区域间投入产出表[②]。较为时新和权威的中国区域间投入产出表，一是中国科学院区域可持续发展分析与模拟重点实验室开发的《中国2010年30省区市区域间投入产出表》和《中国2012年31省区市区域间投入产出表》[③]，前者细分至30部门，后者细分至42部门；二是中国碳排放数据库（China Emission

---

[①] 李昕：《用于贸易增加值核算的全球三大ICIO数据库比较》，载于《经济统计学》，2014年第1期。

[②] 张亚雄，齐舒畅：《2002、2007年中国区域间投入产出表》，中国统计出版社2012年版。

[③] 刘卫东，唐志鹏，韩梦瑶：《2012年中国31省区市区域间投入产出表》，中国统计出版社2018年版。

Accounts and Datasets，CEADs）开发的《中国 2012 年 30 省区市 30 部门区域间投入产出表》（China's 2012 MRIO for 30 Provinces and 30 Sectors）①，英国研究理事会（Research Council UK）、牛顿基金会（Newton Fund）、中国国家自然科学基金委员会、中国科学院等多家科研机构共同资助了该数据库的建设。

本书将构建两种类型的嵌入式世界投入产出表：一是嵌入中国八大区域的世界投入产出表（以下简称 EMIIOT-8），二是嵌入中国 30 个省区市的世界投入产出表（以下简称 EMIIOT-30）。

构建 EMIIOT-8 主要是将张亚雄和齐舒畅编制的 2002 年和 2007 年的 8 区域 17 部门中国区域间投入产出表嵌入世界投入产出表，构建 EMIIOT-30 主要是将中国 30 个省区市的区域间投入产出表嵌入世界投入产出表。考虑中国科学院《中国 2010 年 30 省区市区域间投入产出表》和 CEADs《中国 2012 年 30 省区市 30 部门区域间投入产出表》的部门对应和省区市对应较为一致，都是由 30 部门组成，都包括除西藏和港澳台以外的中国 30 个省区市，本书选择将这两份区域间投入产出表嵌入对应年份的世界投入产出表，构建 2010 年和 2012 年的 EMIIOT-30。在此基础上，再将 EMIIOT-30 中的省区市和部门合并对应到 8 区域 17 部门中，更新 EMIIOT-8 到 2010 年和 2012 年。

4.2.1 EMIIOT-8 构建步骤和方法

构建 EMIIOT-8 主要包括以下步骤：①合并欧盟成员国为一个地区；②中国区域间投入产出表与 WIOT 行业部门对应；③在 WIOT 中嵌入中国 8 区域 17 部门区域间投入产出表；④线性规划平衡处理。下面分别阐述。

1. 合并欧盟成员国为一个地区

欧盟委员会资助建立的世界投入产出数据库于 2016 年 11 月发布了最新的研究进展，构建了 2000～2014 年的世界投入产出表。该世界投入产出表包含 43 个国家和地区，世界其他国家和地区合并作为一个地区列示，43 个国家和地区由 28 个欧盟成员国和 15 个世界其他主要国家

---

① Mi Z., Meng J., Guan D., et al. Chinese CO2Emission Flows Have Reversed since the Global Financial Crisis [J]. *Nature Communications*, 2017.

和地区组成。由于本书以中国为研究对象,而且欧盟经济已高度一体化,所以本书对世界投入产出表中的欧盟成员国合并为一个地区列示。合并后,世界投入产出表由16个世界主要国家和地区再加上1个世界其他国家和地区组成,具体的国家和地区代码及名称见附表1。

合并方法:通过合并世界投入产出流量表中的欧盟成员国数据来完成,合并后的世界投入产出流量表中涉及欧盟的任一数值都是28个成员国的相应数值之和。

合并欧盟后的世界投入产出表形式如表4-1所示,该表中标示A、B、C、D、E、F、G、H、I的区域为待求参数值,其他空白区域数值保持WIOT原数值不变。

表4-1　　　　　合并欧盟后的世界投入产出表样式

		中间使用							最终使用			总产出
		国家(地区)1		...	国家(地区)n		欧盟		国家(地区)1	...	国家(地区)n	欧盟	
		行业1	行业s	...	行业1	行业s	行业1	行业s					
中间投入	国家1	行业1						A	A	A			B
		⋮						A	A	A			B
		行业s						A	A	A			B
	⋮	⋮						A	A	A			B
	国家n	行业1						A	A	A			B
		⋮						A	A	A			B
		行业s						A	A	A			B
	欧盟	行业1	C	C	C	C	C	C	D	D	D	E	E	E	F	G
		⋮	C	C	C	C	C	C	D	D	D	E	E	E	F	G
		行业s	C	C	C	C	C	C	D	D	D	E	E	E	F	G
增加值								H	H	H				
总投入								I	I	I				

资料来源:作者绘制。

A-I区域参数值求解方法如下：

A、B：按行汇总合并。

单元格A、B中的数值分别代表了不同国家不同行业对欧盟地区各行业的中间品和最终产品出口流量，对于每行涉及欧盟成员国的数值按不同行业分别汇总即可得到欧盟地区的合并数值。用公式可表示为：

$$X_{ij}^{gu} = \sum_{l \in u, g \notin u} x_{ij}^{gl} \qquad (4-1)$$

其中，X表示待求的欧盟数值，x表示已知的欧盟各成员国的数值，下标i、j表示行业i的产品被行业j使用（在最终使用中j可以理解为家庭消费、非盈利组织消费、政府消费、固定资本形成、存货变化等不同的支出形式），上标g、l表示欧盟外国家g的产品被欧盟内国家l使用，u表示欧盟。

C、E：按列汇总合并。

单元格C、E中的数值分别代表了欧盟地区各行业对不同国家不同行业的中间品和最终产品出口流量，对于每列涉及欧盟成员国的数值按不同行业分别汇总即可得到欧盟地区的合并数值。用公式可表示为：

$$X_{ij}^{ug} = \sum_{k \in u, g \notin u} x_{ij}^{kg} \qquad (4-2)$$

其中，k表示欧盟成员国，其他符号含义与上式相同。

D、F：按行列汇总合并。

单元格D、F中的数值分别代表了欧盟地区内部各行业中间品和最终产品流量，对于每行、每列涉及欧盟成员国的数值按不同行业分别汇总即可得到欧盟地区的合并数值。用公式可表示为：

$$X_{ij}^{uu} = \sum_{k \in u} \sum_{l \in u} x_{ij}^{kl} \qquad (4-3)$$

G：按列汇总合并。

单元格G中的数值代表了欧盟地区各行业的总产出，对于该列涉及欧盟成员国的数值按不同行业分别汇总即可得到欧盟地区的合并数值。用公式可表示为：

$$X_i^u = \sum_{k \in u} x_i^k \qquad (4-4)$$

H、I：按行汇总合并。

单元格H、I中的数值代表了欧盟地区各行业的增加值和总投入，对于增加值行和总投入行涉及欧盟成员国的数值按不同行业分别汇总即可得到欧盟地区的合并数值。用公式可表示为：

$$X_j^u = \sum_{l \in u} x_j^l \qquad (4-5)$$

2. 中国区域间投入产出表与 WIOT 行业部门对应

WIOD 数据库中的 2000～2014 年世界投入产出表以联合国第四版国际标准产业分类（International Standard Industrial Classification revision 4，ISIC Rev. 4）为基础将行业部门分为 56 个，2002 年、2007 年中国区域间投入产出表包含 17 个行业，因此，在将中国区域间投入产出表（Inter - Regional Input - Output Table，IRIOT）嵌入世界投入产出表时需要先把两种表中的行业合并一致，方法是把世界投入产出表中的 56 个行业合并为 17 个行业，对应关系如表 4-2 所示。

表 4-2　中国 8 区域间投入产出表与世界投入产出表行业对照表

中国区域间投入产出表行业		世界投入产出表行业	
代码	名称	代码	名称
1	农业	1	作物和牲畜生产、狩猎和相关服务活动
		2	林业与伐木业
		3	渔业与水产业
2	采选业	4	采矿和采石
3	食品制造及烟草加工业	5	食品、饮料、烟草制品的制造
4	纺织服装业	6	纺织品、服装、皮革和相关产品的制造
5	木材加工及家具制造业	7	木材、木材制品及软木制品的制造、草编制品及编织材料物品的制造
6	造纸印刷及文教体育用品制造业	8	纸和纸制品的制造
		9	记录媒介物的印制及复制
7	化学工业	10	焦炭和精炼石油产品的制造
		11	化学品及化学制品的制造
		12	基本医药产品和医药制剂的制造
		13	橡胶和塑料制品的制造
8	非金属矿物制品业	14	其他非金属矿物制品的制造
9	金属品冶炼及制品业	15	基本金属的制造
		16	金属制品的制造，但机械设备除外

续表

| 中国区域间投入产出表行业 || 世界投入产出表行业 ||
代码	名称	代码	名称
10	机械工业	19	未另分类的机械和设备的制造
		23	机械和设备的修理和安装
11	交通运输设备制造业	20	汽车、挂车和半挂车的制造
		21	其他运输设备的制造
12	电气机械及电子通信设备制造业	17	计算机、电子产品和光学产品的制造
		18	电力设备的制造
13	其他制造业	22	其他制造业
		26	污水处理；废物的收集、处理和处置活动；材料回收等
14	电力、热力、燃气及水生产和供应业	24	电、煤气、蒸气和空调的供应
		25	集水、水处理与水供应
15	建筑业	27	建筑业
16	商业及运输业	28	批发和零售业以及汽车和摩托车的修理
		29	批发贸易，但汽车和摩托车除外
		30	零售贸易，汽车和摩托车除外
		31	陆路运输与管道运输
		32	水上运输
		33	航空运输
		34	运输的储藏和辅助活动
		35	邮政和邮递活动
17	其他服务业	36	食宿服务活动
		…	…
		56	国际组织和机构的活动

注：其他服务业对应 WIOT 行业 36~56，具体行业代码和名称参见附表3，为节省正文篇幅，此处不再一一列出。

资料来源：作者整理。

3. 在 WIOT 中嵌入中国 8 区域 17 部门区域间投入产出表

为了研究中国不同区域间的分工与全球价值链的关联，需要将中国区域间投入产出表嵌入世界投入产出表。中国区域间投入产出表包含了国内八大区域间细致的投入产出数据，但缺少各区域与世界不同国家和地区的投入产出数据；世界投入产出表包含了中国作为一个整体与世界其他国家和地区细致的投入产出数据，但缺少中国细分区域的相应数据。本书试图将二者的优势结合在一起，在世界投入产出表中嵌入中国细分区域的投入产出数据，构建 EMIIOT-8（见表4-3）。

表4-3 EMIIOT-8样式

		中间使用								最终使用				总产出
		国家1		国家n		中国区域1		中国区域8		国家1	国家n	中国区域1	中国区域8	
		行业1	行业s	行业1	行业s	行业1	行业s	行业1	行业s					
中间投入	国家1 行业1					A	A	A	A			B	B	
	国家1 ⋮					A	A	A	A			B	B	
	国家1 行业s					A	A	A	A			B	B	
	⋮					A	A	A	A			B	B	
	国家n 行业1					A	A	A	A			B	B	
	国家n ⋮					A	A	A	A			B	B	
	国家n 行业s					A	A	A	A			B	B	
	中国区域1 行业1	C	C	C	C	D	D	D	D	E	E	F	F	G
	中国区域1 ⋮	C	C	C	C	D	D	D	D	E	E	F	F	G
	中国区域1 行业s	C	C	C	C	D	D	D	D	E	E	F	F	G
	⋮	C	C	C	C	D	D	D	D	E	E	F	F	G
	中国区域8 行业1	C	C	C	C	D	D	D	D	E	E	F	F	G
	中国区域8 ⋮	C	C	C	C	D	D	D	D	E	E	F	F	G
	中国区域8 行业s	C	C	C	C	D	D	D	D	E	E	F	F	G
增加值						H	H	H	H					
总投入						I	I	I	I					

资料来源：作者绘制。

基本原则是：以世界投入产出表中的数值为控制数，以中国区域间投入产出表中的数据作为计算中国整体数值拆分至八大区域数值分配比例的基础，求解出世界投入产出表中中国细分区域的待求参数初始值，然后通过线性规划方法进行适当微调确定待求参数最终值，满足投入产出表的各项平衡要求。

表4-3中空白单元格的数值保持合并欧盟后的世界投入产出表原数值不变，即除中国以外的其他国家和地区间的投入产出数值没有发生变化，这些国家和地区的行业总产出、总投入和增加值数值也没有发生变化，因为拆分中国数值过程是以原世界投入产出表中的数值为控制数的。单元格A、B、C、D、E、F、G、H、I中的数值都是未知参数，需要求解。

由于数据可获得性的限制，在求解过程中，参照约翰逊和诺格拉（2012）、倪红福和夏杰长（2016）以及其他构建非竞争性投入产出表的研究方法，采用比例系数不变假设对一些未知参数进行赋值，这包括单元格A、B和C、E中的数值。

单元格A中的数值代表了中国细分区域各行业自世界其他国家和地区不同行业的中间品进口流量，单元格B中的数值代表了中国细分区域自世界其他国家和地区不同行业的最终产品进口流量。中国区域间投入产出表中有中国细分区域各行业自国外的中间品进口值和细分区域的最终产品进口值，将中间品和最终产品分开计算，可以分别计算出中国细分区域每一行业中间品进口值占相应行业中间品进口总值的比重以及中国细分区域最终产品进口值占中国最终产品进口总值的比重，以这两个比重为基础，将世界投入产出表中中国各行业来自不同国家不同行业的中间品进口值分配到各细分区域，将中国来自不同国家的最终产品进口值也分配到各细分区域。用公式可表示为：

$$y_{ij}^{gl} = \frac{x_j^{gl}}{\sum_{l \in c, g \notin c} x_j^{gl}} \cdot X_{ij}^{gc} \qquad (4-6)$$

其中，y表示待求参数，X表示世界投入产出表中需要拆分的中国数值，x表示中国区域投入产出表中的细分区域数值，下标ij表示行业i的产品被行业j使用（在拆分最终产品时，j理解为最终使用），上标gl表示世界其他国家和地区g的产品被中国细分区域l使用，c表示中国。

单元格C中的数值代表了中国细分区域各行业对世界其他国家和地

区不同行业的中间品出口流量，单元格 E 中的数值代表了中国细分区域对世界其他国家和地区的最终产品出口流量。中国区域间投入产出表中仅有中国细分区域各行业对国外的出口值，可以计算出中国细分区域每一行业出口值占相应行业出口总值的比重，以此比重为基础，将世界投入产出表中中国各行业对不同国家不同行业的出口值分配到各细分区域。用公式可表示为：

$$y_{ij}^{kg} = \frac{x_i^{kg}}{\sum_{k \in c, g \notin c} x_i^{kg}} \cdot X_{ij}^{cg} \qquad (4-7)$$

其中，k 表示中国的各细分区域，其他符号含义与式（4-6）相同。

单元格 D、F、G、H、I 中的数值在中国区域间投入产出表中都存在对应数值，可以理解为是已知的，倪红福和夏杰长（2016）就将中国区域间投入产出表中的数值经过汇率折算后直接作为不需要推算的数据转到世界投入产出表中，然后再进行平衡调整。不过，这一方法是以中国区域间投入产出表中的总量数据为控制数，与世界投入产出表中的中国相关数值并不相等，因此会引致原世界投入产出表中的平衡性改变，所以不得不把不平衡的数据调整到 RoW 账户以满足平衡要求。本书以世界投入产出表中的数据为控制数，不改变原世界投入产出表的平衡性，仅通过调整中国内部数据来满足平衡要求。具体方法如下：

单元格 D 中的数值代表了中国细分区域各行业的中间品流量，单元格 F 中的数值代表了中国细分区域最终产品流量。世界投入产出表中的数据仅仅是中国作为一个整体的各行业中间品流量和最终产品流量，对于其中的任一流量数值，都要拆分为八个区域的 8×8 矩阵，对于该矩阵中任一元素所使用的分配比例，由中国区域间投入产出表对应位置元素所占的比例确定。用公式可表示为①：

---

① 从该式表达的含义可以看出，如果该式右侧最后一个变量数值与其左侧分式分母中的数值相等的话，就意味着世界投入产出表中需要拆分的中国数值与其对应的中国区域投入产出表中的细分区域数值之和是相等的。只有在这种情况下，本书与倪红福和夏杰长（2016）方法得到的待求参数初始值才是相等的。当然，问题只是在于，由于研究者估算方法的差异，世界投入产出表中的中国数值与其对应的中国区域投入产出表中的细分区域数值之和（经过汇率折算后）总是存在一定的误差。因此，本书才采取了以世界投入产出表中的数据为控制数、以中国区域间投入产出表中的对应比例推算未知参数初始值的研究方法。这样可以尽量保持世界投入产出表原有的平衡性，以减少中国区域间投入产出表嵌入世界投入产出表过程中可能产生的误差。

$$y_{ij}^{kl} = \frac{x_{ij}^{kl}}{\sum_{k \in c} \sum_{l \in c} x_{ij}^{kl}} \cdot X_{ij}^{cc} \qquad (4-8)$$

单元格 G 中的数值是中国细分区域各行业的总产出，通过中国区域间投入产出表总产出列可以计算出细分区域各行业总产出占相应行业总产出的比例，以此为基础对世界投入产出表中的中国各行业总产出进行拆分。用公式可表示为：

$$y_i^k = \frac{x_i^k}{\sum_{k \in c} x_i^k} \cdot X_i^c \qquad (4-9)$$

单元格 H、I 中的数值是中国细分区域各行业的增加值和总投入，通过中国区域间投入产出表增加值行、总投入行可以计算出细分区域各行业增加值、总投入占相应行业增加值、总投入的比例，以此为基础对世界投入产出表中的中国各行业增加值、总投入进行拆分。用公式可表示为：

$$y_j^l = \frac{x_j^l}{\sum_{l \in c} x_j^l} \cdot X_j^c \qquad (4-10)$$

4. 线性规划平衡处理

通过以上赋值方式，确定了中国区域间投入产出表嵌入世界投入产出表的所有待求参数初始值。为了满足投入产出表的行向、列向平衡要求，还要对有关数据进行适当微调。本书借鉴蒂默等（2015）构建世界投入产出表的平衡方法，采用 RAS 算法（RAS Algorithm）来达到最后的平衡要求。RAS 算法，在统计学上也称为双比例拟合（Biproportional Fitting），是迭代比例拟合程序（Iterative Proportional Fitting Procedure，IPFP）的一种算法，通过设置和不断调整行乘数（R）和列乘数（S）来实现矩阵的行向合计和列向合计平衡要求。

在平衡调整过程中，本书采用分块迭代的方式，即仅对嵌入世界投入产出表后的中国细分区域内部中间品流量和最终产品流量进行微调，其他数值保持不变，这与蒂默等（2015）对世界投入产出表 RoW 账户的平衡方法相类似。调整的控制值是上述完成赋值的 EMIIOT – 8 中的中国细分区域各行业总产出和总投入（分别减去行向和列向不需要调整的数值），调整的目标根据离差平方和最小的原则确定，具体表述为：

$$\min Z = \sum_i \left(\sum_{j \in I \cup F} x_{ij} - y_i \right)^2 + \sum_j \left(\sum_{i \in I} x_{ij} - y_j \right)^2 \qquad (4-11)$$

s. t. $x_{ij} \geq 0$, $y_i \geq 0$, $y_j \geq 0$

目标函数 Z 中的 x 是待微调变量，y 是控制变量，x 表示 EMIIOT-8 中中国细分区域内部的中间品流量或最终产品流量，y 表示 EMIIOT-8 中的中国细分区域各行业总产出或总投入（分别减去行向和列向不需要调整的数值），下标 i、j 分别表示变量所在的行、列，I、F 分别表示 EMIIOT-8 中中国细分区域内部的中间品流量、最终产品流量所在的行或列集合。

4.2.2 EMIIOT-30 构建步骤和方法

构建 EMIIOT-30 与构建 EMIIOT-8 的方法基本类似，只是 EMIIOT-30 包含的区域数目、行业部门数目与 EMIIOT-8 不一致。为了能更细致地反映中国各省区市各细分行业部门的投入产出状况，本书对 EMIIOT-30 的构建方法进行以下处理：

第一，仍然合并欧盟成员国为一个地区，以便于重点分析中国国内 30 个省区市间的价值链联系。

第二，部门对应。WIOT 的部门组成与中国 30 个省区市区域间投入产出表的部门组成存在一定差异，前者分为 56 个部门，后者分为 30 个部门，前者在服务业的部门分类相对更为细致。本书将服务业部门以及其他部门进行了一定程度的对应合并，合并后的部门数为 21 个，具体的部门名称及合并对应关系如表 4-4 所示。

表 4-4　EMIIOT-30、中国 30 个省区市区域间投入产出表、国民经济行业及 WIOT 部门对应表

EMIIOT 部门代码	EMIIOT 部门名称	中国区域间投入产出表部门代码	国民经济行业代码 GB/T 4754-2002	国民经济行业代码 GB/T 4754-2011	WIOT 部门代码
s01	农业	1	A01-A05	A01-A05	1-3
s02	采选业	2-5	B06-B11	B06-B12	4
s03	食品制造及烟草加工业	6	C13-C16	C13-C16	5

续表

EMIIOT 部门代码	EMIIOT 部门名称	中国区域间投入产出表部门代码	国民经济行业代码 GB/T 4754-2002	国民经济行业代码 GB/T 4754-2011	WIOT 部门代码
s04	纺织服装业	7-8	C17-C19	C17-C19	6
s05	木材加工及家具制造业	9	C20-C21	C20-C21	7
s06	造纸印刷及文教体育用品制造业	10	C22-C24	C22-C24	8-9
s07	石油加工、炼焦及核燃料加工业	11	C25	C25	10
s08	化学工业	12	C26-C30	C26-C29	11-13
s09	非金属矿物制品业	13	C31	C30	14
s10	金属品冶炼及制品业	14-15	C32-C34	C31-C33	15-16
s11	通用、专用设备制造业	16	C35-C36	C34-C35；C43	19；23
s12	交通运输设备制造业	17	C37	C36-C37	20-21
s13	电气机械及器材制造业	18	C39	C38	18
s14	通信设备、计算机及其他电子设备制造业	19	C40	C39	17
s15	其他制造业	20-21	C41-C43	C40-C42	22；26
s16	电力、热力、燃气及水生产和供应业	22-23	D44-D46	D44-D46	24-25
s17	建筑业	24	E47-E50	E47-E50	27
s18	批发零售业	26	H63-H65	F51-F52	28-30
s19	交通运输及仓储业	25	F51-F59	G53-G60	31-35
s20	住宿餐饮业	27	H61-H62	H61-H62	36
s21	其他服务业	28-30	G60-G62；I66-T98	I63-T96	37-56

注：由于页面限制，不再列示中国区域间投入产出表、国民经济行业及 WIOT 部门名称，具体可参见附表3、附表4、附表5、附表6。

资料来源：作者整理。

第三，在 WIOT 中嵌入中国 30 个省区市的区域间投入产出表。在嵌入过程中保持 WIOT 中的数值不变,按照中国区域间投入产出表中的数据计算 30 个省区市的数值比例关系,将 WIOT 中的中国整体数值按这一比例关系重新分配至 30 个省区市,以此作为中国各省区市在 WIOT 中的数据初始值。这种控制 WIOT 原始数值处理方法的优势在于保持 WIOT 中投入产出关系的平衡不被破坏,保持中国区域间投入产出表中的重要比例不被破坏,例如直接消耗系数、总投入和总产出的部门比例、增加值的部门比例等,能够使得嵌入过程可能产生的误差达到最小。

按照上述处理原则和方法,在嵌入过程中,大部分数据都可以直接按照中国区域间投入产出表中的比例数确定,如中国各省区市的中间产品使用价值、最终使用价值、总投入价值、总产出价值、增加值等,但仍有少量数据无法直接得到,如中国各省区市对世界不同国家和地区细分部门的中间产品和最终产品双边贸易额。本书采集了中国各省区市对世界不同国家和地区细分部门的进出口贸易额,仍按上述比例分配法计算细分部门双边进出口贸易额中中国各省区市所占的比例,以 WIOT 中的原始数据作为控制值重新进行分配。中国各省区市对世界不同国家和地区细分部门的进出口贸易额数据来源于 EPS 中国行业贸易数据库[①],但该数据库缺失服务业分省区市对世界其他国家和地区的贸易数据,本书借鉴孟等(2013)的方法,用制造业中相应的比例系数进行分配。另外,中间使用和最终使用中的分配比例假定相同。

第四,EMIIOT-30 平衡处理。根据上述嵌入原则和处理方法,我们得到了在 WIOT 中嵌入中国区域间投入产出表的初始值。不过,这些初始值还需适当进行微调,以确保投入产出表的平衡关系。本书继续采用 RAS 算法来达到最后的平衡要求,平衡调整中的控制值,行向平衡为总产出,列向平衡为中间使用,调整的目标是控制值和初始值的离差平方和要达到最小。

由于 EMIIOT-8 只有 2002 年和 2007 年两个年度,为了将 EMIIOT-8 更新到 2010 年和 2012 年,本书在 EMIIOT-30 的基础上,将其中的 30 个省区市和 21 个部门合并对应到 8 区域 17 部门中,从而得到 2010 年和 2012 年的 EMIIOT-8。

---

① 该数据库行业采用我国国民经济行业分类,2010 年的分类标准为 GB/T 4754-2002,2012 年的分类标准为 GB/T 4754-2011,与本文构建的 EMIIOT-30 行业分类对应关系参见表 4-4。

具体的8区域和30个省区市的对应关系为：东北地区（黑龙江、吉林和辽宁）、京津地区（北京和天津）、北部沿海地区（河北和山东）、东部沿海地区（江苏、上海和浙江）、南部沿海地区（福建、广东和海南）、中部地区（山西、河南、安徽、湖北、湖南和江西）、西北地区（内蒙古、陕西、宁夏、甘肃、青海和新疆）、西南地区（四川、重庆、广西、云南和贵州）。张亚雄和齐舒畅编制的2002年和2007年区域间投入产出表中的国内8区域与省区市对应关系参见附表2。

EMIIOT–8 和 EMIIOT–30 的行业部门对应关系为：对 EMIIOT–30 的 s07 和 s08、s13 和 s14、s18 和 s19、s20 和 s21 分别进行合并对应到 EMIIOT–8 的化学工业、电气机械及电子通信设备制造业、商业及运输业、其他服务业；EMIIOT–30 的 s11 对应 EMIIOT–8 的机械工业；其他行业部门名称一致，一一对应即可。

4.3 价值链拆分模型

以包含国内区际、省际投入产出联系的 EMIIOT 为基础，本部分建立国内价值链和全球价值链的拆分模型。

在世界投入产出模型中拆分国内价值链和全球价值链，主要是将完全属于国内生产的部分分离出来，这需要借助假想提取法（Extract），即假设国内产品生产没有经由任何国外环节。在孟等（2013）、王等（2017）分离国内生产环节的方法中，使用了两类里昂惕夫逆矩阵形式：一类称为全球里昂惕夫逆矩阵（Global Leontief Inverse Matrix），形式为 $B = (I - A)^{-1}$，也就是常见的里昂惕夫逆矩阵形式，该矩阵运算的基础是世界投入产出表中涵盖国家的直接消耗系数 A；另一类称为国内里昂惕夫逆矩阵（Local Leontief Inverse Matrix），形式为 $L = (I - A^D)^{-1}$，该矩阵运算的基础是世界投入产出表中涵盖国家各自国内的直接消耗系数 A^D。借助假想提取法，L 逆矩阵从完整的世界投入产出联系中独立出来，代表了各个国家内部的投入产出关联，B 与 L 之差被称为国际反馈效应（International Feedback Effect）[①]，代表了国内生产环节与国际生

[①] Miller R. E., Blair P. D., *Input–Output Analysis: Foundations and Extensions* (2nd Edition), Cambridge: Cambridge University Press, 2009.

产环节的投入产出关联。

借鉴上述思路，本书提出在国内价值链中，将国内区内价值链（或省内价值链）和国内区际价值链（或省际价值链）分离的方法①，运算的基础是新构建的 EMIIOT，具体分解方法为：构建区内里昂惕夫逆矩阵 $R = (I - A^{DP})^{-1}$，公式中的 A^{DP} 代表对不同国家进行内部区域细分后的区内直接消耗系数矩阵。由于本书仅对中国进行内部区域细分，对其他国家和地区不做细分区域的分类，可以把其他国家和地区视为只存在一个内部区域即可。R 逆矩阵可以表示一个国家内部细分区域的投入产出关联，L 与 R 之差可以称为国内反馈效应，代表了细分区域内部生产环节与细分区域间生产环节的投入产出关联。

假设世界投入产出表中的国家数目为 G，每个国家的生产部门数为 N，s、r、$t \in G$，i、j、$k \in N$。假设中国国内的细分区域数为 P，p、$q \in P$。

Z^{sr} 表示由 s 国生产被 r 国使用的中间品投入价值流量矩阵，所有的 Z^{sr} 组成的 Z 矩阵即直接投入流量矩阵或称基本流量矩阵。

Y^{sr} 表示由 s 国生产被 r 国消费的最终产品价值列向量，用 Y、Y^D、Y^F 分别表示各国总的最终产品列向量、用于国内消费的最终产品列向量、用于出口的最终产品列向量，则：

$$Y = \begin{pmatrix} Y^1 \\ Y^2 \\ \vdots \\ Y^G \end{pmatrix} = \begin{pmatrix} \sum_r Y^{1r} \\ \sum_r Y^{2r} \\ \vdots \\ \sum_r Y^{Gr} \end{pmatrix}, \quad Y^D = \begin{pmatrix} Y^{11} \\ Y^{22} \\ \vdots \\ Y^{GG} \end{pmatrix}, \quad Y^F = Y - Y^D \quad (4-12)$$

X^s 表示 s 国的总产出列向量，所有的 X^s 组成的 X 矩阵即所有国家各部门的总产出矩阵。

Va^s 表示 s 国的直接增加值行向量，所有的 Va^s 组成的 Va 矩阵即直接增加值矩阵。对增加值进行分解后的 Va^{sr} 表示嵌入 r 国最终产品中的 s 国的增加值。

字母之上加"^"符号表示把相应字母代表的行向量或列向量转化

---

① 为了避免语言表述烦琐，下文以国内区内价值链、区际价值链为例进行阐述。对于省内价值链、省际价值链的分析，将每一个省区市都理解为一个区域即可。

为对角矩阵形式

字母右上标"'"符号表示相应字母代表矩阵的转置矩阵

字母右上标"$^{-1}$"符号表示相应字母代表矩阵的逆矩阵

A^{sr}是直接消耗系数分块矩阵，表示 s 国生产的中间产品投入 r 国使用，所有的 A^{sr} 共同构成世界投入产出表的直接消耗系数矩阵 A，$A = Z\hat{X}^{-1}$。下面分别将国内直接消耗系数矩阵表示为符号 A^D，将国外直接消耗系数矩阵表示为符号 A^F，那么：

$$A^D = \begin{pmatrix} A^{11} & 0 & \cdots & 0 \\ 0 & A^{22} & \cdots & 0 \\ \vdots & \vdots & \ddots & \vdots \\ 0 & 0 & \cdots & A^{GG} \end{pmatrix}, \quad A^F = A - A^D \quad (4-13)$$

假设中国国内的直接消耗系数矩阵在 A^{11} 中，由于中国存在 P 个细分区域，下面将中国国内细分区域的直接消耗系数矩阵表示为符号 A^{11}_{pq}，那么，A^{11} 和区内直接消耗系数矩阵 A^{DP} 的形式分别为：

$$A^{11} = \begin{pmatrix} A^{11}_{11} & A^{11}_{12} & \cdots & A^{11}_{1P} \\ A^{11}_{21} & A^{11}_{22} & \cdots & A^{11}_{2P} \\ \vdots & \vdots & \ddots & \vdots \\ A^{11}_{P1} & A^{11}_{P2} & \cdots & A^{11}_{PP} \end{pmatrix} \quad (4-14)$$

$$A^{DP} = \begin{pmatrix} A^{11}_{11} & 0 & \cdots & 0 & 0 & \cdots & 0 \\ 0 & A^{11}_{22} & \cdots & 0 & 0 & \cdots & 0 \\ \vdots & \vdots & \ddots & \vdots & \vdots & \ddots & \vdots \\ 0 & 0 & \cdots & A^{11}_{PP} & 0 & \cdots & 0 \\ 0 & 0 & \cdots & 0 & A^{22} & \cdots & 0 \\ \vdots & \vdots & \ddots & \vdots & \vdots & \ddots & \vdots \\ 0 & 0 & \cdots & 0 & 0 & \cdots & A^{GG} \end{pmatrix} \quad (4-15)$$

用 V 表示各国各部门的增加值系数行向量，$V = Va\hat{X}^{-1}$。

用 I 表示单位矩阵、B 表示里昂惕夫逆矩阵，则 $B = (I - A)^{-1}$。

世界投入产出表的基本恒等式为：$X = AX + Y$，则 $X = (I - A)^{-1}Y = BY$

进一步地，$X = AX + Y = (A^D + A^F)X + Y = A^DX + A^FX + Y$

将 A^DX 移到等式左边，整理后得：$(I - A^D)X = A^FX + Y$

令 $L = (I - A^D)^{-1}$,

则 $X = (I - A^D)^{-1} A^F X + (I - A^D)^{-1} Y = LY + LA^F X$

该分解式表达了对国内部门中间产品的完全消耗状况,其中,LY 代表最终产品生产所完全消耗的国内部门中间产品,$LA^F X$ 代表出口中间产品所完全消耗的国内部门中间产品。

根据 $X = (I - A)^{-1} Y = BY$,那么:

$$BY = LY + LA^F BY \qquad (4-16)$$

令 $\hat{V}$、$\hat{Y}$ 分别表示 V、Y 的对角矩阵形式,然后对上式两边均前乘 $\hat{V}$,那么:

$$\hat{V} B \hat{Y} = \hat{V} L \hat{Y} + \hat{V} L A^F B \hat{Y} \qquad (4-17)$$

引入区内里昂惕夫逆矩阵 $R = (I - A^{DP})^{-1}$,进一步分解如下:

$$\hat{V} B \hat{Y} = \hat{V} R \hat{Y} + \hat{V}(L - R) \hat{Y} + \hat{V} L A^F B \hat{Y} \qquad (4-18)$$

或者,根据投入产出表的性质 $LA^F B = B - L$,上式也可以表示为:

$$\hat{V} B \hat{Y} = \hat{V} R \hat{Y} + \hat{V}(L - R) \hat{Y} + \hat{V}(B - L) \hat{Y} \qquad (4-19)$$

从 $\hat{V} B \hat{Y}$ 矩阵的分解形式中,我们可以观察到各国各部门的增加值流入了哪些国家的哪些部门。从该矩阵行向来看,它表示了各国各部门增加值的分配去向,即某国某部门创造的增加值分配给世界各国各部门被其最终产品使用的情况,也就是产业间的前向联系,形成了基于前向关联的价值链。从该矩阵列向来看,$\hat{V} B \hat{Y}$ 矩阵表示了各国各部门最终产品生产所使用的增加值来源,即某国某部门最终产品生产过程中使用世界各国各部门增加值的情况,也就是产业间的后向联系,形成了基于后向关联的价值链。

为简化分析,下面仅从列向分析 $\hat{V} B \hat{Y}$ 矩阵分解形式的含义。其中的 $\hat{V} L \hat{Y}$ 矩阵表示一国国内增加值投入本国最终产品生产中的状况,$\hat{V} L A^F B \hat{Y}$ 或 $\hat{V}(B - L) \hat{Y}$ 矩阵表示来自世界不同国家和部门的增加值通过中间产品国际贸易的形式进入到一国最终产品的生产中。相应地,$\hat{V} R \hat{Y}$ 中国部分表示中国各区域最终产品生产完全消耗的各区域自身的增加值情况,$\hat{V} R \hat{Y}$ 其余部分表示世界其他国家和地区最终产品生产完全消耗的各自的增加值情况;$\hat{V}(L - R) \hat{Y}$ 中国部分表示中国各区域最终产品生产通过国内中间品流动形式完全消耗的各区域各部门的增加值情况,$\hat{V}(L - R) \hat{Y}$ 其余部分为 0。

这样,按照价值链的拆分模型及相关定义,$\hat{V} B \hat{Y}$ 矩阵经过细致分解后的对应关系分别为：$\hat{V}L\hat{Y}$矩阵对应国内价值链，$\hat{V}LA^F B\hat{Y}$对应全球价值链，$\hat{V}R\hat{Y}$中国部分对应中国区内价值链，$\hat{V}(L-R)\hat{Y}$中国部分对应中国区际价值链。

从矩阵行向分析，$\hat{V}L\hat{Y}$、$\hat{V}LA^F B\hat{Y}$分别对应了基于前向关联的国内价值链、基于前向关联的全球价值链（或出口价值链），$\hat{V}R\hat{Y}$、$\hat{V}(L-R)\hat{Y}$中国部分分别对应了基于前向关联的中国区内价值链、基于前向关联的中国区际价值链。

从矩阵列向分析，$\hat{V}L\hat{Y}$、$\hat{V}LA^F B\hat{Y}$分别对应了基于后向关联的国内价值链、基于后向关联的全球价值链（或进口价值链），$\hat{V}R\hat{Y}$、$\hat{V}(L-R)\hat{Y}$中国部分分别对应了基于后向关联的中国区内价值链、基于后向关联的中国区际价值链。

4.4 本章小结

首先，本章对国内价值链和全球价值链等概念进行了界定和解释，以是否具有中间品国际贸易为标准，区分了国内价值链和全球价值链；以是否具有国内中间品区际（省际）流动为基础，又进一步将国内价值链细分为区内（省内）价值链和区际（省际）价值链。然后，为了后续章节细致研究国内价值链状况，本章构建了两种类型的嵌入式投入产出表，一是在世界投入产出表中嵌入国内八大经济区域的 EMIIOT-8，二是在世界投入产出表中嵌入国内 30 个省区市的 EMIIOT-30。最后，以投入产出分析方法为基础，提出了价值链拆分模型，详细解释了国内价值链、细分的区内（省内）价值链和区际（省际）价值链以及全球价值链（包括进口价值链和出口价值链）的拆分和测算方法。

第 5 章 国内价值链与全球价值链生产长度和生产位置

本章在第 4 章对价值链相关概念界定的基础上，进一步提出价值链生产长度和生产位置的概念，然后依据嵌入式世界投入产出表，提出价值链生产长度和生产位置的测算方法，并对中国参与全球价值链和国内价值链的有关生产长度和生产位置情况，与世界其他国家和地区进行比较和分析。

5.1 价值链生产长度与位置定义

价值链中的生产位置是由价值链生产长度决定的，下面分别对价值链生产长度和价值链生产位置进行界定和解释。

5.1.1 价值链生产长度

生产长度（Production Length）测算常被用于评估一国的专业化生产模式处于全球生产过程的相对上游或下游阶段，包括产出上游度指数和投入下游度指数。生产长度是指价值链的阶段数，反映了生产过程的复杂程度。根据王等（2017）的定义，价值链平均生产长度（Average Production Length of A Value Chain）是某国某部门生产要素创造的增加值在连续生产过程中被计入总产出的次数平均值，等于累积的总产出相对于引致该产出的对应增加值的比例。

本书在将价值链生产长度区分为国内价值链生产长度、全球价值链生产长度的基础上，又进一步将国内价值链生产长度分解为国内区内（省内）价值链生产长度、国内区际（省际）价值链生产长度。所有的价值链生产长度概念根据产业关联方向，都细分为基于前向关联的价值链生产长度和基于后向关联的价值链生产长度。其中，基于前向关联的全球价值链生产长度即为出口价值链生产长度，基于后向关联的全球价值链生产长度即为进口价值链生产长度。价值链生产长度分类指标体系如图5-1所示。

```
                           ┌ 国内区内价值 ┌ 基于前向关联的国内区内价值链生产长度
              ┌ 国内价值链 ┤ 链生产长度   └ 基于后向关联的国内区内价值链生产长度
              │ 生产长度  │
              │          └ 国内区际价值 ┌ 基于前向关联的国内区际价值链生产长度
价值链       ┤            链生产长度   └ 基于后向关联的国内区际价值链生产长度
生产长度      │
              │                         ┌ 基于前向关联的全球价值链生产长度
              │                         │ （出口价值链生产长度）
              └ 全球价值链生产长度   ┤
                                        └ 基于后向关联的全球价值链生产长度
                                          （进口价值链生产长度）
```

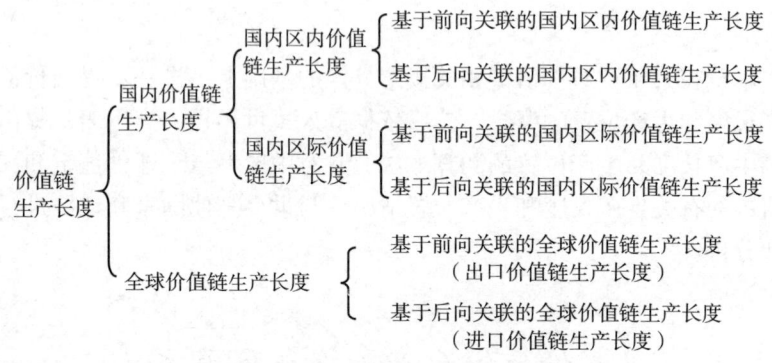

图5-1　价值链生产长度指标体系

资料来源：作者绘制。

5.1.2　价值链生产位置

生产位置（Production Position）是相对概念，是指一国某部门在价值链网络中的相对上游度和下游度。生产位置是通过比较生产长度来确定的，即由特定生产阶段相对于价值链两个端点（初始生产要素投入和最终产出）的距离来确定，也就是由基于前向关联的价值链生产长度与基于后向关联的价值链生产长度的比值来确定。

根据价值链生产长度的分类，价值链生产位置可以分为在世界生产中总的价值链生产位置、全球价值链生产位置。在将中国细分为不同经济区域和省区市进行分析的情况下，中国国内不同区域和部门的生产位置又可以进一步细分为国内价值链生产位置、国内区际（省际）价值链生产位置、全球价值链生产位置。

5.2 价值链生产长度与位置测算方法

以包含国内区际、省际投入产出联系的 EMIIOT 为基础，本部分建立国内价值链和全球价值链的拆分模型，并提出相应的价值链生产长度和生产位置的测算方法。

5.2.1 价值链生产长度测算方法

价值链平均生产长度是累积的总产出相对于引致该产出的对应增加值的比例，任一国家部门生产要素创造的增加值体现在 $\hat{V}B\hat{Y}$ 矩阵中，$\hat{V}B\hat{Y}$ 的分解形式如下：

$$\hat{V}B\hat{Y} = \begin{pmatrix} \hat{V}^1 B^{11} \hat{Y}^1 & \hat{V}^1 B^{12} \hat{Y}^2 & \cdots & \hat{V}^1 B^{1G} \hat{Y}^G \\ \hat{V}^2 B^{21} \hat{Y}^1 & \hat{V}^2 B^{22} \hat{Y}^2 & \cdots & \hat{V}^2 B^{2G} \hat{Y}^G \\ \vdots & \vdots & \ddots & \vdots \\ \hat{V}^G B^{G1} \hat{Y}^1 & \hat{V}^G B^{G2} \hat{Y}^2 & \cdots & \hat{V}^G B^{GG} \hat{Y}^G \end{pmatrix} \quad (5-1)$$

$$Va' = \hat{V}X = \hat{V}BY = \begin{pmatrix} \sum_r V^1 B^{1r} Y^r \\ \sum_r V^2 B^{2r} Y^r \\ \vdots \\ \sum_r V^G B^{Gr} Y^G \end{pmatrix} = \begin{pmatrix} \sum_r Va^{1r} \\ \sum_r Va^{2r} \\ \vdots \\ \sum_r Va^{Gr} \end{pmatrix} = \begin{pmatrix} Va^1 \\ Va^2 \\ \vdots \\ Va^G \end{pmatrix} \quad (5-2)$$

下面对矩阵 V、B、Y、A 中的元素分别用相应的小写英文字母 v、b、y、a 表示，根据投入产出表完全消耗系数的含义，$\hat{V}B\hat{Y}$ 矩阵中任一元素 $v_i^s b_{ij}^{sr} y_j^r$，即 Va_{ij}^{sr} 表示嵌入 r 国 j 部门最终产品中的 s 国 i 部门的增加值，可以作以下分解：

$$v_i^s b_{ij}^{sr} y_j^r = \delta_{ij}^{sr} v_i^s y_j^r + v_i^s a_{ij}^{sr} y_j^r + v_i^s \sum_{t,k}^{G,N} a_{ik}^{st} a_{kj}^{tr} y_j^r + \cdots \quad (5-3)$$

其中，$\delta_{ij}^{sr} = \begin{cases} 1, & i=j \text{ 且 } s=r \\ 0, & i \neq j \text{ 或 } s \neq r \end{cases}$

等式（5-3）右边第一项表达生产的第一阶段，s 国 i 部门的增加值（或原始投入，$v_i^s y_j^r$）直接嵌入 r 国 j 部门的最终产品（i = j 且 s = r）。此时，生产链的长度等于 1，该生产链带来的产出等于 $v_i^s y_j^r$。

第二项表达生产的第二阶段，s 国 i 部门的增加值（$v_i^s a_{ij}^{sr} y_j^r$）间接嵌入 r 国 j 部门的最终产品，即 s 国 i 部门的增加值直接嵌入该国该部门的总产出后，被用作中间品生产 r 国 j 部门的最终产品（投入产出系统的第一回合）。此时，生产链的长度等于 2，该生产链带来的产出等于 $2v_i^s a_{ij}^{sr} y_j^r$，即增加值 $v_i^s a_{ij}^{sr} y_j^r$ 带来了两次产出，第一次是 s 国 i 部门，第二次是 r 国 j 部门。

第三项表达生产的第三阶段，s 国 i 部门的增加值嵌入其他国家和部门的中间品中，然后再作为中间品用于生产 r 国 j 部门的最终产品。这一阶段 s 国 i 部门的增加值是 $v_i^s \sum_{t,k}^{G,N} a_{ik}^{st} a_{kj}^{tr} y_j^r$，表达了投入产出系统的第二回合。s 国 i 部门的增加值先嵌入 t 国 k 部门的中间品中，然后被 r 国 j 部门的最终产品所吸收。在这一阶段，生产链的长度等于 3，该生产链带来的产出等于 $3v_i^s \sum_{t,k}^{G,N} a_{ik}^{st} a_{kj}^{tr} y_j^r$，即 s 国 i 部门的初始增加值计入总产出三次，第一次是 s 国 i 部门，第二次是 t 国 k 部门，第三次是 r 国 j 部门。

以此类推，经历所有回合直接和间接嵌入 r 国 j 部门最终产品中的 s 国 i 部门的增加值等于 $v_i^s b_{ij}^{sr} y_j^r$，其带来的总产出为：

$$\delta_{ij}^{sr} v_i^s y_j^r + 2v_i^s a_{ij}^{sr} y_j^r + 3v_i^s \sum_{t,k}^{G,N} a_{ik}^{st} a_{kj}^{tr} y_j^r + \cdots = v_i^s \sum_{t,k}^{G,N} b_{ik}^{st} b_{kj}^{tr} y_j^r \quad (5-4)$$

用矩阵形式表示为：

$$\hat{V}\hat{Y} + 2\hat{V}A\hat{Y} + 3\hat{V}AA\hat{Y} + \cdots = \hat{V}(I + 2A + 3AA + \cdots)\hat{Y}$$
$$= \hat{V}(B + AB + AAB + \cdots)\hat{Y} = \hat{V}BB\hat{Y} \quad (5-5)$$

根据价值链平均生产长度的定义，从 s 国 i 部门增加值至 r 国 j 部门最终产品的价值链平均生产长度（plvy）可以表示为：

$$plvy_{ij}^{sr} = \frac{v_i^s \sum_{t,k}^{G,N} b_{ik}^{st} b_{kj}^{tr} y_j^r}{v_i^s b_{ij}^{sr} y_j^r} \quad (5-6)$$

因此，价值链平均生产长度（PLvy）的计算公式用矩阵可表示为：

$$PLvy = \frac{\hat{V}BB\hat{Y}}{\hat{V}B\hat{Y}} \quad (5-7)$$

对 PLvy 矩阵每行沿水平方向以增加值份额为权重求平均值，即可得到基于前向产业关联的 s 国 i 部门增加值形成的价值链平均生产长度（plv），矩阵形式（PLv）公式为：

$$PLv = \frac{\hat{V}BB\hat{Y}u'}{\hat{V}B\hat{Y}u'} \tag{5-8}$$

其中，u 表示元素均为 1 的行向量。

对 PLvy 矩阵每列沿垂直方向以增加值份额为权重求平均值，即可得到基于后向产业关联的 r 国 j 部门最终产品形成的价值链平均生产长度（ply），矩阵形式（PLy）公式为：

$$PLy = \frac{u\hat{V}BB\hat{Y}}{u\hat{V}B\hat{Y}} \tag{5-9}$$

相应地，$\hat{V}L\hat{Y}$、$\hat{V}R\hat{Y}$ 引致的国内总产出分别为：

$$\hat{V}\hat{Y} + 2\hat{V}A^D\hat{Y} + 3\hat{V}A^D A^D \hat{Y} + \cdots = \hat{V}(I-A^D)^{-1}(I-A^D)^{-1}\hat{Y} = \hat{V}LL\hat{Y} \tag{5-10}$$

$$\hat{V}\hat{Y} + 2\hat{V}A^{DP}\hat{Y} + 3\hat{V}A^{DP}A^{DP}\hat{Y} + \cdots = \hat{V}(I-A^{DP})^{-1}(I-A^{DP})^{-1}\hat{Y} = \hat{V}RR\hat{Y} \tag{5-11}$$

用 PL_NVC、PL_P、PL_RVC、PL_GVC 分别表示国内价值链、国内区内（省内）价值链、国内区际（省际）价值链、全球价值链的平均生产长度矩阵，那么：

$$PL\_NVC = \frac{\hat{V}LL\hat{Y}}{\hat{V}L\hat{Y}} \tag{5-12}$$

$$PL\_P = \frac{\hat{V}RR\hat{Y}}{\hat{V}R\hat{Y}} \tag{5-13}$$

$$PL\_RVC = \frac{\hat{V}LL\hat{Y} - \hat{V}RR\hat{Y}}{\hat{V}L\hat{Y} - \hat{V}R\hat{Y}} \tag{5-14}$$

$$PL\_GVC = \frac{\hat{V}BB\hat{Y} - \hat{V}LL\hat{Y}}{\hat{V}B\hat{Y} - \hat{V}L\hat{Y}} = \frac{\hat{V}BB\hat{Y} - \hat{V}LL\hat{Y}}{\hat{V}LA^F B\hat{Y}} \tag{5-15}$$

根据基于前向关联和后向关联的价值链平均生产长度的计算方法，上述细分的各种类型价值链基于前向关联和后向关联的平均生产长度，也是分别对相应矩阵沿水平方向加权求和、沿垂直方向加权求和得到的，权重分别为对应增加值矩阵中的增加值份额。

在下文中，基于前向关联的国内价值链、国内区内（省内）价值链、国内区际（省际）价值链、全球价值链的平均生产长度分别用符号 PLv_NVC、PLv_P、PLv_RVC、PLv_GVC 表示，基于后向关联的国内价值链、国内区内（省内）价值链、国内区际（省际）价值链、全球价值链的平均生产长度分别用符号 PLy_NVC、PLy_P、PLy_RVC、PLy_GVC 表示。

5.2.2 价值链生产位置测算方法

用 PS 表示总的价值链生产位置矩阵，分别用 PS_NVC、PS_RVC、PS_GVC 表示国内价值链、国内区际（省际）价值链、全球价值链中的生产位置，那么，某国某部门在价值链网络中总的生产位置计算公式为：

$$PS = \frac{PLv}{[PLy]'} \tag{5-16}$$

该数值越大，表示该国该部门越是处于相对上游位置。

相应地，某国某部门在全球价值链中的生产位置由以下公式确定：

$$PS\_GVC = \frac{PLv\_GVC}{[PLy\_GVC]'} \tag{5-17}$$

对于本书专门考察的中国某区域（省区市）某部门在国内价值链、国内区际（省际）价值链中的生产位置由以下公式确定：

$$PS\_NVC = \frac{PLv\_NVC}{[PLy\_NVC]'} \tag{5-18}$$

$$PS\_RVC = \frac{PLv\_RVC}{[PLy\_RVC]'} \tag{5-19}$$

同理，以上公式得到的数值越大，表示相应部门越是处于对应价值链的相对上游位置。

5.3 中国国内价值链和全球价值链生产长度及与世界其他经济体的比较

利用世界投入产出表，本书首先计算了 2000~2014 年中国和世界其他国家和地区的价值链生产长度。由于在世界投入产出表中的中国台湾地区被作为一个单独的地区列出，以下内容本书用经济体一词来统一表述世界各个国家和地区。

5.3.1 世界总的价值链生产长度状况

从世界各个经济体总的表现情况来看（见图5-2），世界总的价值链生产长度（TPL）在2000~2014年是相对增加的。2000年，世界总的价值链生产长度为1.93，其后2001~2002年以及2009年出现过两次下降，其他年度基本表现为逐渐延长的趋势，至2014年，世界总的价值链生产长度达到最大值2.13，比2000年延长了10.77%。

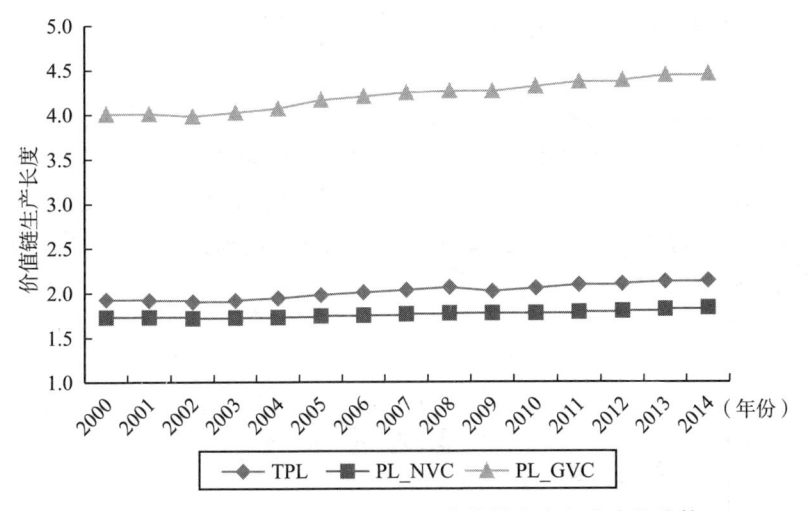

图5-2 2000~2014年世界平均价值链生产长度变化趋势

资料来源：作者绘制。

分解来看，世界总的价值链生产长度增加是世界平均的国内价值链生产长度、全球价值链生产长度两个指标共同增加带来的。从国内价值链长度来看，2000年，世界平均的国内价值链长度为1.73，之后该长度波动增加，至2014年达到最大值1.83，2000~2014年的增幅为5.79%。由于世界总的价值链生产主要在各经济体内部完成（2000~2014年世界各经济体通过国内价值链实现的增加值平均占比为89.46%），世界总的价值链生产长度值主要由国内价值链长度值决定，与国内价值链长度值非常接近。

然而，世界总的价值链生产长度增加的驱动因素主要来自全球价值链生产长度。一方面，全球价值链生产长度增幅相对较大。2000年，世界平均的全球价值链长度为4.01，之后该长度波动增加，直至2014年达到最大值4.45，2000~2014年的增幅为11.16%。另一方面，全球价值链生产长度值远大于国内价值链长度值。国内价值链不涉及中间品跨境交易，所有的生产环节都在各经济体内部完成，生产长度相对较短；全球价值链是由中间品一次或多次跨境交易进入不同经济体的生产活动而形成的，生产长度值相对要大。世界平均的全球价值链长度延长，是世界跨国生产分享活动规模和精细分工程度增加的反映。

5.3.2 中国价值链生产长度基本状况

中国基于前向关联的价值链生产长度、基于后向关联的价值链生产长度都是延长的（见图5-3）。中国基于前向关联的价值链生产长度从2000年的2.54增加到2014年的2.89，期间增幅为13.84%；中国基于后向关联的价值链生产长度从2000年的2.64增加到2014年的2.96，期间增幅为12.16%。

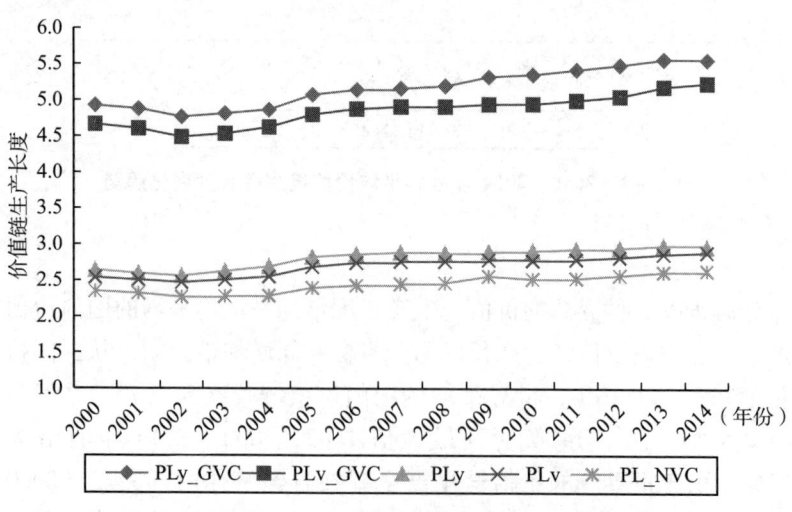

图5-3 2000~2014年中国价值链生产长度变化趋势

资料来源：作者绘制。

中国基于前向关联和后向关联价值链生产长度的延长，是由中国基于前向关联的全球价值链（出口价值链）生产长度、基于后向关联的全球价值链（进口价值链）生产长度以及国内价值链长度共同驱动的。从中国出口价值链生产长度来看，2000 年，该生产长度为 4.67，在经历了 2001～2002 年的短暂下降之后，其后年度一直保持了稳定的增加趋势，至 2014 年达到最大值 5.24，2000～2014 年的增幅为 12.24%。中国进口价值链生产长度几乎与出口价值链生产长度保持了相同的增长趋势，2000 年，中国进口价值链生产长度为 4.92，同样是在经历了 2001～2002 年的短暂下降之后，在其后年度一直保持了稳定的增加趋势，至 2014 年达到最大值 5.56，2000～2014 年的增幅为 12.85%。中国国内价值链生产长度在 2000～2014 年也保持了波动增加的趋势，从 2000 年的 2.35 增加到 2014 年的 2.64，期间增幅为 12.20%。

中国出口价值链、进口价值链和国内价值链生产长度变化共同驱动了中国基于前向关联和后向关联价值链生产长度延长，这一点在世界各经济体中的表现是较为独特的。由于经济全球化的快速发展和全球价值链分工的愈加精细化，世界各经济体参与全球价值链分工基本上都是程度加深的，表现在各经济体基于前向关联和后向关联的全球价值链生产长度方面，各经济体在 2000～2014 年都是延长的（见表 5－1 和表 5－2）。

5.3.3　中国出口价值链及与世界其他经济体的比较

与世界其他经济体相比，中国出口价值链生产长度表现出两个主要特征：

第一，中国出口价值链生产长度在世界各经济体中是最长的。基于表 5－1 中 2000～2014 年的出口价值链生产长度观察，每一年的出口价值链生产长度，中国数值都是最高的。中国的出口价值链生产长度不仅大于美国、欧盟、日本等发达经济体，也高于澳大利亚、俄罗斯等资源出口国。这说明，自中国加入世界贸易组织以来，其对外开放程度不断加大，中国各行业的增加值包含在中间品出口大量被其他经济体所使用，中国通过前向关联方式介入全球价值链的程度越来越深。

表 5-1　2000~2014 年世界各经济体出口价值链生产长度状况

经济体	2000年	2001年	2002年	2003年	2004年	2005年	2006年	2007年	2008年	2009年	2010年	2011年	2012年	2013年	2014年	增幅（%）
CHN	4.66	4.61	4.49	4.54	4.63	4.80	4.88	4.91	4.91	4.95	4.95	5.00	5.05	5.19	5.24	12.24
AUS	4.24	4.24	4.23	4.31	4.31	4.42	4.45	4.50	4.59	4.67	4.77	4.82	4.76	4.81	4.81	13.39
RUS	4.12	4.22	4.16	4.23	4.22	4.26	4.27	4.33	4.32	4.41	4.43	4.45	4.46	4.57	4.62	12.24
KOR	4.13	4.14	4.17	4.22	4.26	4.37	4.42	4.44	4.39	4.53	4.50	4.51	4.50	4.52	4.55	10.26
JPN	4.28	4.31	4.28	4.28	4.32	4.40	4.46	4.49	4.51	4.56	4.54	4.55	4.51	4.50	4.51	5.35
BRA	4.08	4.08	4.10	4.15	4.14	4.32	4.36	4.35	4.31	4.30	4.37	4.38	4.36	4.39	4.36	6.94
IDN	3.94	3.94	3.96	4.01	4.02	4.09	4.18	4.22	4.22	4.34	4.33	4.36	4.38	4.39	4.36	10.61
EU	4.06	4.05	4.03	4.07	4.11	4.18	4.21	4.24	4.24	4.19	4.23	4.26	4.25	4.28	4.27	5.11
TWN	3.88	3.89	3.85	3.90	3.96	4.04	4.06	4.09	4.06	4.14	4.18	4.20	4.21	4.22	4.21	8.41
TUR	4.03	3.98	3.93	3.95	3.96	3.99	4.01	4.01	4.03	4.10	4.12	4.14	4.21	4.18	4.21	4.34
IND	3.87	3.89	3.91	3.99	4.01	4.07	4.04	3.94	3.94	3.97	3.95	4.04	4.04	4.10	4.11	6.35
NOR	3.72	3.70	3.73	3.74	3.72	3.72	3.76	3.83	3.84	3.89	3.94	3.93	3.95	4.05	4.09	9.97
USA	3.89	3.88	3.83	3.82	3.84	3.91	3.92	3.97	3.97	3.85	3.91	3.96	3.98	4.00	4.01	3.00
CHE	3.74	3.73	3.77	3.78	3.80	3.80	3.80	3.81	3.82	3.83	3.84	3.86	3.87	3.88	3.89	3.79
CAN	3.74	3.73	3.70	3.70	3.70	3.73	3.75	3.82	3.81	3.79	3.82	3.87	3.87	3.88	3.87	3.58
MEX	3.70	3.67	3.64	3.64	3.63	3.71	3.67	3.77	3.78	3.72	3.75	3.80	3.77	3.82	3.83	3.50

注：表格按 2014 年数值降序排列，第 1 列国家和地区代码对应的中文名称见附表 1。
资料来源：作者测算。

第5章　国内价值链与全球价值链生产长度和生产位置

表5-2　2000~2014年世界各经济体进口价值链生产长度状况

经济体	2000年	2001年	2002年	2003年	2004年	2005年	2006年	2007年	2008年	2009年	2010年	2011年	2012年	2013年	2014年	增幅(%)
CHN	4.92	4.88	4.77	4.82	4.87	5.08	5.14	5.16	5.20	5.33	5.36	5.42	5.49	5.57	5.56	12.85
KOR	4.19	4.23	4.25	4.27	4.34	4.46	4.53	4.58	4.57	4.65	4.62	4.62	4.63	4.70	4.75	13.28
RUS	3.98	4.06	4.05	4.14	4.19	4.24	4.35	4.38	4.42	4.34	4.38	4.46	4.42	4.43	4.51	13.40
JPN	4.16	4.16	4.15	4.21	4.25	4.34	4.38	4.44	4.50	4.47	4.49	4.51	4.49	4.50	4.50	8.09
AUS	4.18	4.20	4.23	4.28	4.30	4.37	4.38	4.39	4.42	4.43	4.43	4.44	4.41	4.44	4.49	7.62
TWN	3.98	3.98	3.99	4.04	4.10	4.18	4.25	4.29	4.33	4.29	4.35	4.42	4.42	4.39	4.46	11.96
IND	4.05	4.15	4.11	4.17	4.19	4.23	4.18	4.23	4.27	4.31	4.31	4.39	4.31	4.35	4.43	9.24
IDN	3.88	3.93	3.99	4.05	4.07	4.02	4.18	4.22	4.32	4.34	4.29	4.31	4.34	4.38	4.42	13.81
TUR	4.13	4.18	4.12	4.16	4.14	4.21	4.20	4.28	4.16	4.23	4.24	4.26	4.27	4.28	4.31	4.33
BRA	4.06	4.12	4.13	4.15	4.21	4.27	4.30	4.28	4.31	4.20	4.22	4.26	4.27	4.28	4.31	6.10
EU	3.99	3.99	3.97	4.01	4.04	4.09	4.15	4.20	4.19	4.16	4.22	4.25	4.22	4.29	4.29	7.58
USA	4.07	4.04	3.98	3.99	4.02	4.11	4.11	4.16	4.16	4.03	4.10	4.15	4.16	4.22	4.26	4.68
CAN	3.76	3.77	3.75	3.76	3.79	3.83	3.86	3.90	3.92	3.88	3.92	3.98	3.99	4.01	4.01	6.52
MEX	3.72	3.71	3.65	3.65	3.68	3.81	3.85	3.90	3.91	3.77	3.84	3.91	3.91	3.94	3.94	6.06
NOR	3.86	3.83	3.82	3.83	3.84	3.87	3.92	3.94	3.98	3.90	3.90	3.94	3.93	3.92	3.92	1.68
CHE	3.82	3.81	3.82	3.83	3.83	3.86	3.88	3.89	3.92	3.90	3.91	3.95	3.95	3.94	3.91	2.34

注：表格按2014年数值降序排列，第1列国家和地区代码对应的中文名称见附表1。
资料来源：作者测算。

第二，中国出口价值链生产长度在 2000~2014 年的增长幅度居于世界各经济体前列。中国出口价值链生产长度不仅数值最高，而且增长速度在世界各经济体中也是非常快的。2000~2014 年，出口价值链生产长度增长速度最快的经济体依次为：澳大利亚、中国、俄罗斯、印度尼西亚、韩国，这些经济体在 2014 年的出口价值链生产长度比 2000 年都出现了 10% 以上的增长，增幅分别为 13.39%、12.24%、12.24%、10.61%、10.26%。相比之下，美国、墨西哥、加拿大等国的出口价值链生产长度不仅数值较低，而且增幅也都在 4% 以下，分别为 3.00%、3.50%、3.58%。这三个国家在北美自由贸易区范围内实现了大量的中间品流动和增加值转移，多年来并没有发生太大的变化。

5.3.4　中国进口价值链及与世界其他经济体的比较

与世界其他经济体相比，中国进口价值链生产长度也表现出两个主要特征：

第一，中国进口价值链生产长度在世界各经济体中是最长的。基于表 5-2 中 2000~2014 年的进口价值链生产长度观察，每一年的进口价值链生产长度，中国数值也都是最高的。虽然很多发展中经济体，如韩国、印度尼西亚、墨西哥等，都是依靠大量进口国外中间品来完成国内或地区内生产和加工活动的，但中国对国外中间品进口的依赖程度相对更深，中国进口价值链生产长度也相对更长。

第二，中国进口价值链生产长度在 2000~2014 年的增长幅度居于世界各经济体前列。中国进口价值链生产长度不仅数值高于其他经济体，而且增长速度在世界各经济体中也是非常快的。2000~2014 年，进口价值链生产长度增长速度最快的经济体依次为：印度尼西亚、俄罗斯、韩国、中国大陆、中国台湾地区，这些经济体在 2014 年的进口价值链生产长度比 2000 年都出现了 10% 以上的增长，增幅分别为 13.81%、13.40%、13.28%、12.85%、11.96%。相比之下，变化非常小的两个经济体分别是挪威和瑞士，它们与欧盟保持着密切的经济联系。

5.3.5 中国国内价值链及与世界其他经济体的比较

与世界其他经济体相比,中国国内价值链生产长度表现出两个主要特征:

第一,中国国内价值链生产长度在世界各经济体中是最长的。基于表5-3中2000~2014年的国内价值链生产长度观察,每一年的国内价值链生产长度,中国数值都是最高的,而且显著高于世界其他经济体。即便是相对于美国、俄罗斯等同样是国土面积和经济规模都很庞大的国家而言,中国国内价值链生产长度也超出这些国家很多。这说明中国国内各经济区域之间生产联系较为紧密,国内生产加工环节较长,各行业和企业在国内价值链上的生产合作关系非常密切。

第二,中国国内价值链生产长度在2000~2014年的增长幅度在世界各经济体中遥遥领先。中国国内价值链生产长度不仅数值高于其他经济体,而且增长速度在世界各经济体中也明显居前。2000~2014年,中国国内价值链生产长度从2.35增加到2.64,增幅为12.20%,在世界所有经济体中是增幅唯一超过10%的经济体。而且世界其他经济体国内价值链生产长度有些表现为增加趋势,有些则表现为下降趋势。例如,俄罗斯、韩国、印度尼西亚国内价值链生产长度在2000~2014年分别增长了7.94%、2.68%、1.49%,加拿大、瑞士、印度尼西亚等变化很小,其他经济体则表现出相对较为明显的下降趋势。土耳其、日本等国内价值链生产长度下降幅度较大,分别为-8.58%、-6.67%;美国、欧盟等发达经济体和墨西哥、印度等发展中经济体也表现出一定的下降趋势。国内价值链生产长度下降与这些经济体生产环节外包业务的发展有很大关系,中国与美国相比,美国更倾向于将生产加工活动外包于全球生产网络中(Wang et al., 2017),而中国则在走向"世界工厂"的过程中,在国内形成了相对更为精细的劳动分工和更为完整的生产加工阶段。

表5-3　2000~2014年世界各经济体国内价值链生产长度状况

经济体	2000年	2001年	2002年	2003年	2004年	2005年	2006年	2007年	2008年	2009年	2010年	2011年	2012年	2013年	2014年	增幅(%)
CHN	2.35	2.32	2.27	2.28	2.29	2.40	2.43	2.45	2.47	2.56	2.52	2.53	2.57	2.62	2.64	12.20
RUS	1.68	1.73	1.69	1.72	1.75	1.75	1.77	1.79	1.78	1.81	1.81	1.80	1.76	1.78	1.81	7.94
KOR	1.73	1.73	1.76	1.74	1.75	1.77	1.77	1.78	1.74	1.79	1.79	1.77	1.76	1.76	1.78	2.68
EU	1.79	1.79	1.79	1.79	1.79	1.79	1.80	1.81	1.81	1.79	1.78	1.78	1.77	1.77	1.77	-0.90
AUS	1.82	1.84	1.85	1.88	1.86	1.85	1.84	1.83	1.82	1.83	1.82	1.78	1.76	1.75	1.76	-3.49
IDN	1.66	1.67	1.72	1.75	1.71	1.67	1.71	1.70	1.68	1.75	1.71	1.69	1.69	1.68	1.69	1.49
TUR	1.80	1.76	1.73	1.72	1.70	1.70	1.68	1.67	1.66	1.67	1.66	1.64	1.65	1.64	1.64	-8.58
USA	1.68	1.66	1.64	1.63	1.64	1.65	1.64	1.65	1.65	1.59	1.60	1.61	1.61	1.62	1.63	-2.79
BRA	1.69	1.68	1.69	1.70	1.70	1.72	1.72	1.70	1.71	1.68	1.67	1.66	1.66	1.65	1.63	-3.52
IND	1.65	1.68	1.68	1.73	1.72	1.68	1.67	1.66	1.65	1.67	1.67	1.67	1.62	1.61	1.62	-1.80
JPN	1.74	1.74	1.72	1.72	1.71	1.71	1.70	1.70	1.71	1.69	1.66	1.65	1.65	1.64	1.62	-6.67
CAN	1.60	1.61	1.60	1.61	1.61	1.60	1.60	1.60	1.59	1.61	1.61	1.61	1.61	1.62	1.61	0.37
CHE	1.62	1.61	1.65	1.63	1.63	1.63	1.62	1.61	1.63	1.64	1.63	1.62	1.62	1.61	1.61	-0.59
NOR	1.58	1.57	1.57	1.56	1.54	1.55	1.56	1.57	1.58	1.55	1.52	1.53	1.53	1.52	1.53	-3.09
TWN	1.51	1.49	1.49	1.48	1.48	1.48	1.46	1.46	1.46	1.47	1.47	1.47	1.47	1.46	1.46	-2.98
MEX	1.46	1.46	1.45	1.44	1.44	1.45	1.45	1.45	1.45	1.46	1.44	1.43	1.43	1.44	1.43	-2.34

注：表格按2014年数值降序排列，第1列国家和地区代码对应的中文名称见附表1。
资料来源：作者测算。

5.4 中国国内经济区域和省区市价值链生产长度及其比较

本书利用构建好的嵌入中国八大经济区域的世界投入产出表EMIIOT-8和嵌入国内30个省区市的世界投入产出表EMIIOT-30，分别计算了2002年、2007年、2010年、2012年国内八大经济区域的价值链生产长度以及2010年、2012年国内30个省区市的价值链生产长度，下面对其表现及特点分别进行分析。

5.4.1 中国国内经济区域区内价值链生产长度状况

观察国内八大经济区域区内价值链生产长度在2002年、2007年、2010年和2012年的表现（具体数值见表5-4），其基本特征表现在两个方面。

表5-4　　　　国内八大经济区域区内价值链生产长度

区域	2002年	2007年	2010年	2012年	2012年比2002年增幅（%）
东北	1.98	2.00	2.14	2.13	7.69
京津	1.60	1.57	1.89	1.70	6.00
北部沿海	1.99	2.12	2.38	2.38	19.59
东部沿海	2.09	2.02	1.98	2.04	-2.48
南部沿海	1.79	1.82	1.88	2.01	12.38
中部	1.97	1.94	2.14	2.10	6.86
西北	1.70	1.65	1.96	1.83	7.68
西南	1.91	1.90	2.04	2.00	4.35

资料来源：作者测算。

第一，国内不同经济区域的区内价值链生产长度存在较大差异。国内八大经济区域区内价值链生产长度在每个年度都表现出了较大差异，以2012年为例，区内价值链生产长度较高的区域为北部沿海区域、东北区域，其区内价值链生产长度分别达到2.38、2.13。相比之下，区内价值链生产长度较低的区域为京津区域、西北区域，其区内价值链生产长度仅分别为 1.70、1.83。这说明相比于北部沿海区域、东北区域，京津区域、西北区域的区内生产加工环节较短，很多资源和中间品生产相对更依赖于国内其他经济区域或国外。

第二，国内经济区域区内价值链生产长度大都有所延长，仅东部沿海区域稍有缩短。2012 年与 2002 年相比，国内八大经济区域区内价值链生产长度按增幅大小排序依次为：北部沿海区域、南部沿海区域、东北区域、西北区域、中部区域、京津区域、西南区域、东部沿海区域。其中，北部沿海和南部沿海区域的区内价值链生产长度增幅超过 10%，说明这些区域内部生产联系越来越紧密；而东部沿海区域的区内价值链生产长度有所减少，减少的幅度很小，仅有 -2.48%，这与东部沿海区域开放度高、生产环节外包于其他经济区域或国外有一定关系。

5.4.2 中国国内经济区域区际价值链生产长度状况

国内八大经济区域基于前向关联和基于后向关联的区际价值链生产长度状况如表 5-5 所示，其基本特征表现在两个方面。

表 5-5 国内八大经济区域前向关联和后向关联的区际价值链生产长度

区域	PLv_RVC 2002 年	2007 年	2010 年	2012 年	2012 年比 2002 年增幅（%）	PLy_RVC 2002 年	2007 年	2010 年	2012 年	2012 年比 2002 年增幅（%）
东北	4.48	4.83	4.87	4.77	6.44	4.29	4.77	4.88	4.88	13.85
京津	4.08	4.43	4.53	4.68	14.70	4.11	4.28	4.40	4.42	7.59
北部沿海	4.31	4.63	4.94	5.18	20.26	4.47	4.89	5.11	5.33	19.12
东部沿海	4.48	4.72	4.61	4.59	2.54	4.60	4.67	4.77	4.94	7.32
南部沿海	4.19	4.37	4.57	4.89	16.75	4.30	4.53	4.77	4.97	15.61
中部	4.41	4.63	4.80	4.85	9.98	4.49	4.66	4.81	4.76	6.07
西北	4.37	4.44	4.80	4.92	12.69	4.10	4.16	4.45	4.40	7.35
西南	4.32	4.59	4.71	4.49	3.95	4.25	4.44	4.66	4.80	12.88

资料来源：作者测算。

第一，无论是基于前向关联的区际价值链生产长度，还是基于后向关联的区际价值链生产长度，都表现出了较大幅度的延长。2012年与2002年相比，国内八大经济区域基于前向关联和基于后向关联的区际价值链生产长度都是延长的，北部沿海区域和南部沿海区域表现相对更为突出。北部沿海区域和南部沿海区域基于前向关联的区际价值链生产长度分别增长了20.26%和16.75%，说明这些区域生产要素创造的增加值更多地通过中间品区际流出的方式融入了国内价值链中。北部沿海区域和南部沿海区域基于后向关联的区际价值链生产长度分别增长了19.12%和15.61%，说明这些区域最终产品的生产也越来越依赖于国内经济区域的中间品流入。国内经济区域基于前向关联和后向关联的区际价值链生产长度出现较大幅度的上升，表明国内经济区域的经济联系越来越密切，各经济区域融入区际价值链的程度越来越深。

第二，基于前向关联和基于后向关联的区际价值链生产长度明显大于区内价值链生产长度，与基于前向关联和基于后向关联的全球价值链生产长度相当。比较国内八大经济区域区内价值链、区际价值链、全球价值链的生产长度可以发现：一方面，区际价值链生产长度明显大于区内价值链生产长度，这是因为中间品在八大经济区域间多次跨越区域边界进行流动，形成的生产加工阶段远远超过中间品仅在经济区域边界内流动的生产情况；另一方面，国内八大经济区域区际价值链生产长度与全球价值链生产长度（即出口价值链生产长度和进口价值链生产长度，见表5-6）相当，说明国内各经济区域间所形成的经济联系和生产加工的复杂程度并不逊色于国内经济区域与其他国家和地区所形成的全球价值链。

5.4.3 中国国内经济区域出口价值链和进口价值链生产长度状况

国内八大经济区域出口价值链和进口价值链生产长度状况如表5-6所示，其基本特征表现在两个方面。

表 5-6　　　国内八大经济区域出口价值链和进口价值链生产长度

区域	PLv_RVC 2002年	2007年	2010年	2012年	2012年比2002年增幅（%）	PLy_RVC 2002年	2007年	2010年	2012年	2012年比2002年增幅（%）
东北	4.60	5.42	5.25	5.42	17.96	4.74	5.03	5.34	5.55	16.92
京津	3.92	4.14	5.00	5.17	32.06	4.68	4.78	5.08	4.99	6.74
北部沿海	4.84	5.32	5.40	5.43	12.05	5.02	5.63	5.47	5.70	13.41
东部沿海	4.43	4.56	4.49	4.64	4.79	4.76	5.02	5.08	5.16	8.34
南部沿海	4.08	4.53	4.47	4.60	12.99	4.37	4.93	5.07	5.13	17.54
中部	5.41	5.96	5.78	5.78	6.89	5.36	5.42	5.86	6.13	14.39
西北	4.96	5.07	6.34	6.48	30.56	5.09	4.92	6.22	6.22	22.16
西南	4.95	5.70	5.65	5.22	5.38	5.25	5.21	5.73	5.82	10.91

资料来源：作者测算。

第一，国内经济区域出口价值链和进口价值链生产长度都出现了较大幅度的延长。从出口价值链生产长度来看，2012年与2002年相比，京津区域和西北区域的出口价值链生产长度增幅最高，分别达到32.06%和30.56%，东北区域、南部沿海和北部沿海区域出口价值链生产长度也出现了10%以上的增长，东部沿海区域、西南区域和中部区域出口价值链生产长度增幅相对较小。从进口价值链生产长度来看，2012年与2002年相比，西北区域进口价值链生产长度增幅最高，达到22.16%；京津区域和东部沿海区域进口价值链生产长度增幅较小，分别为6.74%和8.34%，其他经济区域的进口价值链生产长度增幅基本在10%~20%。出口价值链和进口价值链生产长度延长，表明中国各经济区域与世界其他国家和地区的生产合作关系更加紧密，劳动分工越来越精细。

第二，中部区域和西北区域的出口价值链和进口价值链生产长度相对要高于东部沿海和南部沿海区域。以2012年为例，中部区域和西北区域的出口价值链生产长度分别达到5.78和6.48，而东部沿海和南部沿海区域的出口价值链生产长度仅有4.64和4.60；中部区域和西北区域的进口价值链生产长度分别达到6.13和6.22，而东部沿海和南部沿海区域的进口价值链生产长度仅有 5.16 和 5.13。东部沿海和南部沿海区域的出口价值链和进口价值链生产长度都相对较短，这与中国东部地区较大规模的加工贸易活动有较大关系。中部区域和西北区域的出口价值链和进口价值链生产长度都相对较长，从出口价值链生产长度角度分析，中部区域和西北区域以资源的生产和出口供给为主，在以中间品形式出口后会经历较长的生产加工阶段才会形成最终产品；从进口价值链生产长度角度分析，中部区域和西北区域并不具备大规模开展加工贸易活动的地理区位优势，生产活动在建筑业、交通运输设备制造业等行业占据较大比重，而这些行业基本处于各行业下游，特别接近消费终端，具有很长的生产加工链，进口价值链生产长度较长。

5.4.4 中国国内各省区市价值链生产长度及其比较

根据 EMIIOT-30 计算的 2010 年和 2012 年国内 30 个省区市的省内价值链生产长度、基于前向关联和后向关联的省际价值链生产长度、出口价值链和进口价值链生产长度如表 5-7 所示。为简化分析，本书以 2010 和 2012 年的省内价值链生产长度算术均值、基于前向关联和后向关联的省际价值链生产长度算术均值、出口价值链和进口价值链生产长度的算术均值为基础，分别对省内价值链生产长度、省际价值链生产长度、全球价值链生产长度的表现特点进行分析。

表 5-7　　2010 年和 2012 年国内 30 个省区市价值链生产长度

区域	PL_P 2010年	PL_P 2012年	PLv_RVC 2010年	PLv_RVC 2012年	PLy_RVC 2010年	PLy_RVC 2012年	PLv_GVC 2010年	PLv_GVC 2012年	PLy_GVC 2010年	PLy_GVC 2012年
黑龙江	1.87	1.64	4.86	4.68	4.38	4.32	5.84	6.28	5.36	5.31
吉林	1.82	1.97	4.51	4.46	4.62	4.54	6.22	6.04	5.62	5.68
辽宁	2.07	2.15	4.65	4.67	4.86	4.93	4.88	5.11	5.29	5.63
北京	1.91	1.48	4.29	4.50	4.47	4.16	4.92	5.43	5.31	5.05
天津	1.77	1.85	4.57	4.48	4.22	4.49	5.01	5.06	4.78	4.96
河北	1.76	2.03	4.34	4.81	4.45	4.88	5.42	5.58	5.09	5.61
山东	2.64	2.51	5.37	5.27	5.39	5.64	5.45	5.41	5.75	5.89

续表

区域	PL_P 2010年	PL_P 2012年	PLv_RVC 2010年	PLv_RVC 2012年	PLy_RVC 2010年	PLy_RVC 2012年	PLv_GVC 2010年	PLv_GVC 2012年	PLy_GVC 2010年	PLy_GVC 2012年
江苏	1.93	1.93	4.65	4.52	4.82	4.88	4.56	4.76	5.14	5.24
上海	1.81	1.68	4.27	4.03	4.39	4.48	4.38	4.52	4.73	4.71
浙江	1.93	1.99	4.56	4.84	4.79	4.83	4.48	4.63	5.42	5.56
福建	1.94	2.12	4.43	4.78	4.54	5.06	4.58	4.83	5.26	5.22
广东	1.80	1.95	4.49	4.94	4.77	4.92	4.42	4.53	5.05	5.14
海南	2.06	1.50	5.04	4.02	4.41	4.04	5.96	6.09	5.34	5.52
山西	1.94	1.87	5.28	5.76	4.39	4.68	5.74	6.40	5.34	6.06
河南	2.21	2.05	4.79	4.66	4.84	4.57	6.19	5.83	6.01	5.93
安徽	1.83	1.69	4.30	4.31	4.36	4.26	5.51	5.74	5.96	6.15
湖北	2.12	2.24	4.62	5.07	4.79	5.37	5.22	4.97	5.50	5.75
湖南	1.93	1.96	4.48	4.48	4.81	4.75	5.63	5.83	5.98	6.02
江西	2.37	2.16	5.17	4.82	5.27	5.14	6.19	5.80	6.00	6.57
内蒙古	1.95	1.77	4.84	4.97	4.52	4.27	6.41	6.72	5.82	6.03
陕西	1.89	1.67	4.72	4.65	4.40	4.34	6.43	6.39	6.04	6.33
宁夏	1.89	1.66	4.64	4.95	4.31	4.32	5.38	5.98	5.73	6.31
甘肃	1.81	1.70	4.59	4.54	4.40	4.48	6.16	6.67	5.44	6.16
青海	1.87	1.89	4.89	4.45	4.66	4.55	6.62	6.41	5.86	6.65
新疆	1.78	1.82	4.80	5.17	4.24	4.24	6.76	6.80	6.27	6.61
四川	2.21	2.28	4.97	4.90	4.88	5.19	5.68	5.34	5.66	6.12
重庆	2.04	1.66	4.39	3.98	4.66	4.36	5.51	4.69	6.01	6.00
广西	1.83	1.82	4.41	4.08	4.43	4.56	5.78	5.30	5.42	5.18
云南	1.69	1.64	4.44	4.06	4.40	4.40	5.41	5.38	5.78	5.88
贵州	1.67	1.67	4.68	4.38	4.17	4.27	5.77	5.72	6.11	6.27

资料来源：作者测算。

首先，省际价值链生产长度和全球价值链生产长度明显长于省内价值链生产长度，省际价值链生产长度略短于全球价值链生产长度。国内

30个省区市的2010年和2012年省内价值链生产长度算术均值范围为1.66~2.58，明显短于省际价值链生产长度和全球价值链生产长度，后两者的算术均值范围分别为4.29~5.42和4.59~6.61。省内价值链仅仅包含中间品在每个省区市范围内部的流动，而省际价值链则包含了中间品在30个省区市范围的流动，全球价值链又包含了中间品在世界其他国家和地区的流动，因此，比较而言，省内价值链生产长度相对最短，省际价值链生产长度和全球价值链生产长度则相对较长，全球价值链生产长度又相对长于省际价值链生产长度。

其次，从省内价值链生产长度分析，既拥有资源优势，又拥有相对完整工业生产体系的省区市，其省内价值链生产长度相对较长；仅具有资源优势，或仅具有服务业优势的省区市，其省内价值链生产长度相对较短。在国内30个省区市中，省内价值链生产长度较长的省区市分别是山东、江西、四川、湖北、河南，这些省份的省内价值链生产长度算术均值分别为2.58、2.26、2.25、2.18、2.13。比较而言，云南、贵州、北京、上海等省区市的省内价值链生产长度则排序在后，其算术均值分别为1.66、1.67、1.69、1.75。这些省区市的优势并不体现在价值链较长的制造业上，北京、上海等地具有较为发达的服务业，云南、贵州等地自然资源丰富，采选业具有相对优势，服务业和采选业在省内的生产环节都相对较短。

再次，从省际价值链生产长度在各省区市的表现来看，与省内价值链生产长度的表现非常一致，省际价值链生产长度与省内价值链生产长度高度正相关。在国内30个省区市中，省际价值链生产长度算术均值较大的省区市分别是：山东、江西、山西、四川、湖北，其省际价值链生产长度分别为5.42、5.10、5.03、4.98、4.96，说明这些省区市与其他省区市保持着较为紧密的生产链合作关系，生产链条较为复杂。省际价值链生产长度算术均值较小的省区市分别是上海、安徽、云南、重庆、北京，这些省区市的省际价值链生产长度分别为4.29、4.31、4.32、4.35、4.36，说明这些省区市与其他省区市的生产合作关系相对较少，生产链条较为简单。

最后，中西部省区市全球价值链生产长度普遍高于东部地区，这与不同省区市主要从事的行业性质存在一定关系。中西部地区省区市如新疆、青海、陕西、内蒙古、江西、甘肃等地，其全球价值链生产长度位于国内各省区市前列，全球价值链生产长度分别为 6.61、6.39、6.30、6.24、6.14、6.11。其原因在于，一方面，这些省区市自然资源丰富，采选业较为发达，这些行业作为中间品出口在国外会形成较长的生产加工链，出口价值链生产长度较长；另一方面，这些省区市的经济发展也在很大程度上依赖建筑业的产值，而建筑业几乎位于各行业价值链的末端，该行业生产依赖上游很多环节的中间品供给，进口价值链生产长度也较长。相比之下，上海、广东、江苏、天津、福建等东部沿海地区的全球价值链生产长度则位于国内各省区市后列，其全球价值链生产长度分别为 4.59、4.79、4.93、4.95、4.97。这些省区市依靠政策优势和地理区位优势发展起了大规模的加工贸易活动，尤其是电子产品的加工贸易活动，而这类加工贸易活动的生产链却明显短于采选业、建筑业等行业，因此这些省区市的全球价值链生产长度相对较短。

5.5 价值链生产位置及中国的表现

根据前述价值链生产长度的计算结果，本部分对价值链生产位置进行计算和分析，包括中国在全球价值链中的生产位置、国内各经济区域在国内价值链、区际价值链和全球价值链中的生产位置以及国内各省区市在省际价值链和全球价值链中的生产位置。

5.5.1 中国在全球价值链中的生产位置

全球价值链中的生产位置由出口价值链生产长度与进口价值链生产长度的比值确定，2000 年和 2014 年世界各经济体在全球价值链中的生产位置状况如表 5-8 所示。

从 2000 年和 2014 年世界各经济体在全球价值链中的生产位置情况来看，处于全球价值链上游的经济体有两类：一类是向世界市场提供资源产品的国家和地区，如俄罗斯、澳大利亚、挪威、巴西、印度尼西亚等，另一类是向世界市场提供中间技术产品的国家和地区，如日本和欧盟等发达经济体。中国在 2000 年处于全球价值链的最下游，说明了当时中国大量进口中间品从事加工贸易活动、组装成品出口的全球价值链参与方式。2014年,中国的全球价值链生产位置向相对上游转移,居于美国和印度之前。2014年与2000年相比,中国的出口价值链生产长度和进口价值链生产长度都发生了较大幅度的延长,参与全球价值链分工的技术含量和精细度都有了较大幅度的提高,基本上摆脱了大量依靠加工组装低端参与全球价值链的生产方式。

表5-8　　　　各经济体在全球价值链中的生产位置

经济体	2000年 PS_GVC	经济体	2014年 PS_GVC
RUS	1.04	AUS	1.07
JPN	1.03	NOR	1.04
EU	1.02	RUS	1.03
IDN	1.02	BRA	1.01
AUS	1.01	JPN	1.00
BRA	1.01	EU	1.00
MEX	0.99	CHE	0.99
CAN	0.99	IDN	0.99
KOR	0.98	TUR	0.98
CHE	0.98	MEX	0.97
TUR	0.98	CAN	0.97
TWN	0.97	KOR	0.96
NOR	0.96	TWN	0.94
USA	0.96	CHN	0.94
IND	0.95	USA	0.94
CHN	0.95	IND	0.93

资料来源:作者测算。

美国基本上位于全球价值链的下游位置,2014年和2000年没有发生太大的变化。在世界各经济体中,美国的出口价值链生产长度和进口价值链生产长度都是相对较短的,这是因为由于北美自由贸易区的存在,美国与加拿大、墨西哥的价值链联系非常紧密,美国较大份额的中间品流动发生在北美自由贸易区范围内,出口价值链生产长度和进口价值链生产长度变化都较小。

中国虽然总体上处在全球价值链的相对下游位置，但在不同行业中的表现差异较大。表5-9展示了2014年计算机、电子产品和光学产品的制造业和纺织品、服装、皮革和相关产品的制造业世界各经济体在全球价值链中的生产位置状况。

表5-9　　2014年各经济体在特定行业全球价值链中的生产位置

经济体	计算机、电子产品和光学产品的制造			经济体	纺织品、服装、皮革和相关产品的制造		
	PS_GVC	PLv_GVC	PLy_GVC		PS_GVC	PLv_GVC	PLy_GVC
RUS	1.18	5.37	4.56	NOR	1.08	4.28	3.97
AUS	1.00	4.24	4.25	RUS	0.99	4.07	4.10
EU	0.91	3.89	4.26	JPN	0.91	4.37	4.83
BRA	0.91	3.91	4.31	CHE	0.88	3.22	3.68
NOR	0.90	3.47	3.85	MEX	0.87	3.47	3.98
CHE	0.90	3.95	4.39	USA	0.85	3.68	4.35
TUR	0.90	3.80	4.23	EU	0.84	3.76	4.50
TWN	0.88	4.12	4.66	AUS	0.83	3.60	4.32
KOR	0.86	4.14	4.84	CAN	0.80	3.20	4.00
JPN	0.85	4.05	4.78	TUR	0.80	3.71	4.65
CHN	0.85	4.40	5.19	CHN	0.78	4.65	5.93
IND	0.84	4.02	4.78	KOR	0.78	3.99	5.09
IDN	0.83	3.76	4.52	BRA	0.78	3.52	4.49
CAN	0.82	3.10	3.76	TWN	0.78	3.87	4.96
USA	0.82	3.52	4.30	IDN	0.74	3.21	4.33
MEX	0.80	2.99	3.75	IND	0.72	3.55	4.93

资料来源：作者测算。

对于计算机、电子产品和光学产品的制造业，中国基本上已经处于全球价值链的相对中游位置。中国在该行业的进口价值链生产长度在各经济体中是最长的，一方面，说明中国从各经济体大量进口中间品以完成该行业产品的生产；另一方面，中国的该行业产品也以中间品形式大量出口到其他经济体,出口价值链生产长度也很长。韩国等发展中经济体在计算机、电子产品和光学产品的制造业也取得了快速发展,具有很长的出口价值链和进口价值链生产长度,而且向中国提供了该行业的大量中间品,位于中国的相对上游位置。美国通过把大部分中间生产阶段向海外外包并在最终品生产中大量进口零部件,在该行业的出口价值链和进口价值链生产长度都有所延长,但由于进口价值链生产长度相对较长而处于全球价值链的下游位置。

对于纺织品、服装、皮革和相关产品的制造业,中国也基本上处于全球价值链的相对中游位置。中国在该行业的出口价值链生产长度和进口价值链生产长度在世界各经济体中都是最长的。作为中国传统的比较优势行业,该行业在中国国内有相对比较长的生产阶段,再加上介入全球价值链长度比较深,因而形成了相对很长的出口价值链和进口价值链。与计算机、电子产品和光学产品的制造业有所不同的是,韩国在该行业处于中国的相对下游位置,而美国在该行业处于中国的相对上游位置,日本则凭借在该行业非常先进的生产技术居于相对更上游的生产位置。

5.5.2 中国国内经济区域的价值链生产位置

表5-10列示了中国国内八大经济区域在2002年、2007年、2010年和2012年的国内价值链、区际价值链、全球价值链生产位置指数。不同年度间的价值链生产位置排序都会稍有变化,但变化不大。考虑到价值链生产位置的相对稳定性,下面用2010年和2012年价值链生产位置的算数平均值来表示当前国内经济区域在价值链中的生产位置状况,分别对各经济区域在国内价值链、区际价值链、全球价值链生产位置进行分析。

从国内价值链中的生产位置来看,西北区域、东北区域、北部沿海区域、中部区域处于国内价值链的相对上游位置,东部沿海区域、京津区域、南部沿海区域、西南区域处于国内价值链的相对下游位置。在相对上游生产位置的国内经济区域基本上是资源和能源相对丰富的地区,此类资源和能源类行业具有较长的基于前向关联的国内价值链生产长度。东南沿海、京津等区域是我国人口最为密集的区域,也就是最终产品消费的集中地,这些区域的生产活动靠近消费终端,具有较长的基于后向关联的国内价值链生产长度。

表 5-10　　　　　　中国国内经济区域的价值链生产位置

区域	PS_NVC				PS_RVC				PS_GVC			
	2002年	2007年	2010年	2012年	2002年	2007年	2010年	2012年	2002年	2007年	2010年	2012年
东北	1.04	1.13	1.04	1.05	1.04	1.01	1.00	0.98	0.97	1.08	0.98	0.98
京津	0.84	0.88	0.93	0.96	0.99	1.03	1.03	1.06	0.84	0.87	0.98	1.04
北部沿海	0.98	1.04	1.04	1.05	0.96	0.95	0.97	0.97	0.96	0.95	0.99	0.95
东部沿海	1.01	0.85	0.89	0.91	0.97	0.96	0.97	0.93	0.93	0.91	0.88	0.90
南部沿海	1.01	0.95	0.93	0.97	0.97	0.96	0.96	0.98	0.93	0.92	0.88	0.90
中部	1.05	1.09	1.04	1.03	0.98	0.99	1.00	1.02	1.01	1.10	0.99	0.94
西北	0.95	1.15	1.16	1.13	1.06	1.07	1.08	1.12	0.97	1.03	1.08	1.04
西南	0.98	1.03	1.04	0.95	1.02	1.03	1.01	0.94	0.94	1.10	0.99	0.90

资料来源:作者测算。

从区际价值链生产位置来看,西北区域、京津区域、中部区域、东北区域处于区际价值链的相对上游位置,东部沿海区域、北部沿海区域、南部沿海区域、西南区域处于区际价值链的相对下游位置。区际价值链生产位置的表现特征与国内价值链生产位置的表现特征相近,一个较大的变化出现在京津区域和北部沿海区域的上下游位置变换。由于在国内价值链生产长度中,大量的中间品流动发生在区域内部,区际中间品流动的相对份额要小,因此,区内价值链生产长度对国内价值链生产位置的排序影响更大。京津区域人口密集,这个区域生产活动因为靠近消费终端而处于国内价值链的相对下游位置,但在省际联系中,京津区域服务业相对较为发达,工业生产制造活动相对较少,因而较少使用其他区域流入的中间品,具有很短的基于后向关联的区际价值链生产长度,从而处于区际价值链的相对上游生产位置。与京津区域相反,北部沿海区域却具有很长的基于后向关联的区际价值链生产长度,该区域的生产活动依赖于从国内其他经济区域大量流入中间品,因而处于区际价值链的相对下游生产位置。

从全球价值链生产位置来看，虽然中国作为一个整体平均处于全球价值链的相对下游位置，但国内不同经济区域在全球价值链中的生产位置差异很大。西北区域、京津区域基本上处于全球价值链的相对上游位置，东北区域、北部沿海区域、中部区域基本上处于全球价值链的相对中游位置，南部沿海区域、东部沿海区域、西南区域基本上处于全球价值链的相对下游位置。西北区域和京津区域虽然都处于全球价值链的相对上游位置，但情况并不相同。西北区域的出口价值链生产长度和进口价值链生产长度都很长，由于其资源出口特征引致相对更长的出口价值链生产长度而处于全球价值链的相对上游位置；京津区域的出口价值链生产长度和进口价值链生产长度都很短，但由于其行业发展主要集中于服务业而较少从国外进口中间品，导致了相对较短的进口价值链生产长度，也处于全球价值链的相对上游位置。东南沿海区域是靠近消费终端的区域，也是我国加工贸易的集中地，由于其大量从国外进口中间产品而具有相对较长的进口价值链生产长度，因此处于全球价值链的相对下游生产位置。

5.5.3　中国国内各省区市的价值链生产位置

下面根据国内各省区市 2010 年和 2012 年的价值链生产位置算数均值对省际价值链生产位置和全球价值链生产位置进行分析。

国内 30 个省区市省际价值链生产位置情况如图 5-4 所示。处于省际价值链上游位置的省区市分别是山西、新疆、内蒙古、宁夏、黑龙江

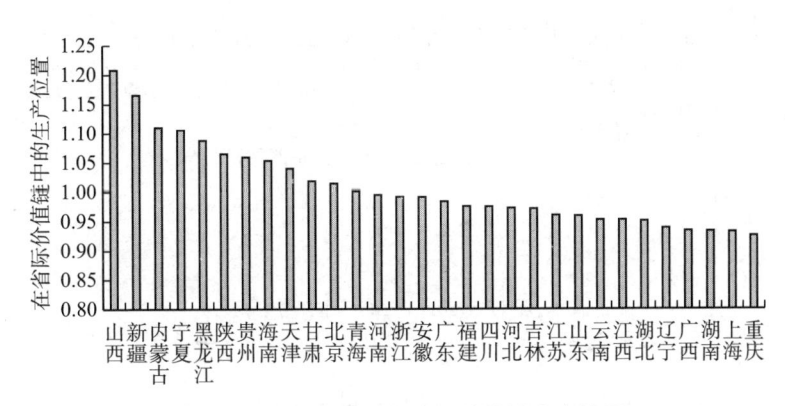

图 5-4　国内各省区市省际价值链生产位置

资料来源：作者绘制。

等地，这些省区市基于前向关联的省际价值链生产长度和基于后向关联的省际价值链生产长度都较长，而前者相对大于后者，从而使这些省区市处于省际价值链的相对上游位置。这些省区市都是资源相对丰富的地区，为国内其他省区市的生产活动提供了大量的资源和能源供给。处于省际价值链下游位置的省区市分别是重庆、上海、湖南、广西、辽宁等地，这些省区市基于前向关联的省际价值链生产长度相对小于基于后向关联的省际价值链生产长度，其生产活动相对更多地依赖国内其他省区市提供的中间品，从而处于省际价值链的相对下游生产位置。

国内30个省区市全球价值链生产位置情况如图5-5所示。中国总体上处于全球价值链相对下游的生产位置，但各省区市的情况差异较大。黑龙江、海南、内蒙古、甘肃、吉林等地依靠丰富的资源产品出口，其后续的生产加工链条较长，出口价值链生产长度相对大于进口价值链生产长度，处在全球价值链的相对上游生产位置。浙江、重庆、广东、江苏、福建等省区市是国内对外开放的活跃地区，大量从国外进口中间品从事生产加工活动，进口价值链生产长度相对大于出口价值链生产长度，处在全球价值链的相对下游生产位置。

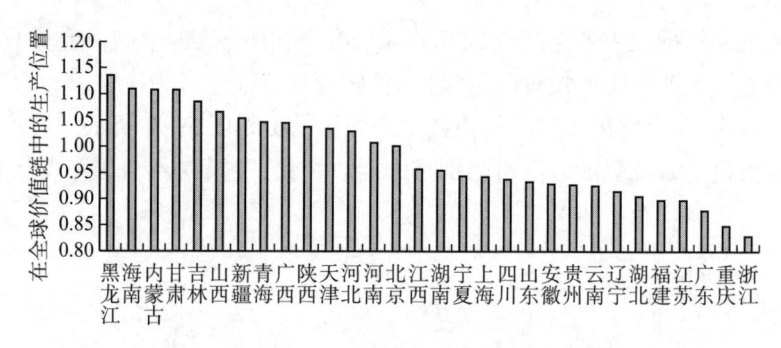

图5-5 国内各省区市全球价值链生产位置

资料来源：作者绘制。

5.6 本章小结

本章在界定国内价值链和全球价值链概念的基础上，进一步提出了价值链生产长度和生产位置的相关指标体系。测算国内价值链和全球价值链生产长度和生产位置的主要工具是嵌入式投入产出表，本书将国内八大经济区域的区域间投入产出表和国内 30 个省区市的区域间投入产出表嵌入世界投入产出表，提出了测算国内价值链（包括省内价值链和省际价值链、区内价值链和区际价值链）和全球价值链（包括出口价值链和进口价值链）生产长度和生产位置的测算方法。

测算结果显示，2000~2014 年，中国出口价值链、进口价值链、国内价值链生产长度在世界各经济体中都是最长的，而且在此期间的增幅也居于世界前列。中国出口价值链、进口价值链和国内价值链的延长共同驱动了中国基于前向关联和基于后向关联的价值链生产长度延长，这表明中国参与国内价值链和全球价值链劳动分工越来越精细，参与程度也越来越深，中国与世界其他国家和地区的经济联系越来越密切。国内八大经济区域基于前向关联和后向关联的区际价值链生产长度、出口价值链生产长度和进口价值链生产长度都出现了较大幅度的延长，各省区市因资源禀赋、地理区位、人口密度等因素存在较大差异，从而在省内价值链生产长度、省际价值链生产长度、出口价值链和进口价值链生产长度等方面表现出了较大异质性。中国在全球价值链中总体上处于相对下游生产位置，但在不同行业、不同经济区域、不同省区市之间存在较大差异。

第6章 国内价值链与进口价值链质量

在当代国际分工向精细化发展的情况下,全球价值链通过引导中间产品在世界各国和地区间的流动,促进了发达国家先进技术在世界范围内的扩散和转移,对于各国经济的发展都起到了一定的经济作用。不过,全球价值链在经历了几十年的快速发展后已步入调整期(Timmer et al.,2016),而人工智能等新技术却在近年来快速发展,全球价值链还会继续充当新技术传播的渠道并促进各国经济发展吗?有研究者认为,自动化、机器人、3D打印等新技术都是偏向于技能型的技术进步,有可能引致高端制造业向发达国家回流,并削弱发展中国家在低技能劳动力上的比较优势,从而损害发展中国家的未来经济表现(Rodrik,2018)。

发展中国家参与全球价值链,不仅要关注参与全球价值链的规模和程度,更要关注参与全球价值链的质量。全球价值链的质量如何界定?发展中国家通过提高进口价值链质量能够改善国内价值链质量吗?本章首先提出价值链质量的概念以及测算方法,然后研究全球价值链质量的发展变化状况、进口价值链质量与国内价值链质量的关系、中国细分经济区域的价值链质量等问题,最后对进口价值链质量影响国内价值链质量问题进行计量检验和分析。

6.1 价值链质量概念界定与测算方法

本部分首先对价值链质量概念进行解释,然后提出价值链质量以及拆分的国内价值链质量、进口价值链质量、中国细分经济区域价值链质量的测算方法,并对测算所要求的数据来源做出说明。

6.1.1 价值链质量的概念界定

本章主要考察进口价值链质量对国内价值链质量的影响,从全球供应链管理的视角来界定价值链质量。供应链是从价值链发展而来的概念,二者都是指产品生产过程中上、下游企业所形成的网链结构。相对于价值链以价值创造、利润为切入点而言,供应链是以市场的资源配置、流程优化为切入点的。从全球供应链的视角分析,全球价值链的质量既要考虑价值链条上进口中间品的质量,也要考虑价值链条上最终产品生产国与进口中间品来源国生产联系的密切程度。

当今全球供应链的发展,已把世界各地的企业通过价值链条联结在一起,企业与企业的竞争也发展成为企业所在供应链的竞争。在全球供应链的诸多竞争要素中,质量要素始终扮演着重要角色。只有确保全球供应链条上各环节质量稳定,整个供应链才能正常发展和成长。

根据全球供应链质量管理理论,整个供应链的流程依据企业的上下游合作关系,可以分为上游流程、核心流程和下游流程[①],如图6-1所示。核心流程由产品生产商来运营和管理,该生产商通过对本企业的管理和控制来确保产品本身的质量。上游流程为产品生产商提供原材料、

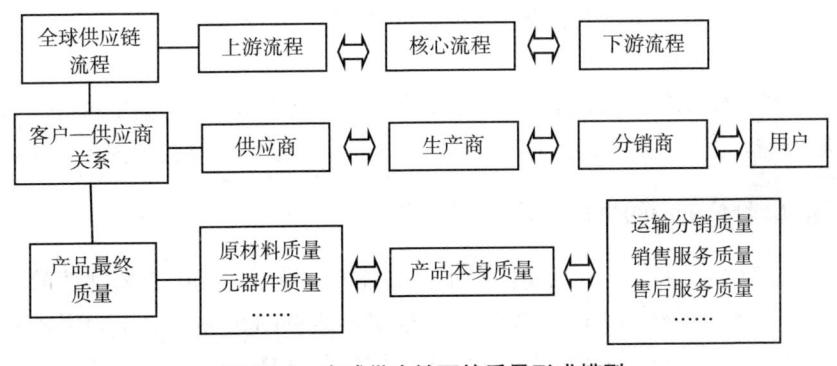

图6-1 全球供应链下的质量形成模型

资料来源:作者绘制。

---

① S. 托马斯·福斯特:《质量管理:整合供应链(第6版)》,中国人民大学出版社2018年版。

元器件、零部件等，为了确保这些外购的上游中间品的质量，产品生产商需要进行供应商采购管理。下游流程为产品生产商提供分销、物流运输、营销及售后服务等，产品生产商要进行营销和客户关系管理。核心流程与上游流程、下游流程一起共同构成了整条供应链，各流程提供的产品和服务质量互相影响和制约，上游外购中间品的高质量为产品本身的高质量提供了基础，下游营销服务的高质量得以把产品本身的高质量延伸至消费者。因此，从全球供应链角度来观察产品的最终质量，实际上是供应链各个环节产品和服务质量的集合。

另外还须考虑的是，全球供应链环境下的质量形成过程是一个复杂的系统，由分布于不同国家不同企业内的具有时序和逻辑关系的子过程和经营活动所构成。由于全球供应链上产品质量的形成过程分布于整个供应链范围内，产品的生产、销售、服务由不同企业通过专业化分工来完成，产品质量也最终由供应链上所有企业共同合作来保证。这实际上意味着，全球供应链上存在着一条由客户—供应商关系连接起来的"关系链"（Chain of Relationships）[①]，研究价值链质量必须关注客户与供应商、产品使用者与提供者之间的关系。而且随着产品技术复杂度的进一步提高以及外包战略的实施，全球价值链质量的改善对各环节参与企业间的沟通、协调、合作也提出了更高的要求。

6.1.2 价值链质量的测算方法与数据来源

本书测算价值链质量，要在第 4 章国内价值链和进口价值链拆分的基础上，探讨供应链条上的生产联系，提出价值链质量测算的依据和方法。

1. 价值链中的生产联系

在第 4 章 4.3 小节我们提出了价值链拆分模型，其中，增加值的分解公式为：$\hat{V}B\hat{Y} = \hat{V}L\hat{Y} + \hat{V}LA^F B\hat{Y}$。根据价值链的相关定义，$\hat{V}B\hat{Y}$ 矩阵的分解形式 $\hat{V}L\hat{Y}$、$\hat{V}LA^F B\hat{Y}$ 分别对应了国内价值链、全球价值链。下面以 $\hat{V}B\hat{Y}$ 矩阵为例来解释矩阵中元素的含义：

---

① Tekleab A. G., Takeuchim R., Taylor M. S., Extending the Chain of Relationships among Organizational Justice, Social Exchange, and Employee Reactions: The Role of Contract Violations [J]. *Academy of Management Journal*, 2005, 48 (1): 146–157.

$$\hat{V}B\hat{Y} = \begin{pmatrix} \hat{V}^1 B^{11} \hat{Y}^1 & \hat{V}^1 B^{12} \hat{Y}^2 & \cdots & \hat{V}^1 B^{1G} \hat{Y}^G \\ \hat{V}^2 B^{21} \hat{Y}^1 & \hat{V}^2 B^{22} \hat{Y}^2 & \cdots & \hat{V}^2 B^{2G} \hat{Y}^G \\ \vdots & \vdots & \ddots & \vdots \\ \hat{V}^G B^{G1} \hat{Y}^1 & \hat{V}^G B^{G2} \hat{Y}^2 & \cdots & \hat{V}^G B^{GG} \hat{Y}^G \end{pmatrix} \quad (6-1)$$

其中，$\hat{V}^s$ 是 s 国各部门的增加值系数矩阵的对角矩阵形式，$\hat{Y}^r$ 是 r 国各部门的最终产品矩阵的对角矩阵形式，B^{sr} 是 s 国对 r 国的里昂惕夫逆矩阵中的块矩阵。

公式 6-1 是 $\hat{V}B\hat{Y}$ 矩阵的分解形式，各列元素的和是 r 国各部门的最终产品价值，每一列中的块矩阵元素表达了来自 s 国各部门的增加值在生产 r 国各部门的最终产品中的投入情况。增加值是初始生产要素的报酬，因此，从列向观察，每一列分别代表了 r 国不同部门的价值链生产流程，其上游供应来自 s 国各部门的初始要素投入。s 国各部门的初始要素投入在生产 r 国最终产品中的贡献大小，可以用 s 国块矩阵中元素的数值占所在列数值总和中的比例来表示。这一比例也同样表达了 r 国生产最终产品时，对 s 国各部门初始生产要素的依赖程度和需求状况。因此，对于 r 国最终产品的价值链来说，s 国和 r 国的投入产出关联关系的密切程度就可以用这一比例来表示。

对于 $\hat{V}L\hat{Y}$ 矩阵和 $\hat{V}LA^F B\hat{Y}$ 矩阵也可以进行类似的分解，其中元素的含义也与 $\hat{V}B\hat{Y}$ 矩阵的分解结果类似。$\hat{V}L\hat{Y}$ 矩阵列向元素表达了 r 国的国内价值链流程，各列元素的和是 r 国各部门的最终产品中通过 r 国国内价值链完成生产的价值。相应地，在 r 国的国内价值链中，r 国各部门的初始要素投入在生产该国最终产品中的贡献大小，可以用 r 国块矩阵中元素的数值占所在列数值总和中的比例来表示，r 国国内价值链中的投入产出关联关系的密切程度也可以用这一比例来表示。$\hat{V}LA^F B\hat{Y}$ 矩阵列向元素表达了 r 国的进口价值链流程，各列元素的和是 r 国各部门的最终产品中通过 r 国进口价值链完成生产的价值。相应地，在 r 国的进口价值链中，s 国各部门的初始要素投入在生产 r 国最终产品中的贡献大小，可以用 s 国块矩阵中元素的数值占所在列列和中的比例来表示，r 国进口价值链中的投入产出关联关系的密切程度也可以用这一比例来表示。

2. 价值链质量的测算方法

按照前面关于价值链质量的解释，价值链质量测算要考虑两个因素，一是考虑价值链条上各个生产环节中间产品的质量，二是价值链条上投入产出关系的密切程度，即生产最终产品的国家与中间产品的来源国家之间的生产联系。

其一，关于中间产品质量。产品质量的定义和测算方法有很多，本书选用产品的劳动生产率指标来度量产品质量。关于产品质量最为著名的定义来自加文（Garvin，1984），他提出了8个质量维度，包括产品的性能（Performance）、特征（Features）、可靠性（Reliability）、符合性（Conformance）、耐久性（Durability）、可服务性（Serviceability）、美感（Aesthetics）、感知质量（Perceived Quality），这些质量维度无一不和产品的生产技术密切相关。产品的生产技术水平越高，产品的质量才能越来越完善。那么，应该如何衡量技术水平呢？樊纲等（2006）认为，技术是生产率的代名词，基于统计数据可得性方面考虑，劳动生产率是较为可行的替代技术水平的指标，劳动生产率一般用平均每个劳动者所创造的增加值来表示。姚洋等（2008）也认为，显示一种产品技术含量的最好指标是生产该种产品的劳动生产率，其背后的理论依据来自李嘉图的比较优势理论。因此，本书选用基于人均创造的增加值计算的劳动生产率指标来作为产品质量的替代指标。

其二，价值链条上投入产出关系的密切程度。根据上文关于国内价值链和进口价值链拆分的推导公式，本书分别选用 $\hat{V}B\hat{Y}$、$\hat{V}L\hat{Y}$ 和 $\hat{V}LA^F\hat{Y}$ 矩阵中列向元素数值占列向和的比例来表示价值链、国内价值链、进口价值链中投入产出关联关系的密切程度。

这样，以价值链条上最终产品的生产国家与中间产品的来源国家之间的投入产出关系的密切程度为权重，对价值链条上中间产品的质量进行加权，我们就可以测算出价值链的质量。计算公式可以表示如下。

令 $VY_j^r = \sum_{s \in G} \sum_{i \in s} VY_{ij}^{sr}$，其中，$VY_j^r$ 表示 r 国 j 部门最终产品价值；VY_{ij}^{sr} 表示 r 国 j 部门最终产品生产所完全消耗的 s 国 i 部门的增加值，是 $\hat{V}B\hat{Y}$ 矩阵中的元素。

那么，r 国 j 部门的价值链质量可以表示为：

$$QVC_j^r = \sum_{s \in G} \sum_{i \in s} \left(PRODY_i^s \cdot \frac{VY_{ij}^{sr}}{VY_j^r} \right) \qquad (6-2)$$

其中，QVC_j^r 表示 r 国 j 部门的价值链质量；$PRODY_i^s$ 表示 s 国 i 部门的劳动生产率。劳动生产率是中间产品质量的替代指标，本书使用部门雇佣的单位劳动人数所创造的增加值表示。

令 r 国 j 部门最终产品价值占 r 国总的最终产品价值的比重 $\beta_j^r = \dfrac{VY_j^r}{\sum_{j \in r} VY_j^r}$，那么，r 国的价值链质量 QVC^r 可以表示为：

$$QVC^r = \sum_{j \in r} (\beta_j^r \cdot QVC_j^r) \quad (6-3)$$

在计算 r 国的国内价值链质量 QNVC^r、进口价值链质量 QMVC^r 时，VY_{ij}^{sr} 分别采用 $\hat{V}L\hat{Y}$ 矩阵、$\hat{V}LA^F B\hat{Y}$ 矩阵中的元素替代。

在将中国细分为八大经济区域的情况下，r 可以理解为地区，既包括中国的各个经济区域，也包括世界其他国家和地区，QVC^r、QNVC^r、QMVC^r 中国部分分别表示中国各经济区域的价值链质量以及进行价值链拆分后的区域价值链质量、进口价值链质量。

3. 数据来源及说明

本书使用 WIOD 数据库世界投入产出表测算世界不同国家和地区的价值链质量，使用第 4 章建立的嵌入式世界投入产出表 EMIIOT-8 测算中国八大经济区域价值链质量。世界不同国家和地区的价值链质量过程中要求的部门增加值数据在世界投入产出表中获得，世界不同国家和地区层面的部门雇佣劳动人数数据来自 WIOD-SEA 数据库。该数据库于 2018 年 2 月发布，包含有世界投入产出表中涉及的 43 个经济体的部门雇佣人数（Number of persons engaged），但是缺少世界其他国家和地区（RoW）的数据。本书对印度和巴西的部门雇佣人数求出算术平均值，用作世界其他国家和地区的雇佣人数。

中国八大经济区域价值链质量测算过程中要求的部门增加值数据在 EMIIOT-8 中获得，中国八大经济区域的部门雇佣劳动人数通过合并中国分省区分行业就业人数数据获得。由于缺少确切的中国分省区分行业就业人数数据，本书以 WIOD-SEA 数据库中的各年度中国分行业雇佣人员数为控制数，根据国内统计年鉴和数据库的相应数据在各省区间进行分配，以获得中国分省区分行业的就业人数。国内相关统计年鉴和数据库在分省区分行业雇佣人员方面较为精细的数据是城镇单位就业人员数，本书据此数据计算各省区分行业城镇单位就业人员占全国相应行业城镇单位就业人员的比例，以作为 WIOD-SEA 数据库中国分行业雇佣人员数在各省区间进行分配的基础。为了尽量减少这一分配比例在农业、建筑业、服务业方面可能产生的误差，根据数据的可获得性，本文再做出如下调整：各省区农业就业人员的分配比例采用各省区城镇单位农业就业人员与乡村农林牧渔业从业人员之和占全国对应数据的比重，建筑业和服务业细分行业就业人员的分配比例采用各省区城镇单位就业人员与城镇私营企业和个体就业人员之和占全国对应数据的比重。

各省区分行业城镇单位就业人员数据来自《中国劳动统计年鉴》，各省区分行业城镇私营企业和个体就业人数来自《中国人口和就业统计年鉴》，各省区乡村从业人员相关数据来自国家统计局数据库（http：//data.stats.gov.cn/）。

6.2 价值链质量的演化特征

本书一方面测算了 2000~2014 年主要经济体的价值链质量，以及拆分的国内价值链、进口价值链质量情况，另一方面也测算了 2002 年、2007 年、2010 年、2012 年中国八大经济区域的区域价值链质量和进口价值链质量，下面分别做简要分析。

6.2.1 世界主要经济体的价值链质量

2000~2014 年主要经济体的价值链质量表现情况如表 6-1 所示。各经济体的价值链质量表现出如下特征。

表 6-1　　2000~2014 年主要经济体价值链质量及增长率

经济体	2000年	2002年	2004年	2006年	2008年	2010年	2012年	2014年	2000~2014年年均增长率（%）
挪威	105658	99258	146095	206216	253304	216371	243347	222410	5.46
瑞士	73553	80065	105238	113358	139986	136363	143645	145044	4.97
美国	76659	81395	98704	115258	129260	130189	143007	144246	4.62

续表

经济体	2000年	2002年	2004年	2006年	2008年	2010年	2012年	2014年	2000~2014年年均增长率（%）
澳大利亚	49107	49073	71841	84625	108175	119452	137123	120850	6.64
加拿大	64102	60346	80582	100047	110594	117107	125830	117984	4.45
日本	105074	99901	116814	114269	140896	135287	152784	113622	0.56
韩国	47182	46993	57070	69717	77722	82422	100056	93446	5.00
欧盟	46696	49352	68788	79878	98296	85914	91461	90157	4.81
墨西哥	40003	42598	45016	57351	69330	62758	71907	69598	4.03
中国台湾地区	34373	29781	37195	43063	48582	51891	56900	50551	2.79
俄罗斯	8167	9321	14514	24418	38344	33870	45630	43232	12.64
土耳其	21296	18547	29694	38821	53652	48897	49250	41984	4.97
巴西	15531	12686	17459	25452	34530	50376	45149	39774	6.95
中国	9413	10210	16485	20522	26397	28349	30241	28604	8.26
印度尼西亚	14175	13059	15986	22066	29525	28616	32557	26499	4.57
印度	6697	7573	11580	17217	22765	24672	24628	18850	7.67

注：按2014年各经济体价值链质量降序排列，限于篇幅，仅列示了偶数年份数据。
资料来源：作者测算。

第一，各经济体的价值链质量均表现出一定的上升趋势，但发展中经济体价值链质量的平均增长率更高，主要经济体价值链质量的演化趋势如图6-2所示。从2000~2014年的整体表现来看，各经济体的价值链质量基本上表现出了波动上升的趋势。与发达经济体相比，发展中经济体价值链质量的改善幅度相对更高一些。其中，俄罗斯表现最为突出，2000年以来，俄罗斯价值链质量年均增长率达到12.64%；中国、印度、巴西等经济体的价值链质量改善也相对较大，年均增长率分别达到8.26%、7.67%、6.95%。然而，受2008年全球金融危机的影响，各经济体的价值链质量在2009年表现出了较为明显的下降，其后虽有所恢复，但自2011年以后基本上处于相对停滞甚至有所下滑的态势。

第二，发达经济体价值链质量普遍高于发展中经济体。虽然发展中经济体价值链质量实现了较大程度的改善，发达经济体仍然在价值链质量方面保持了较为明显的优势。以 2014 年的表现来看，挪威、瑞士、美国等发达经济体价值链质量位居各经济体前列，而印度、印度尼西亚、中国等发展中经济体的价值链质量则相对居后。欧盟由于其成员国发展程度差异较大，尤其是受到 2004 年加入的 10 个成员国及其之后加入的罗马尼亚、保加利亚、克罗地亚的影响，其整体价值链质量居于主要发达经济体之后，但仍然高于发展中经济体①。

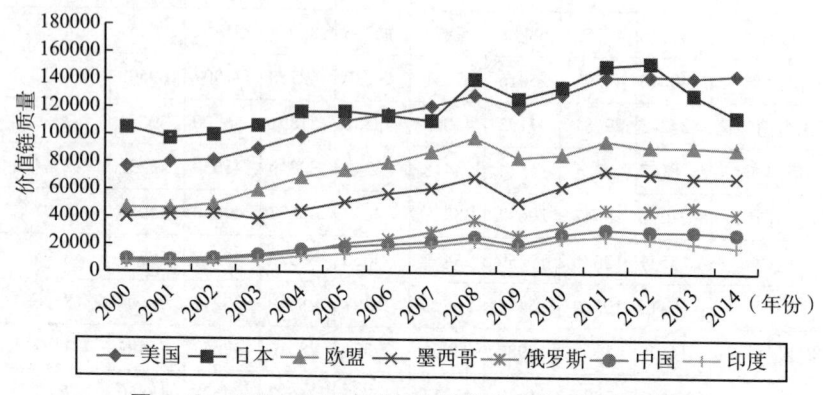

图 6-2　2000~2014 年主要经济体价值链质量演化趋势

资料来源：作者绘制。

6.2.2　世界主要经济体的国内价值链质量和进口价值链质量

将价值链质量拆分为国内价值链质量、进口价值链质量以后，各主要经济体的国内价值链质量表现与总的价值链质量基本一致。这是因为

---

① 本书在没合并欧盟的情况下也利用世界投入产出表对各经济体的价值链质量进行了测算。结果发现，2004 年以前加入欧盟的 15 个成员国价值链质量相对较高，与其他主要发达经济体价值链质量相对较为接近。比如，丹麦、爱尔兰、比利时、瑞典、卢森堡等国的价值链质量与挪威、瑞士的水平较为接近；英国、法国、德国、芬兰、荷兰、奥地利、意大利等国的价值链质量与美国、日本等的水平较为接近；西班牙、葡萄牙、希腊的价值链质量与韩国的水平较为接近。而 2004 年之后加入的 13 个国家的价值链质量普遍低于之前的 15 个成员国，其中，保加利亚、罗马尼亚、拉脱维亚、立陶宛等国的价值链质量相对较低，与巴西、土耳其等的水平接近，其他几个国家的价值链质量与墨西哥等水平较为接近。考虑到欧盟经济一体化程度很高，而且欧盟成员国数目较多不便于分析，故正文中以欧盟作为一个整体进行分析。

每个经济体完全消耗国内中间品的比重都很高,在国内中间品质量的权重占比大的情况下,国内价值链的质量表现基本上决定了总的价值链质量,二者有较高程度的正相关性。

将每个经济体的国内价值链质量和进口价值链质量对比来看,二者也存在一定的正相关性,其散点图和趋势线情况如图6-3所示。下面以中国的情况为例进行解释。

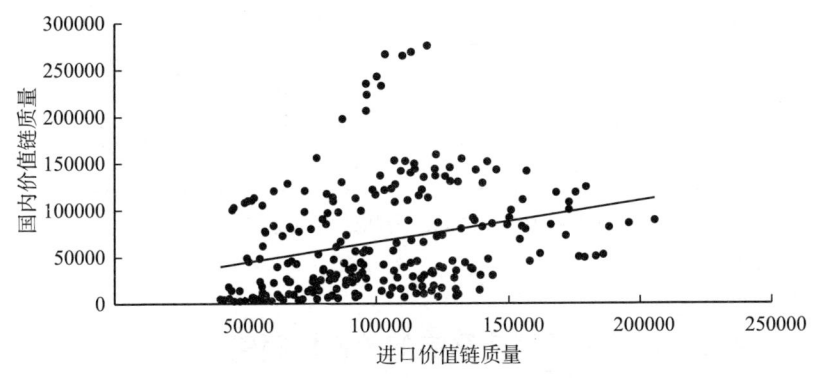

图6-3 2000~2014年主要经济体进口价值链质量与国内价值链质量散点图和趋势线

资料来源:作者绘制。

中国国内价值链质量与进口价值链质量的演化趋势见图6-4。从2000~2014年的发展趋势看,中国国内价值链质量与进口价值链质量都表现出了一定的上升趋势,质量指标是趋于改善的,具体表现出以下两个特征:一是中国进口价值链的质量始终高于国内价值链的质量,这一方面说明中国作为发展中经济体,国内的生产技术水平比照发达经济体还存在一定的差距,另一方面也说明中国进口价值链与发达经济体保持了较为密切的联系,来自技术水平较高的发达经济体的中间品越多,中国进口价值链的质量越是高于国内价值链的质量;二是中国国内价值链质量与进口价值链质量的相对差距在逐渐缩小,这可以通过观察国内价值链质量与进口价值链质量比值的变化趋势看出,图6-4中QNVC/QMVC的趋势线呈现出了较为稳定的上升趋势。这意味着,中国进口价值链质量水平提高以及国内技术进步促进了国内价值链质量的改善,下文将通过实证分析对此进行检验。

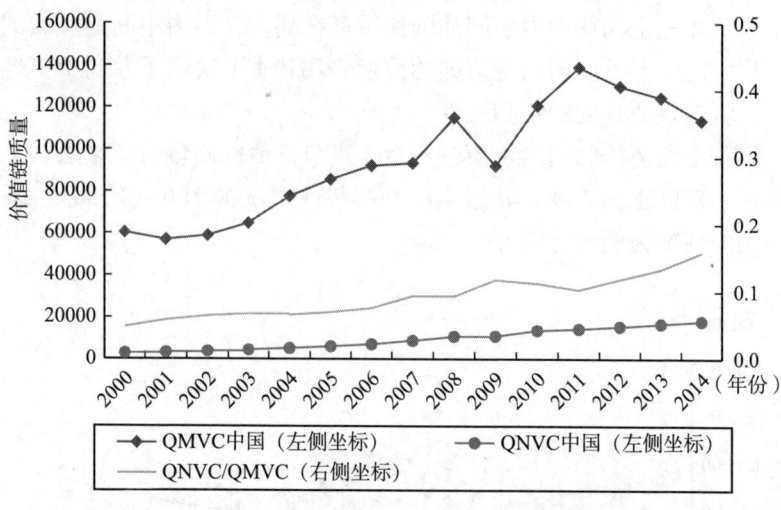

图 6-4 2000~2014 年中国国内和进口价值链质量演化趋势

资料来源：作者绘制。

6.2.3 中国主要经济区域的价值链质量

根据嵌入式世界投入产出表 EMIIOT-8，本书测算了中国细分经济区域的价值链质量，国内八大经济区域的价值链质量具体表现如表 6-2 所示。从 2002 年、2007 年、2010 年、2012 年四个年度的价值链质量情

表 6-2　　　中国八大经济区域的价值链质量及增长率

区域名称	2002 年	2007 年	2010 年	2012 年	2002~2012 年年均增长率（%）
东北	6990	17782	22577	24766	13.49
京津	10119	24070	29518	31497	12.02
北部沿海	6927	17208	26462	28123	15.04
东部沿海	11791	23331	31187	33774	11.10
南部沿海	14048	22545	26968	31461	8.40
中部	5203	13929	17830	19678	14.23
西北	5790	16427	18745	20315	13.37
西南	5029	14012	15784	19550	14.54

资料来源：作者测算。

况来看，国内各经济区域的价值链质量表现出以下特征。

第一，东部地区的价值链质量普遍高于中西部地区。东部地区，包括京津区域、北部沿海区域、东部沿海区域和南部沿海区域，在四个年度里的价值链质量均排在前列。以 2012 年为例，东部沿海区域的价值链质量最高，京津区域次之，随后分别是南部沿海区域和北部沿海区域。相比之下，中西部地区，包括东北区域、中部区域、西北区域和西南区域，在四个年度里的价值链质量均排名靠后。2012 年，西南区域的价值链质量最低，中部区域次之，然后分别是西北区域和东北区域。国内各经济区域的价值链质量差异是不同区域技术水平、劳动生产率水平以及与其他区域、与世界其他国家和地区生产联系密切程度的反映。东部地区依托地理区位优势、政策优势以及较为深厚的工业生产基础，比中西部地区具有相对更高的技术水平和劳动生产率水平；东部地区对外开放程度相对较高，与世界其他国家和地区的生产联系相对较为密切；而且，东部地区由于经济总量相对较大，由此形成的区域内和区域间生产联系也较为密切。

第二，国内各经济区域的价值链质量都出现了不同程度的改善，东部地区与中西部地区的价值链质量相对差距在缩小。2012 年与 2001 年比较，国内各经济区域的价值链质量基本表现出了年均 10% 左右的增长。除南部沿海区域的价值链质量年均增长率略低于 10% 以外，其他七个经济区域的价值链质量年均增长率均高于 10%。平均来看，中西部地区的价值链质量改善程度要大于东部地区。东部地区，除北部沿海区域表现出了较高程度的价值链质量改善外，京津区域、东部沿海和南部沿海区域的价值链年均增长率均低于中西部地区。中西部地区的价值链质量虽然从总体上低于东部地区，但追赶速度较快，与东部地区的价值链质量相对差距在缩小，这既得益于中西部地区自身技术水平的改善，也得益于在与东部地区、与世界其他国家和地区的价值链联系中所获得的技术外溢。

在将中国各经济区域的价值链质量拆分为区域价值链质量和进口价值链质量之后，发现中国各个经济区域的区域价值链质量与进口价值链质量之间也存在正相关性，其散点图和趋势线如图 6-5 所示。同样是由于各经济区域主要使用区域内部的中间品，区域价值链质量的表现特征与前述总的价值链质量表现特征基本一致。中国各经济区域的进口价值链质量在每个年度内的差异都较小,说明每个区域进口中间品的来源结构较为类似。

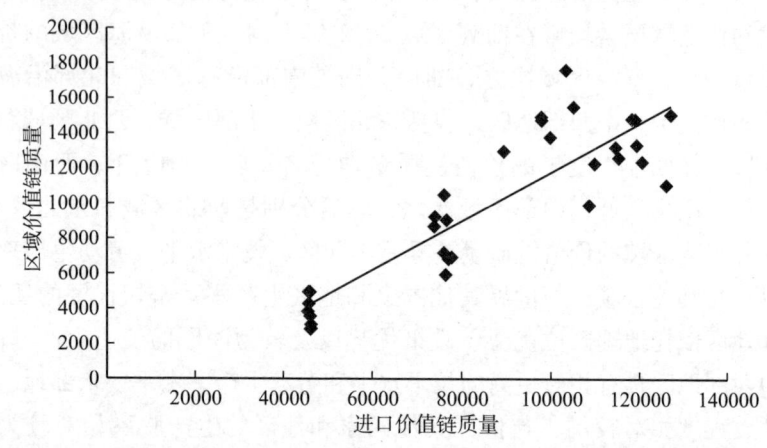

图 6-5 中国主要经济区域进口价值链质量与区域价值链质量散点图和趋势线
资料来源:作者绘制。

6.3 进口价值链质量影响国内价值链质量的经验分析

下面对进口价值链质量是否能够促进国内价值链质量的提升进行建模检验,首先解释进口价值链质量促进国内价值链质量提升的理论机制,然后在此基础上提出计量模型并进行检验和分析。

6.3.1 进口价值链质量促进国内价值链质量提升的理论机制

根据本书前面分析,进口价值链通过投入产出机制、供应链机制和产业集群机制对国内价值链产生影响,从价值链质量角度而言,本书将进口价值链质量影响国内价值链质量的机制归纳为两个效应,即进口价值链的技术溢出效应、市场环境效应,如图 6-6 所示。

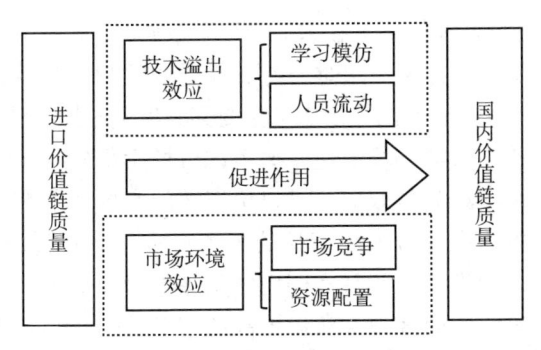

图 6-6　进口价值链质量促进国内价值链质量提升的理论机制

资料来源：作者绘制。

进口价值链的技术溢出效应是技术外部性角度的考量。技术作为一种生产要素，一个明显的特征是，技术很容易传播、扩散、被他人模仿。企业与企业之间不一定要存在明确的技术转移，也不一定要存在直接、间接的生产联系或交易关系，一个企业的技术和知识也会通过外部性机制扩散到另一个企业。进口价值链中包含的进口中间产品，如果内嵌有较大规模的研发活动和较高的技术水平，意味着进口价值链的质量较高，这会通过学习模仿、人员流动等渠道外溢到进口国，从而有助于提高进口国的国内价值链质量。①学习模仿。学习模仿指的是技术相对落后的国家或企业向技术相对领先的国家或企业学习，通过学习进口价值链上相对领先国家或企业的技术和知识，相对落后国家和企业容易模仿并掌握运用相应的技术、知识、生产诀窍等，提高该国或企业的生产技术水平和劳动生产率，助推国内价值链质量的提高。②人员流动。进口价值链上的企业具有密切的生产合作关系，高质量的进口价值链中内嵌有较高技术含量的中间产品，这些高技术含量中间产品的生产商为了与价值链上、下游企业密切合作，会派出人员指导与交流这些高技术含量中间产品的使用、维修和保养等，这种人员流动也会产生技术外溢，助推接受人员流动国家的国内价值链质量的提高。

新经济增长理论可以很好地说明技术溢出效应给企业带来的影响。罗默（Romer，1986）认为，由于知识具有不能完全被专利保护而易于传播的特性，一个企业创新的知识会对其他企业带来正的外部性。该文通过设定生产函数 $y_i = F_i(k_i, K, x_i)$（其中，k 代表知识，$K = \sum_{i=1}^{N} k_i$，N 是企业的数目,x 代表其他要素投入),研究发现企业 i 的生产水平不仅与本企业的投入 k_i、x_i 相关,同时还与其他企业的知识投入相关,即由于知识资本的外部性,企业的产出水平会受到其他企业技术外溢的影响。

进口价值链的市场环境效应主要考虑市场竞争机制和资源配置机制产生的效果。①市场竞争效应。进口价值链的市场竞争效应即来自中间产品的市场竞争,也来自最终产品的市场竞争。在开放的市场环境下,国内生产商可以从进口中间品和国内中间品进行择优选择,国内中间产品供应商为了争取国内客户、获得更高的市场份额,必须不断改善自身的技术水平,提高中间产品的质量,这有助于国内价值链质量的提高。从最终产品来看也是如此,高质量的进口价值链向国内消费者提供高质量的最终产品,国内最终产品生产商只有不断提高质量,才能在竞争中保持市场份额和市场地位。②资源配置效应。进口价值链为进口国提供了获得高质量进口中间品的机会,这可以让进口国规避本国的比较劣势,而将资源向本国比较优势产品转移。每个国家都可以在本国具有比较优势的产品上表现出相对更高的劳动生产率,这种开放带来的资源配置优化,使得国内价值链向劳动生产率相对更高的行业或企业转移,这会促进国内价值链质量的提高。

6.3.2 研究假设与模型设计

根据前文分析,下面提出进口价值链质量与国内价值链质量之间关系的三个假设。

假设 1:进口价值链质量提升对国内价值链质量提升具有促进作用。依据假设 1,提出以下模型:

$$\ln QNVC_{it} = \beta_0 + \beta_1 \ln QMVC_{it} + \beta_2 \ln X_{it} + \varepsilon_{it} \qquad (6-4)$$

假设 2:2008 年以来的全球金融危机阻碍了进口价值链质量提升对国内价值链质量提升的促进作用。依据假设 2,提出以下模型:

$$\ln QNVC_{it} = \beta_0 + \beta_1 \ln QMVC_{it} + \beta_2 \ln X_{it} + dtime + dtime \ln QMVC_{it} + \varepsilon_{it}$$

$$(6-5)$$

假设 3:发展中经济体的进口价值链质量提升对国内价值链质量提升的促进作用相对更大。依据假设 3,提出以下模型:

$$\ln QNVC_{it} = \beta_0 + \beta_1 \ln QMVC_{it} + \beta_2 \ln X_{it} + udn + udn \ln QMVC_{it} + \varepsilon_{it}$$

$$(6-6)$$

其中，QNVC 表示国内价值链质量，QMVC 表示进口价值链质量，X 代表控制变量，i 代表各经济体，t 代表时间，ε 为随机误差项，dtime 代表时间虚拟变量，用于比较金融危机发生之前和之后效果的差异，udn 代表国家类型虚拟变量，用于比较发达经济体和发展中经济体在模型中表现的差异。模型对上述被解释变量、解释变量和控制变量均取自然对数，以尽量减少可能产生的异方差问题。

6.3.3 变量说明与数据来源

1. 变量说明

本书采用面板数据模型进行回归检验，国内价值链质量是因变量，进口价值链质量是自变量。另外还选取了控制变量、时间和国家类型虚拟变量以及工具变量，其中，控制变量包括对外开放度（FDI）、技术要素投入（HIGH）、资本劳动要素投入比例（KL）、基础设施水平（REV）、国家规模（SUR）；工具变量是滞后一期的进口价值链质量。下面分别做出解释：

对外开放度控制变量（FDI）。本书使用对外直接投资净流入变量作为对外开放度的代理变量。对外开放度高的国家会因为良好的市场开放环境吸纳较多的对外直接投资净流入，而对外投资净流入对东道国国家发展影响深远。李磊等（2018）、刘乃郗等（2018）等学者的研究表明，对外直接投资净流入增加促进了全要素生产率的提高。一国对外开放度高意味着该国以投资和贸易等多种形式融入了经济全球化活动，全要素生产率的提高、开放的市场环境有助于提升国内价值链的质量水平。因此，本书引入对外直接投资净流入指标作为对外开放度的控制变量，并预期该变量与国内价值链质量呈正相关关系。

技术要素投入控制变量（HIGH）。技术要素投入代表一个国家技术要素的丰富程度，技术要素投入越多的国家，其科技水平越高，高技术产品的生产和出口也越多。本书使用高技术产品出口额作为技术要素投入的代理变量。技术要素投入是一国提升技术水平和产品技术含量的重要基础，从而也影响了该国的国内价值链质量。预期技术要素投入控制变量与国内价值链质量呈正相关关系。

资本劳动要素投入比例控制变量（KL）。一方面，资本劳动要素投入比例提高，意味着机器设备、智能工具等大量投入生产活动，从而可以提高产品的劳动生产率；另一方面，资本劳动要素投入比例提高所带来的资本深化，还有助于产业结构从制造业转向服务业，实现产业结构转型升级（于泽等，2014），这些因素都是促进国内价值链质量提升的重要力量。因此，本书引入资本劳动要素投入比例作为控制变量加入模型中，并且预期该变量与国内价值链质量呈正相关关系。

基础设施水平控制变量（REV）。基础设施对一国生产活动和经济发展起到重要作用，通信设施是基础设施重要的组成部分，本书使用一般政府收入作为基础设施代理变量进行分析。政府收入增加可以增强政府在改善基础设施方面的支付能力，基础设施的改善可以使生产和交易活动更加便利，这对于提升国内价值链质量具有积极的促进作用。因此，本书将基础设施水平控制变量引入模型，并预期该变量与国内价值链质量呈正相关关系。

国家规模控制变量（SUR）。国家规模可以用地理意义上的国家大小来表示，本书使用国家国土面积作为国家规模的代理变量进行分析。国家国土面积越大其资源越分散，并且交通运输成本也较大，在一定程度上会阻碍国内价值链质量的提升。但同时，较大的国家规模也意味着市场规模更大，国内生产体系也相对更完善，国家拥有更多的人力、资本、技术以及自然资源，从而可以更好地促进国内价值链质量的提升。因此，国家规模控制变量与国内价值链质量的关系不容易确定，留待下一步进行检验。

时间虚拟变量（dtime）用于区分金融危机前后的表现。2008年发生的金融危机事件使各国贸易保护主义抬头，各国为了本国经济发展开始实施各种关税壁垒以及非关税壁垒，尤其是技术性贸易壁垒（戴翔，2016）。贸易保护主义的实施不仅阻碍了进口中间产品贸易，同时还会通过削弱技术溢出效应阻碍国内价值链质量的提升，这与蒂默等（Timmer et al.，2016）发现的国际分工进程停滞现象相一致。而且前文统计数据显示，受金融危机影响，2009年的全球价值链质量出现了较为显著的下降，因此本书引入代表金融危机的时间虚拟变量指标以及时间虚拟变量与进口价值链质量的交互项，用于分析金融危机如何影响进口价值链质量对国内价值链质量的促进作用，该变量在2009年及以后年份取值为1，之前年份取值为0。

国家类型虚拟变量（udn）用于区分国家经济发展类型。发达经济体的经济发展水平较高，并且具有更好的市场环境以及更高的研发基础水平，其产品所包含的技术含量也较高，所以发达经济体的国内价值链相比于发展中经济体而言具有更高的初始质量。但是由于发展中经济体经济发展迅速，进口中间产品所包含的高技术具有很高的溢出效应，前文统计数据显示，发展中经济体国内价值链质量改善的年均增长速度要快于发达经济体。因此，本书引入国家类型虚拟变量用于分析发达经济体和发展中经济体国内价值链质量提升的不同效果。该变量对发展中经济体取值为1[①]，发达经济体取值为0。

工具变量为滞后一期的进口价值链质量。进口价值链质量一期滞后值具有工具变量所要求的特点。它与当期的扰动项不相关，同时进口价值链质量滞后一期与内生解释变量进口价值链质量相关，所以下文为消除变量内生性所带来的影响，使用进口价值链质量滞后一期作为工具变量对模型进行回归。

2. 数据来源

因变量国内价值链质量和自变量进口价值链质量数据由作者计算得到，控制变量代理变量对外直接投资净流入、高技术产品出口额、资本劳动要素投入、一般政府收入、国土面积等数据均来源于世界银行数据库，资本劳动要素投入比例根据两个要素投入经简单计算而得。中国台湾地区数据在世界银行数据库中缺失，因此实证检验部分不包括中国台湾地区。

6.3.4　检验结果与分析

1. 基准面板数据回归

本部分首先使用面板数据固定效应模型对核心解释变量进口价值链质量以及控制变量进行基准回归，即检验模型（6-4），固定效应模型可以有效解决因国家差异而导致的遗漏变量问题，然后再依次加入代表金融危机的时间虚拟变量和代表发展中国家的国家类型虚拟变量进行回

---

① 根据联合国的定义，模型中取值为1的发展中经济体包括巴西、中国、印度、印度尼西亚、墨西哥、俄罗斯和土耳其。

归,即检验模型（6-5）和模型（6-6）。由于固定效应模型因组内离差法而消除掉不随时间而改变的虚拟变量,故加入国家类型虚拟变量后,使用面板数据随机效应模型进行回归。检验结果如表6-3所示。

表6-3　　　　　　　　基准面板数据回归结果

模型	(6-4-1)	(6-4-2)	(6-5-1)	(6-6-1)
变量	lnQNVC	lnQNVC	lnQNVC	lnQNVC
lnQMVC	1.132*** (0.173)	0.478*** (0.106)	0.528*** (0.112)	0.625*** (0.111)
lnFDI		0.0499* (0.025)	0.0451** (0.021)	0.0630** (0.029)
lnHIGH		0.0466 (0.127)	0.0387 (0.128)	0.0775 (0.106)
lnKL		0.485* (0.245)	0.496 (0.284)	0.616*** (0.150)
lnREV		0.399** (0.174)	0.368* (0.177)	0.275** (0.126)
lnSUR		7.411 (4.713)	6.932 (4.308)	0.175 (0.109)
dtime			3.544* (1.952)	
dtimelnQMVC			-0.301* (0.169)	
udn				-0.431 (2.776)
udnlnQMVC				-0.0511 (0.216)
Constant	-2.321 (1.979)	-100.9 (66.01)	-93.78 (60.58)	4.670* (2.670)
观测值数量	225	216	216	216
国家数量	15	15	15	15
固定效应	是	是	是	否
随机效应	否	否	否	是

续表

模型	(6-4-1)	(6-4-2)	(6-5-1)	(6-6-1)
对外开放度	未控制	控制	控制	控制
技术要素投入	未控制	控制	控制	控制
资本劳动比例	未控制	控制	控制	控制
基础设施水平	未控制	控制	控制	控制
国家规模	未控制	控制	控制	控制
个体效应	控制	控制	控制	未控制
R^2	0.716	0.844	0.852	0.8365

注：表中括号里的数值是稳健标准误，显著性水平置信区间：*** $p<0.01$，** $p<0.05$，* $p<0.1$。

资料来源：作者测算及整理。

观察表6-3的回归结果，国内价值链质量与进口价值链质量两个变量之间的关系显示在（6-4-1）列，进口价值链质量与国内价值链质量存在显著的正相关关系，显著性水平为1%，这与预期假设相符。在考虑控制变量的影响后，模型（6-4-2）的拟合优度有所提高，回归结果得到优化，而且进口价值链质量与国内价值链质量继续存在显著的正相关关系，显著性水平仍为1%，表明提高进口价值链质量对国内价值链质量的提升具有显著促进作用。进口价值链质量不仅对国内价值链质量具有技术溢出效应，也具有市场环境效应。国内企业通过模仿国外企业的管理经验、先进技术、营销方法等，能够改善国内价值链的质量。进口价值链质量的提高也会给国内价值链的运营带来竞争和挑战，国内企业要抢占更高的国内市场份额，也必须改善自身的经营管理和技术水平，提高产品质量，加强价值链上前后向关联企业的密切联系，提升国内价值链质量。

在模型（6-4-2）中，所有控制变量的系数均为正数，基本符合预期。对外开放度和资本劳动要素投入比例变量的显著性水平为5%，说明对外开放度和资本劳动要素投入比例提高能够显著促进国内价值链质量的改善。基础设施水平变量的显著性水平为10%，说明一国改善基础设施状况也能够显著促进国内价值链质量的提升。技术要素投入和国家规模控制变量对国内价值链提升虽然有正向影响，但在此模型中效果不显著。

模型（6-5-1）是考虑金融危机发生后的影响，在加入这一时间虚拟变量后，进口价值链质量与国内价值链质量继续存在显著的正相关关系，显著性水平为1%。金融危机与进口价值链质量交互项（dtimelnQMVC）的回归系数是负值，这表明金融危机发生之后，提高进口价值链质量对国内价值链改善的促进作用具有一定程度的阻碍。模型（6-6-1）是区分发展中经济体和发达经济体的不同表现。在加入国家类型虚拟变量之后，进口价值链质量与国内价值链质量继续保持显著的正相关关系，显著性水平为1%。国家类型虚拟变量与进口价值链质量交互项（udnlnQMVC）的系数是负值，这与初始的预期假设不符，需要进一步的检验和分析。

2. 工具变量法回归

由基准回归结果可知，提升进口价值链质量有助于国内价值链质量的改善。但与此同时，提升国内价值链质量也势必会影响到进口价值链质量。因此，进口价值链质量与国内价值链质量存在内生性问题。工具变量法可以解决因存在内生性而产生的估计量不一致问题。本部分选取进口价值链质量一期滞后值作为工具变量进行实证分析。进口价值链质量一期滞后值满足与当期解释变量进口价值链质量相关而与当期被解释变量国内价值链质量不相关的特征。回归结果如表6-4所示。

表6-4   工具变量法回归结果

模型	(6-4-3)	(6-5-2)	(6-6-2)
变量	lnQNVC	lnQNVC	lnQNVC
lnQMVC	0.418 *** (0.105)	0.388 *** (0.110)	0.669 *** (0.091)
lnFDI	0.0602 *** (0.021)	0.0615 *** (0.021)	0.0639 *** (0.021)
lnHIGH	0.0141 (0.053)	0.0208 (0.053)	0.0437 (0.049)
lnKL	0.403 ** (0.162)	0.398 ** (0.172)	0.564 *** (0.112)

续表

模型	(6-4-3)	(6-5-2)	(6-6-2)
lnREV	0.449*** (0.062)	0.445*** (0.062)	0.248*** (0.053)
lnSUR	6.680 (4.755)	7.273 (4.673)	0.156 (0.105)
dtime		2.853** (1.206)	
dtimelnQMVC		-0.242** (0.104)	
udn			-1.207 (1.355)
udnlnQMVC			0.00885 (0.112)
Constant	-90.76 (68.15)	-99.23 (67.00)	4.752*** (1.770)
观测值数量	203	203	203
国家数量	15	15	15
固定效应	是	是	否
随机效应	否	否	是
对外开放度	控制	控制	控制
技术要素投入	控制	控制	控制
资本劳动比例	控制	控制	控制
基础设施水平	控制	控制	控制
国家规模	控制	控制	控制
个体效应	控制	控制	未控制
R^2	0.844	0.852	0.8365

注：表中括号里的数值是标准误，显著性水平置信区间：*** $p<0.01$，** $p<0.05$，* $p<0.1$。

资料来源：作者测算及整理。

从表 6-4 中可以看到，模型（6-4-3）是引入工具变量和控制变量的回归结果，进口价值链质量与国内价值链质量存在显著正相关关系，显著性水平为1%。模型（6-5-2）和模型（6-6-2）分别是加入金融危机时间虚拟变量和区分国家类型虚拟变量的回归结果，进口价值链质量与国内价值链质量继续存在显著正相关关系，显著性水平均为1%，这说明提高进口价值链质量确实有助于改善国内价值链质量。金融危机时间虚拟变量与进口价值链质量交互项的系数仍然是负值，说明金融危机的发生削弱了进口价值链质量对国内价值链质量的促进作用。区分国家类型虚拟变量与进口价值链质量交互项的系数转为正值，说明发展中经济体从进口价值链中获得的技术溢出效应能够对提升国内价值链质量起到相对更大的促进作用，只是检验效果不显著。

3. 稳健性检验

本部分分别采用数据缩尾处理回归、混合回归两种不同的计量方法进行稳健性检验。

第一，数据缩尾处理回归。

为消除极端数值对回归结果的影响，本部分使用5%、95%缩尾方法，对数据进行处理。数据缩尾即找到5%和95%所对应的分位数a、b，将小于a的数替换成a，将大于b的数替换成b。继续使用工具变量法进行回归，工具变量为进口价值链质量的一期滞后值。回归结果如表6-5所示。

表6-5　　　　　　　　数据缩尾处理回归结果

模型	(6-4-4)	(6-5-3)	(6-6-3)
变量	lnQNVC	lnQNVC	lnQNVC
lnQMVC	0.433*** (0.101)	0.339*** (0.113)	0.625*** (0.0976)
lnFDI	0.0891*** (0.0261)	0.0932*** (0.0260)	0.0991*** (0.0260)
lnHIGH	-0.188*** (0.0583)	-0.178*** (0.0590)	-0.0951* (0.0532)
lnKL	0.394** (0.179)	0.457** (0.189)	0.416*** (0.123)
lnREV	0.517*** (0.0610)	0.514*** (0.0609)	0.269*** (0.0534)

续表

模型	(6-4-4)	(6-5-3)	(6-6-3)
lnSUR	4.474 (5.080)	5.458 (5.012)	0.108 (0.102)
dtime		2.803** (1.325)	
dtimelnQMVC		-0.235** (0.114)	
udn			-2.083 (1.426)
udnlnQMVC			0.0625 (0.118)
Constant	-55.50 (72.66)	-68.11 (71.68)	6.207*** (1.762)
观测值数量	203	203	203
国家数量	15	15	15

注：表中括号里的数值是标准误，显著性水平置信区间：*** $p<0.01$，** $p<0.05$，* $p<0.1$。

资料来源：作者测算及整理。

从表6-5可以看到，无论是不加入虚拟变量的模型(6-4-4)，还是加入金融危机虚拟变量的模型(6-5-3)和加入国家类型虚拟变量的模型(6-6-3)，进口价值链质量的回归系数均为正值，而且显著性水平均为1%，这表明进口价值链质量对国内价值链质量的促进作用是稳健的。金融危机时间虚拟变量与进口价值链质量交互项的回归系数为负值，国家类型虚拟变量与进口价值链质量交互项的回归系数是正值，说明金融危机在进口价值链质量促进国内价值链质量改善方面确实起到了阻碍作用，发展中经济体通过提高进口价值链质量能够相对更大程度地促进自身国内价值链质量的改善。

第二，工具变量法混合回归。

上述面板数据固定效应模型考虑了国家效应，本部分假设不存在国家效应，使用工具变量法对数据进行混合回归，以验证上述回归结果的准确性。选取的工具变量为进口价值链质量的一期滞后值。回归结果如

表6-6所示。

表6-6　　　　　　　　　工具变量法混合回归结果

模型	(6-4-5)	(6-5-4)	(6-6-4)
变量	lnQNVC	lnQNVC	lnQNVC
lnQMVC	0.477*** (0.150)	0.297 (0.208)	0.486*** (0.155)
lnFDI	0.142*** (0.045)	0.146*** (0.046)	0.0682* (0.036)
lnHIGH	0.265*** (0.034)	0.280*** (0.036)	0.00366 (0.036)
lnKL	0.791*** (0.044)	0.798*** (0.045)	0.322*** (0.055)
lnREV	0.0619*** (0.020)	0.0570*** (0.020)	0.0139 (0.016)
lnSUR	0.111*** (0.035)	0.115*** (0.035)	0.0337 (0.028)
dtime		0.627 (3.763)	
dtimelnQMVC		-0.0409 (0.324)	
udn			-10.15*** (2.274)
udnlnQMVC			0.776*** (0.195)
Constant	4.801*** (1.410)	6.450*** (2.024)	8.033*** (1.558)
观测值数量	203	203	203
R^2	0.775	0.777	0.862

注：表中括号里的数值是标准误，显著性水平置信区间：*** $p<0.01$，** $p<0.05$，* $p<0.1$。
资料来源：作者测算及整理。

从表6-6可以看到，仅考虑核心解释变量和控制变量的模型（6-4-5）和考虑国家类型虚拟变量的模型（6-6-4），进口价值链质量的回归系数为正值且显著性水平为1%，考虑金融危机时间虚拟变量的模型（6-5-4），进口价值链质量的回归系数也为正值，只是显著性效果较弱。总体来看，提高进口价值链质量对提升国内价值链质量具有促进作用。金融危机时间虚拟变量与进口价值链质量交互项的回归系数为负值，国家类型虚拟变量与进口价值链质量交互项的回归系数是正值，并且显著性水平为1%，说明金融危机阻碍了进口价值链质量对国内价值链质量改善的促进作用，发展中经济体从进口价值链中能够获益较多，通过提高进口价值链质量能够改善国内价值链质量。

6.4 本章小结

全球价值链研究的角度和侧重点各有不同，经济学和统计学层面的研究尚未对价值链质量问题展开细致研究，管理学层面从全球供应链管理的角度关注了供应链质量问题。本章借鉴全球供应链质量管理的研究逻辑，提出了价值链质量的概念。全球价值链质量既包括价值链条上中间产品的质量，也包括价值链参与企业间的前后向关联关系的紧密程度。在此基础上，本章提出了全球价值链、国内价值链和进口价值链质量的测算方法，以及考虑中国细分经济区域的价值链质量、区域价值链质量和进口价值链质量。

2000~2014年，全球价值链质量和国内价值链质量都出现了一定程度的改善，与发达经济体相比，发展中经济体价值链质量的改善幅度相对更高一些，不过，发达经济体价值链质量要普遍高于发展中经济体。受2008年全球金融危机的影响，各经济体的价值链质量在2009年表现出了较为明显的下降，其后虽有所恢复，但自2011年以后基本上处于相对停滞甚至有所下滑的态势。

中国主要经济区域的价值链质量也都出现了不同程度的改善，东部地区的价值链质量普遍高于中西部地区。然而，中西部地区价值链质量改善的速度要快于东部地区，因此，东部地区与中西部地区的价值链质量相对差距在缩小。

经验研究表明，提高进口价值链质量能够显著促进国内价值链质量，在控制了国家差异的个体效应后也是如此。金融危机的发生在一定程度上阻碍了进口价值链质量对国内价值链质量提高的促进作用，发展中经济体通过进口价值链能够获得较好的技术溢出效应，这有助于其改善国内价值链质量。

第7章 国内价值链发展与地区经济增长

世界经济和贸易的不确定性加剧了全球价值链和国内价值链的重构和调整，国内价值链成长对于我国产业升级和经济增长具有重要意义。本章主要探讨国内价值链发展的基本情况，以及国内价值链发展对地区经济增长的促进作用。国内价值链发展可以从很多角度出发进行研究，本章通过构建价值链参与度指标体系，在测算和分析价值链参与度情况的基础上，着重分析国内价值链的广度、深度、匹配度以及国内各经济区域在国内市场和世界市场表现出的竞争力状况。

7.1 价值链参与度及其测算方法

本部分构建了价值链参与度的指标体系，并提出了各种类型价值链参与度的测算方法和具体公式。

7.1.1 价值链参与度及其指标体系

价值链参与度度量了不同国家不同部门以各种方式参与价值链生产活动的情况。与垂直专业化方法度量价值链参与度方式不同，王等（2017）基于生产活动的增加值概念而非贸易活动的总出口概念重新定义了全球价值链参与度，并区分为全球价值链前向参与度和后向参与度。

根据第4章国内价值链和全球价值链的分类，本书提出国内价值链参与度的概念，并将其分为国内价值链前向参与度、国内价值链后向参与度。由于中国国内价值链又进一步细分为区内（省内）价值链、区际（省际）价值链，因此，这两个概念也各自包括前向参与度、后向参与度。价值链参与度的上述分类体系如图7－1所示。

价值链参与度
├─ 国内价值链参与度
│   ├─ 区内（省内）价值链参与度
│   │   ├─ 区内（省内）价值链前向参与度
│   │   └─ 区内（省内）价值链后向参与度
│   └─ 区际（省际）价值链参与度
│   ├─ 区际（省际）价值链前向参与度
│   └─ 区际（省际）价值链后向参与度
└─ 全球价值链参与度
    ├─ 全球价值链前向参与度
    └─ 全球价值链后向参与度

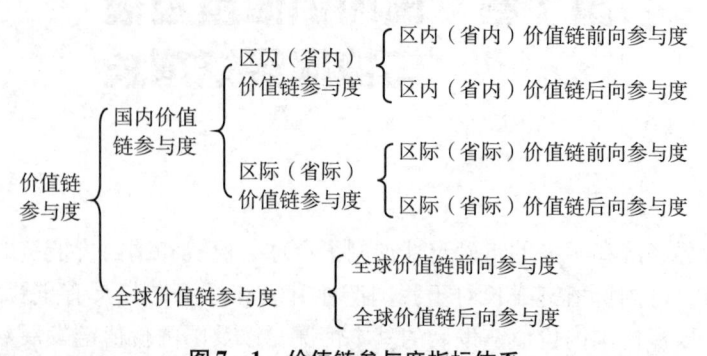

图7－1　价值链参与度指标体系

资料来源：作者绘制。

价值链前向参与度用增加值中的份额比例表示，即一国某部门创造的全部增加值流入各国各部门的比例，通过不同价值链类型的流转比例代表了相应类型价值链的前向参与度，即全球价值链前向参与度、国内价值链前向参与度、区内价值链前向参与度、省内价值链前向参与度。价值链后向参与度用最终产品价值中的份额比例表示，即一国某部门为了生产出最终产品需要来自各国各部门的增加值投入比例。同样，来自不同价值链类型的最终产品价值比例代表了相应类型价值链的后向参与度，包括全球价值链后向参与度、国内价值链后向参与度、区内价值链后向参与度、省内价值链后向参与度。

7.1.2　价值链参与度测算方法

根据第4章4.3小节的价值链拆分模型，转置矩阵继续沿用"'"符号，投入产出表中的增加值行向量用 Va 表示，国内价值链对应的增加值部分用 V_NVC 表示，全球价值链对应的增加值部分用 V_GVC 表示，区内（省内）价值链对应的增加值部分用 V_P 表示，区际（省际）价值链对应的增加值部分用 V_RVC 表示，那么，将第4章公式（4－18）分别沿行向求和、列向求和，可得：

$$Va' = \hat{V}BY = \underbrace{\underbrace{\hat{V}RY}_{V\_P} + \underbrace{\hat{V}(L-R)Y}_{V\_RVC}}_{V\_NVC} + \underbrace{\hat{V}LA^FBY}_{V\_GVC} \quad (7-1)$$

$$Y' = VB\hat{Y} = \underbrace{\underbrace{VR\hat{Y}}_{Y\_P} + \underbrace{V(L-R)\hat{Y}}_{Y\_RVC}}_{Y\_NVC} + \underbrace{VLA^FB\hat{Y}}_{Y\_GVC} \quad (7-2)$$

令 PTf 表示价值链前向参与度，用不同的后缀表示不同类型价值链的前向参与度，即全球价值链前向参与度表示为 PTf_GVC、国内价值链前向参与度表示为 PTf_NVC、区内（省内）价值链前向参与度表示为 PTf_P、区际（省际）价值链前向参与度表示为 PTf_RVC；令 PTb 表示价值链后向参与度，用不同的后缀表示不同类型价值链的后向参与度，即全球价值链后向参与度表示为 PTb_GVC、国内价值链后向参与度表示为 PTb_NVC、区内（省内）价值链后向参与度表示为 PTb_P、区际（省际）价值链后向参与度表示为 PTb_RVC，那么：

$$PTf = \underbrace{PTf\_P + PTf\_RVC}_{PTf\_NVC} + PTf\_GVC = \frac{V\_P}{Va'} + \frac{V\_RVC}{Va'} + \frac{V\_GVC}{Va'}$$

$$(7-3)$$

$$PTb = \underbrace{PTb\_P + PTb\_RVC}_{PTb\_NVC} + PTb\_GVC = \frac{Y\_P}{Y'} + \frac{Y\_RVC}{Y'} + \frac{Y\_GVC}{Y'}$$

$$(7-4)$$

细分部门层面的不同类型价值链参与度在公式（7-3）和公式（7-4）中可以直接得到。如果需要得到地区层面的价值链参与度，对于价值链前向参与度来说，使用增加值份额比例对所含部门价值链参与度进行加权即可得到；对于价值链后向参与度来说，使用最终产品价值中的份额比例对所含部门价值链参与度加权即可得到。

7.2 国内价值链发展基本情况

国内价值链发展情况可以从多个角度进行分析，本书主要以国内八大经济区域为基础，测算并分析国内价值链的参与度、广度、深度、匹配度以及竞争力等指标的表现情况。

7.2.1 国内经济区域价值链参与度情况

本书分别根据 EMIIOT-8 和 EMIIOT-30 测算了国内八大经济区域以及 30 个省区市的国内价值链和全球价值链参与度，本部分对国内八大经济区域的区内价值链、区际价值链和全球价值链参与度情况进行分析，国内 30 个省区市的省内价值链、省际价值链和全球价值链参与度情况将在 7.3 小节进行分析。

国内八大经济区域的区内价值链、区际价值链和全球价值链的前向参与度和后向参与度情况分别如表 7-1 和表 7-2 所示。从 2002 年、2007 年、2010 年和 2012 年的时序发展状况来看，无论是前向参与度还是后向参与度，都表现出一个共同的变化特征，即相对于全球价值链参与度的先升后降，国内价值链参与度则整体表现出了先降后升的趋势，而这一点主要是由区内价值链参与度的变化趋势决定的，区际价值链参与度则出现了较为明显的波动上升趋势，表明了国内价值链在近些年来的增强势头。

表 7-1　　　　　国内经济区域价值链前向参与度情况　　　　　单位：%

区域	区内价值链前向参与度				区际价值链前向参与度				全球价值链前向参与度			
	2002年	2007年	2010年	2012年	2002年	2007年	2010年	2012年	2002年	2007年	2010年	2012年
东北区域	81.11	68.90	75.39	71.33	11.73	20.97	17.20	21.89	7.16	10.13	7.41	6.77
京津区域	73.54	61.53	73.43	70.27	12.60	17.43	17.77	21.90	13.86	21.04	8.80	7.82
北部沿海区域	79.54	65.99	71.43	73.32	14.14	22.98	18.99	17.01	6.32	11.03	9.58	9.67
东部沿海区域	75.36	75.05	72.61	71.63	12.21	7.31	10.94	13.68	12.43	17.64	16.45	14.69
南部沿海区域	71.09	69.99	72.67	73.34	11.99	13.71	11.73	10.40	16.93	16.30	15.61	16.25
中部区域	80.01	70.09	76.92	74.87	16.08	22.72	17.65	19.61	3.91	7.19	5.44	5.52
西北区域	81.83	57.80	64.22	64.33	13.99	28.97	29.67	30.25	4.18	13.23	6.11	5.42
西南区域	86.82	78.76	79.20	80.85	9.59	15.68	15.77	14.28	3.58	5.56	5.03	4.87
全国	78.24	69.95	73.64	73.08	13.00	17.54	16.36	17.47	8.76	12.51	10.00	9.46

资料来源：作者测算。

表7-2　　　　　国内经济区域价值链后向参与度情况　　　　单位：%

区域	区内价值链后向参与度 2002年	2007年	2010年	2012年	区际价值链后向参与度 2002年	2007年	2010年	2012年	全球价值链后向参与度 2002年	2007年	2010年	2012年
东北区域	82.61	73.70	76.08	74.55	9.37	10.72	13.37	15.85	8.02	15.58	10.55	9.60
京津区域	60.54	50.36	59.09	57.34	25.40	26.04	22.62	24.81	14.06	23.59	18.29	17.85
北部沿海区域	77.96	70.46	73.38	76.56	14.66	17.47	13.55	11.80	7.38	12.06	13.06	11.64
东部沿海区域	73.04	61.42	61.87	63.12	10.29	19.00	18.54	18.04	16.66	19.57	19.60	18.84
南部沿海区域	67.39	64.02	66.49	68.16	10.31	15.45	15.21	11.75	22.30	20.53	18.30	20.09
中部区域	83.88	75.41	80.38	76.28	11.26	14.72	13.74	17.75	4.86	9.87	5.88	5.97
西北区域	73.55	66.02	75.20	70.24	19.65	20.56	18.93	24.47	6.80	13.42	5.87	5.29
西南区域	83.78	75.01	81.18	77.02	11.27	13.54	12.85	16.23	4.95	11.45	5.96	6.75
全国	76.04	67.28	71.21	70.62	12.64	16.87	15.82	16.88	11.32	15.85	12.97	12.50

资料来源：作者测算。

从区内价值链参与度发展情况来看，全国加权平均的区内价值链前向参与度从2002年的78.24%，下降到2007年的69.95%，但2010年和2012年又出现了回升，分别为73.64%和73.08%。回升幅度较大的分别是京津区域、北部沿海区域和西北区域，回升幅度分别为8.74个、7.33个、6.53个百分点。全国加权平均的区内价值链后向参与度从2002年的76.04%，下降到2007年的67.28%，2010年和2012年也出现了回升，分别为71.21%和70.62%。回升幅度较大的也分别是京津区域、北部沿海区域和西北区域，回升幅度分别为6.98个、6.10个、4.22个百分点。

从区际价值链参与度发展情况来看，全国加权平均的区际价值链前向参与度从2002年的13.00%，上升到2007年的17.54%，2010年和2012年仍然保持相对高位，分别为16.36%和17.47%。2012年与2002年相比，区际价值链前向参与度上升幅度较大的区域分别是西北区域、东北区域、京津区域，上升幅度分别为16.26个、10.16个、9.30个百分点。全国加权平均的区际价值链后向参与度从2002年的12.64%，上升到2007年的16.87%，2010年和2012年也是保持在相对高位，分别为15.82%和16.88%。2012年与2002年相比，区际价值链后向参与度上升幅度较大的区域分别是东部沿海区域、中部区域、东北区域，上升幅度分别为 7.75 个、6.49 个、6.48 个百分点。

从全球价值链参与度发展情况来看，全国加权平均的全球价值链前向参与度从 2002 年的 8.76% 上升到 2007 年的 12.51%，而后出现了下降趋势，2010 年和 2012 年分别下降到 10.00% 和 9.46%。2012 年与 2007 年相比，全球价值链前向参与度下降幅度较大的区域分别是京津区域、西北区域、东北区域，下降幅度分别为 13.22 个、7.81 个、3.36 个百分点。全国加权平均的全球价值链后向参与度从 2002 年的 11.32% 上升到 2007 年的 15.85%，此后出现了下降趋势，2010 年和 2012 年分别下降到 12.97% 和 12.50%。2012 年与 2007 年相比，全球价值链后向参与度下降幅度较大的区域分别是西北区域、东北区域、京津区域，下降幅度分别为 8.13 个、5.98 个、5.74 个百分点。

2002~2007 年，全球价值链参与度的相对上升和国内价值链参与度的相对下降，与中国加入世界贸易组织有关，中国在这个时间段加速对外开放，中间品的出口和进口都出现了较大幅度增加，全球价值链参与度不断增强。2008 年以来的金融危机对全球价值链发展产生了一定的不利影响，国内也加强了对国内区域经济联系的引导，"西部大开发""振兴东北""中部地区崛起"等一系列国内区域经济政策不断推进，国内经济联系不断加强，国内价值链参与度也相应提高。

7.2.2 国内价值链的广度

国内价值链的广度是指国内各区域参与国内价值链的广泛程度，它是度量国内价值链区域覆盖程度的指标。由于参与国内价值链分为前向参与和后向参与，国内价值链广度也可以区分为前向广度和后向广度。本书以国内八大经济区域价值链前向参与度和后向参与度指标为基础，测算并分析国内价值链的前向广度和后向广度。

国内价值链广度的测算步骤和方法如下：

第一，以国内价值链参与度数据为基础，去除各区域内自身流转产生的参与度，即将国内价值链参与度矩阵行列区域名称相同的对角矩阵值设为 0，保留其他七个经济区域的参与度数值。

第二，计算国内每一经济区域—行业国内价值链中其他七个经济区域的参与度，即将其他七个经济区域各个行业的参与度数值都分别对区域内所有行业进行累加汇总。用公式表示为：

$$PT\_NVC_{\cdot j}^{pq} = \sum_{i \in p \text{且} p \neq q} PT\_NVC_{ij}^{pq} \quad (7-5)$$

其中，$PT\_NVC_{\cdot j}^{pq}$ 表示 p 区域在 q 区域 j 行业国内价值链中的参与度（可细分为前向参与度和后向参与度），$PT\_NVC_{ij}^{pq}$ 表示 p 区域 i 行业在 q 区域 j 行业国内价值链中的参与度（同样细分为前向参与度和后向参与度）。

第三，以每个年度单个区域的国内价值链参与度全国均值为标准，若 $PT\_NVC_{\cdot j}^{pq}$ 大于或等于该均值，则认为 p 区域参与了 q 区域 j 行业的国内价值链，该区域取值为 1；否则，视作未参与，该区域取值为 0。将参与 q 区域 j 行业国内价值链的区域数目求和除以 7，得到 q 区域 j 行业国内价值链的广度。

第四，对国内 q 区域所有行业的国内价值链广度求加权均值，得到 q 区域的国内价值链广度；对所有区域的国内价值链广度求加权均值，得到全国的国内价值链广度。其中，国内价值链前向广度加权权重使用增加值份额，国内价值链后向广度加权权重使用最终产品价值份额，

第三步测算出的 2002 年、2007 年、2010 年、2012 年四个年度单个区域国内价值链参与度全国均值如表 7-3 所示。该表数据显示，无论是单个区域国内价值链前向参与度全国均值，还是单个区域国内价值链后向参与度全国均值，都出现了一定的上升趋势。单个区域国内价值链前向参与度全国均值 2002 年为 1.57%，2007 年上升到 2.11%，2010 年和 2012 年都保持在相对高位，分别为 1.98% 和 2.11%。单个区域国内价值链后向参与度全国均值 2002 年为 1.53%，2007 年上升到 2.03%，2012 年又进一步上升到 2.04%。作为判断各个区域是否参与了国内价值链的标准随年度变化而上升，这意味着国内价值链前向广度和后向广度都是上升的。

表 7-3　　　　　单个区域的国内价值链参与度
全国均值及四个年度的算术均值　　　　　　单位：%

国内价值链参与度类型	2002 年	2007 年	2010 年	2012 年	四个年度算术均值
单个区域的国内价值链前向参与度全国均值	1.57	2.11	1.98	2.11	1.95
单个区域的国内价值链后向参与度全国均值	1.53	2.03	1.92	2.04	1.88

资料来源：作者测算。

国内价值链前向广度测算结果如表7-4所示。全国加权平均的国内价值链前向广度从2002年的37.48%波动上升至2012年的41.07%，上升幅度为3.59个百分点。其中，京津区域、西北区域、东北区域国内价值链前向广度上升幅度较大，分别上升了33.80个、27.43个、20.78个百分点。这些区域以中间品供给的方式，大量参与到其他区域的国内价值链中。相比之下，沿海区域以中间品供给方式参与其他区域国内价值链的广度并不高，其中，南部沿海区域和东部沿海区域的国内价值链前向广度还相对有所下降。

表7-4 国内价值链前向广度（年度标准）

区域	2002年(%)	2007年(%)	2010年(%)	2012年(%)	2012年与2002年的差值（百分点）
东北区域	36.39	47.68	42.58	57.17	20.78
京津区域	33.81	28.96	45.35	67.61	33.80
北部沿海区域	42.60	57.62	47.80	42.98	0.38
东部沿海区域	34.38	11.50	21.55	23.58	-10.80
南部沿海区域	36.33	30.29	24.55	22.70	-13.63
中部区域	44.83	42.10	40.04	46.86	2.03
西北区域	39.49	68.40	67.12	66.92	27.43
西南区域	26.40	34.91	38.36	36.84	10.44
全国	37.48	37.17	37.65	41.07	3.59

资料来源：作者测算。

国内价值链后向广度测算结果如表7-5所示。全国加权平均的国内价值链后向广度从2002年的39.95%波动上升至2012年的43.90%，上升幅度为3.95个百分点。其中，东北区域、东部沿海区域、中部区域国内价值链后向广度上升幅度较大，分别上升了25.93个、15.14个、11.89个百分点。另外，西北区域和京津区域国内价值链后向广度数值较高。这些区域最终产品的生产，大量依赖其他区域的中间品供给。

表 7-5　　　　　国内价值链后向广度（年度标准）

区域	2002 年(%)	2007 年(%)	2010 年(%)	2012 年(%)	2012 年与 2002 年的差值（百分点）
东北区域	22.97	21.97	36.68	48.90	25.93
京津区域	73.78	60.89	86.79	75.36	1.58
北部沿海区域	52.89	46.19	39.91	25.73	-27.16
东部沿海区域	29.06	51.63	46.56	44.20	15.14
南部沿海区域	34.98	46.07	37.41	25.96	-9.02
中部区域	29.26	33.82	37.29	41.15	11.89
西北区域	77.17	66.02	51.69	78.90	1.73
西南区域	40.83	36.30	40.70	45.13	4.30
全国	39.95	44.65	44.22	43.90	3.95

资料来源：作者测算。

上述测算方法，第三步以每个年度单个区域的国内价值链参与度全国均值为标准区分某个区域是否参与了国内价值链，由于每个年度的标准不同，当进行年度比较的时候，既要观察每个年度的国内价值链广度变化，也要区分每个年度单个区域国内价值链参与度全国均值标准的差异。下面采用一个固定标准值来比较国内价值链广度的年度差异，固定标准使用 2002 年、2007 年、2010 年、2012 年四个年度单个区域国内价值链参与度全国均值的算术平均值。

四个年度单个区域国内价值链参与度全国均值的算术平均值结果如表 7-3 所示。其中，单个区域国内价值链前向参与度全国均值的算术平均值为 1.95%，单个区域国内价值链后向参与度全国均值的算术平均值为 1.88%。以此为标准测算的国内价值链前向广度和后向广度结果分别如表 7-6 和表 7-7 所示。

表 7-6　　　　国内价值链前向广度（四个年度算术均值标准）

区域	2002 年(%)	2007 年(%)	2010 年(%)	2012 年(%)	2012 年与 2002 年的差值（百分点）
东北区域	27.79	48.73	44.54	58.35	30.56
京津区域	29.14	33.57	45.35	77.99	48.85
北部沿海区域	31.83	59.82	48.21	44.12	12.29

续表

区域	2002年(%)	2007年(%)	2010年(%)	2012年(%)	2012年与2002年的差值(百分点)
东部沿海区域	22.30	13.46	21.67	24.01	1.71
南部沿海区域	28.99	32.56	24.96	26.86	-2.13
中部区域	35.39	43.07	41.81	50.26	14.87
西北区域	24.08	68.40	67.12	66.96	42.88
西南区域	20.67	38.64	42.87	39.18	18.51
全国	28.00	39.12	38.79	43.48	15.48

资料来源：作者测算。

表7-7 国内价值链后向广度（四个年度算术均值标准）

区域	2002年(%)	2007年(%)	2010年(%)	2012年(%)	2012年与2002年的差值(百分点)
东北区域	16.86	26.30	36.81	49.22	32.36
京津区域	65.10	64.00	94.77	76.79	11.69
北部沿海区域	43.40	52.19	42.50	30.42	-12.98
东部沿海区域	23.06	53.12	46.56	51.44	28.38
南部沿海区域	22.96	46.82	37.85	26.29	3.33
中部区域	24.86	48.21	43.19	53.63	28.77
西北区域	66.47	67.74	51.86	80.97	14.50
西南区域	28.47	36.46	40.70	51.50	23.03
全国	31.64	48.98	46.24	49.46	17.82

资料来源：作者测算。

固定标准下的国内价值链前向广度和后向广度都表现出了更为明显的上升趋势。从国内价值链前向广度来看，全国加权平均值从2002年的28.00%，波动上升至2012年的43.48%，上升幅度为15.48个百分点。其中，京津区域、西北区域、东北区域上升幅度较大，分别为48.85个、42.88个、30.56个百分点。从国内价值链后向广度来看，全国加权平均值从2002年的31.64%，波动上升至2012年的49.46%，上升幅度为17.82个百分点。其中，东北区域、中部区域、东部沿海区域上升幅度较大，上升幅度分别为 32.36 个、28.77 个、28.38 个百分点。

两种方法的测算结果基本一致，国内价值链的前向广度和后向广度整体上都表现出了上升趋势，说明国内区域的经济联系趋向加强，各区域间通过广泛的中间品流入和流出交易提高了国内价值链的广度，国内价值链区域覆盖程度不断提高，这有利于国内价值链的进一步发展和成长。

7.2.3 国内价值链的深度

国内价值链的深度是指产品价值链的所有环节在国内完成的程度，它度量了价值链分工体系在国内的完整程度。这可以从两个角度进行观察，一是国内价值链的生产长度是否随年度变化而延长，二是国内价值链上的交易份额是否随年度变化而提高，即国内价值链参与度是否提高。

由于国内价值链的深度更多地体现在国内经济区域间的联系中，下面以国内八大经济区域区际价值链为基础来分析国内价值链深度的变化情况。

图 7-2 和图 7-3 分别展示了国内八大经济区域基于前向关联和后向关联的区际价值链生产长度变化趋势。全国加权平均的前向关联和后向关联的区际价值链生产长度随年度变化都是延长的，而且每个经济区域的前向关联和后向关联的区际价值链生产长度随年度变化也都是延长的。2012 年与 2002 年相比，北部沿海区域和南部沿海区域基于前向关联和后向关联的区际价值链生产长度都表现出了相对更大的增长幅度。其中，北部沿海区域基于前向关联和后向关联的区际价值链生产长度分别增加了 20.26% 和 19.12%，南部沿海区域基于前向关联和后向关联的区际价值链生产长度分别增加了 16.75% 和 15.61%。基于前向关联的区际价值链生产长度延长，说明该区域生产要素创造的增加值以中间品形式流出本区域后在其他经济区域参与了更多阶段的生产环节；基于后向关联的区际价值链生产长度延长，说明该区域最终产品生产需要其他经济区域生产要素经历更多生产阶段才能完成。因此，区际价值链生产长度延长说明有更多的生产环节在国内完成，国内价值链分工体系更为细致和完整，是国内价值链深度加强的标志之一。

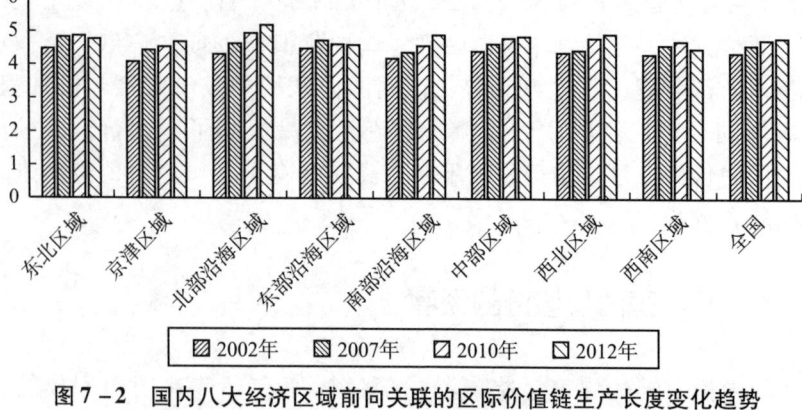

图 7-2　国内八大经济区域前向关联的区际价值链生产长度变化趋势

资料来源：作者绘制。

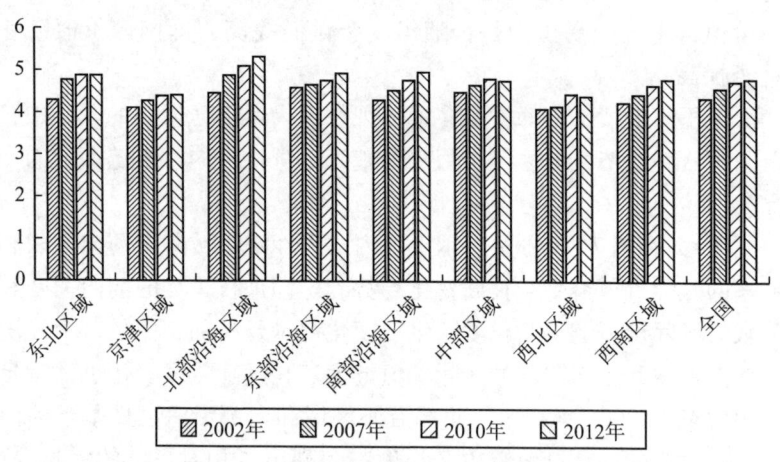

图 7-3　国内八大经济区域后向关联的区际价值链生产长度变化趋势

资料来源：作者绘制。

图 7-4 和图 7-5 分别展示了国内八大经济区域区际价值链的前向参与度和后向参与度变化趋势。从 2002 年、2007 年、2010 年、2012 年四个年度的表现来看，全国加权平均的区际价值链的前向参与度和后向参与度随年度变化都是增加的。其中，西北区域、东北区域、京津区域在区际价值链前向参与度方面上升幅度较大，东部沿海区域、中部区域、东北区域在区际价值链后向参与度方面上升幅度较大。

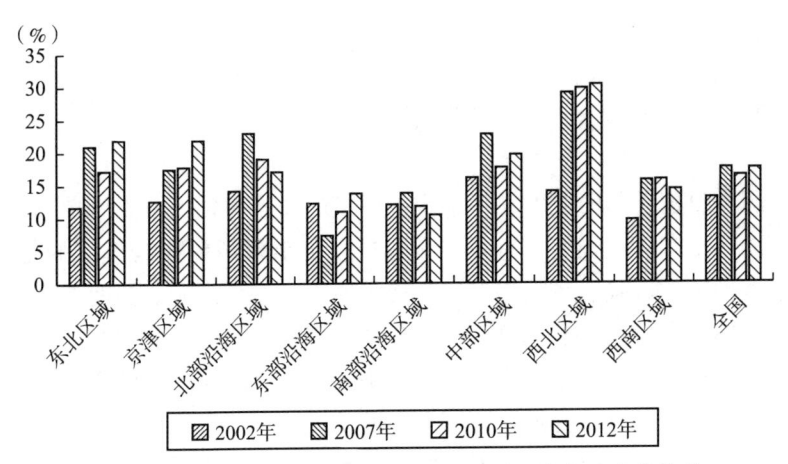

图 7-4　国内八大经济区域区际价值链前向参与度变化趋势

资料来源：作者绘制。

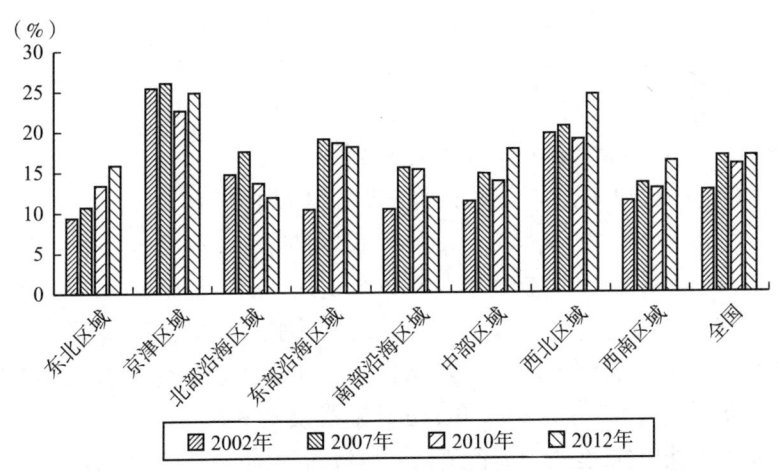

图 7-5　国内八大经济区域区际价值链后向参与度变化趋势

资料来源：作者绘制。

区际价值链参与度提高是国内价值链深度加强的另外一个重要指标。如果说区际价值链生产长度延长可以从国内完成的生产阶段数量增加角度来表明国内价值链深度加强的话，区际价值链参与度提高则从国内完成的增加值交易份额角度体现了国内价值链的深度加强。

上述分析表明，区内价值链一方面所经历的生产环节在增加，另一方面交易的增加值份额也在增加，因此，我国国内价值链的深度总体来看是增强的。

7.2.4 国内价值链的匹配度

国内价值链的匹配度是指国内价值链的发展与各区域生产要素富裕状况的匹配和对应程度，它是度量国内价值链资源配置合理度的指标。由于地理区位、政府政策差异以及历史原因，每个区域所拥有的富裕要素各有不同，根据要素禀赋理论，各个区域按照比较优势原则，分工从事富裕要素密集型产品或生产环节。国内价值链的匹配度就是度量每个区域的生产分工与自身要素禀赋的匹配情况。

本书选取自然资源、技术、资本、劳动四种生产要素进行分析。从价值链分工角度来看，资源要素通常被密集使用在价值链的上游环节，技术要素作为产品研发的基础，一般也被密集使用在价值链的上游环节，资本要素大量被用在生产制造阶段，一般处于价值链的中游环节，劳动要素大量被用在加工组装、销售及服务阶段，一般处于价值链的下游环节。因此，本部分主要检验各区域在国内价值链中所处的生产位置和环节与各区域所拥有的要素禀赋的匹配程度。

国内价值链匹配度具体的检验方程设计如下：

$$PS_{it} = \beta_0 + \beta_1 \cdot ENDOWM_{it} + \varepsilon_{it} \tag{7-6}$$

其中，PS 表示价值链生产位置，分别选用国内价值链生产位置 PS_NVC、区际价值链生产位置 PS_RVS 进行检验；ENDOWM 表示加权要素禀赋；下标 i 表示国内八大经济区域；下标 t 表示年度，包括 2002 年、2007 年、2010 年、2012 年；ε 是随机误差项。

各区域相关年度的国内价值链和区际价值链生产位置数据来自本书第 5 章 5.5 小节的测算结果，各区域相关年度加权要素禀赋数据按以下方式计算而得：

$$ENDOWM_{it} = \alpha_1 \cdot resource_{it} + \alpha_2 \cdot technology_{it} + \alpha_3 \cdot capital_{it} + \alpha_4 \cdot labor_{it} \tag{7-7}$$

其中，resource、technology、capital、labor 分别表示自然资源、技术、资本、劳动要素的规模，通过对原始数据进行无量纲化处理后得到；α 是加权系数，按照价值链分工的上下游关系，自然资源、技术、资本、劳动要素的加权系数分别取 0.4、0.3、0.2、0.1。

自然资源、技术、资本、劳动要素原始数据无量纲化处理采用最大值—最小值标准化方法，具体公式为：

$$Y = \frac{X - X_{min}}{X_{max} - X_{min}} \quad (7-8)$$

其中，X 代表原始数据，下标 min 代表最小值，下标 max 代表最大值，Y 代表标准化处理后的数据，$Y \in [0, 1]$。

自然资源原始数据包括各区域的煤炭储量、石油储量、天然气储量、铁矿储量，对这四种自然资源分别进行标准化处理后求算术平均值，以作为自然资源禀赋的数值。技术要素原始数据采用规模以上工业企业 R&D 经费数据，资本要素原始数据采用全社会固定资产投资数据。这些原始数据来源于国家统计局网站统计数据库—分省年度数据[①]。劳动要素原始数据采用第 6 章 6.1 小节的计算结果。

国内价值链生产位置与加权要素禀赋的散点图和趋势线如图 7-6 所示，趋势线回归方程为：

$$PS\_NVC_{it} = 0.92 + 0.37 ENDOWM_{it} \quad (7-9)$$

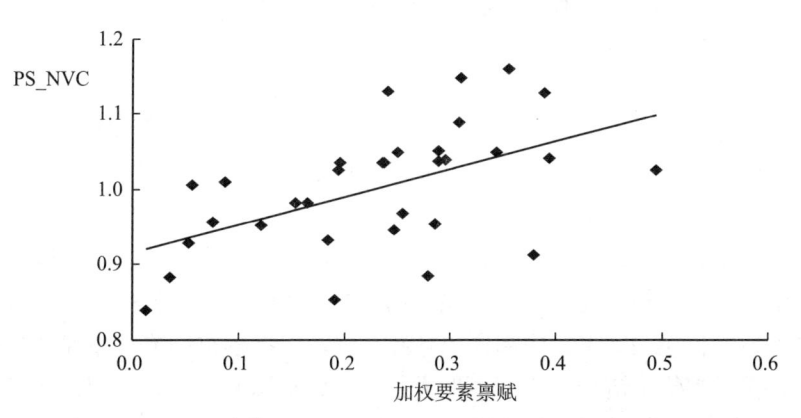

图 7-6　国内价值链生产位置与加权要素禀赋散点图和趋势线

资料来源：作者绘制。

该方程拟合效果较好，调整的 $R^2 = 0.25$，加权要素禀赋变量 t 检验值 = 3.37，且在 1% 水平上显著。加权要素禀赋与国内价值链生产位置显著正相关，说明自然资源和技术要素富裕的区域位于国内价值链的相对上

---

① 该数据库网址为：http://data.stats.gov.cn/easyquery.htm?cn=E0103。

游位置，劳动和资本要素富裕的区域位于国内价值链的相对下游位置，符合价值链分工与要素禀赋的匹配关系，国内价值链的匹配度较好。

区际价值链生产位置与加权要素禀赋的散点图如图7-7所示，趋势线回归方程为：

$$PS\_RVC_{it} = 1.00 + 0.02 ENDOWM_{it} \quad (7-10)$$

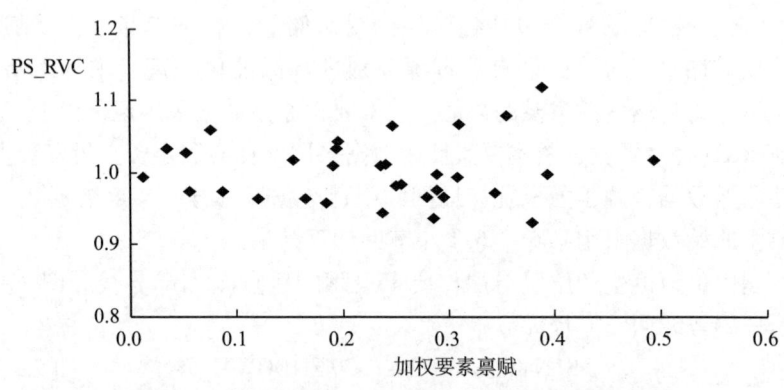

图7-7 区际价值链生产位置与加权要素禀赋散点图

资料来源：作者绘制。

不过，区际价值链生产位置与加权要素禀赋虽然也显示呈正相关关系，但加权要素禀赋变量系数未能通过显著性检验。

在国内价值链中，区际价值链所占份额相对较小，而区内价值链所占份额相对较大，比较加权要素禀赋与国内价值链生产位置、区际价值链生产位置的相关关系可以发现，加权要素禀赋与国内价值链生产位置呈现显著正相关关系，说明国内各经济区域发挥各自的要素禀赋比较优势，在区内价值链分工方面，形成了良好的资源配置关系。国内价值链与要素禀赋较好的匹配度主要体现在区内价值链方面，而区际价值链分工在发挥各区域要素禀赋优势方面还有待进一步改进，区际价值链的匹配度还有待提高。

7.2.5 国内价值链的竞争力

从前述分析可以看出，我国国内价值链质量有了一定改善，国内价值链的广度、深度也在提高，国内价值链的匹配度良好，那么，国内价值链形成的竞争力如何呢？

下面以价值链上增加值的流动数据为基础，采用显示性比较优势指数（Revealed Comparative Advantage，RCA）方法对国内价值链的竞争力进行分析。为了比较各经济区域在国内的竞争力与在国际上的竞争力，本书构建了国内显示性比较优势指数和国际显示性比较优势指数两个指数，具体公式如下：

$$\text{RCA}_{ij} = \frac{va_{ij} \Big/ \sum_j va_{ij}}{\sum_i va_{ij} \Big/ \sum_i \sum_j va_{ij}} \qquad (7-11)$$

其中，RCA 表示显示性比较优势指数，区分为国内显示性比较优势指数 RCA^{CHN} 和国际显示性比较优势指数 $\text{RCA}^{\text{WORLD}}$ 两个指数；下标 j 表示行业。在计算国内显示性比较优势指数 RCA^{CHN} 时，下标 i 表示国内八大经济区域，va 表示增加值在国内的流出额；在计算国际显示性比较优势指数 $\text{RCA}^{\text{WORLD}}$ 时，下标 i 表示国内八大经济区域及世界其他国家和地区，va 表示增加值出口额。

本书计算了 2002 年、2007 年、2010 年、2012 年四个年度国内八大经济区域的国内 RCA 指数和国际 RCA 指数，下面对其表现特征进行分析。

第一，国内八大经济区域在国际上的竞争力总体上有所提高。对国内八大经济区域的国际 RCA 指数进行年度比较发现，国际 RCA 指数总体上有所上升，按区域—行业计算的国际 RCA 指数有 77 个上升，59 个下降。国内价值链质量的改善以及国内价值链发展状况良好，推动了我国各区域在国际上的竞争力的提升。

第二，国际 RCA 指数与国内 RCA 指数显著正相关，国内区域资源配置和竞争情况较好。由于世界市场竞争激烈而充分，在世界市场上的优势和劣势充分反映了世界各国和地区的竞争力状况。而国内市场往往很容易受到区域分割或地区垄断等因素的影响，市场竞争并不很充分，国内各区域的竞争优势未必能充分显示出来。检验结果发现，国内八大经济区域的国际 RCA 指数与国内 RCA 指数显著正相关，说明我国国内市场与世界市场一样，具有较为充分的市场活力和良好的竞争环境，在国际上具有竞争优势的产品，在国内区域间也表现出了充分的竞争力。

国际 RCA 指数与国内 RCA 指数的散点图和趋势线如图 7-8 所示，

趋势线回归方程为：

$$RCA_{ijt}^{WORLD} = 1.11 RCA_{ijt}^{CHN} \quad (7-12)$$

该方程拟合效果较好，调整的 $R^2 = 0.77$，国内 RCA 指数 t 检验值 = 43.29，在 1% 水平上通过显著性检验。

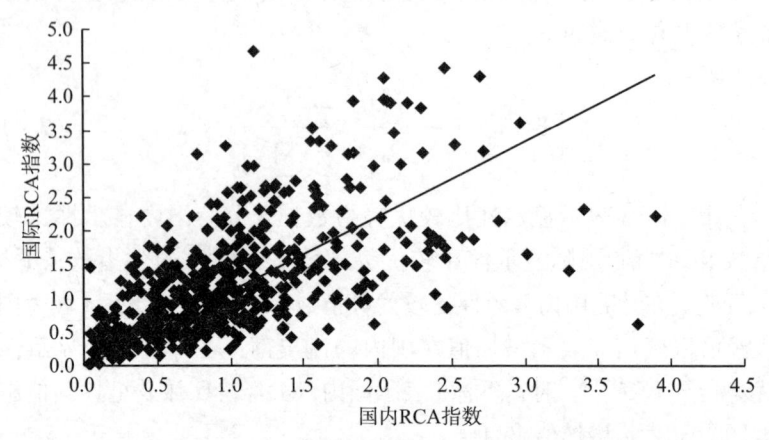

图 7-8　国际 RCA 指数与国内 RCA 指数散点图和趋势线

资料来源：作者绘制。

第三，东部地区在技术和资本密集型行业相对表现出比较优势，中西部地区在资源密集型行业表现出比较优势。我国幅员辽阔，各地区要素禀赋差异很大，国内八大经济区域基本上发挥了自身的要素禀赋优势，形成了各自富裕要素形成的比较优势。总体来看，东部地区，包括京津区域、北部沿海区域、东部沿海区域、南部沿海区域，在技术和资本要素方面有较强的比较优势，继而在技术和资本密集型行业形成了区域竞争力；中西部地区，包括东北区域、中部区域、西北区域、西南区域，拥有丰富的自然资源，在资源密集型行业形成了较强的竞争力。

下面以东部沿海区域作为东部地区的代表，以西北区域作为中西部地区的代表，分别通过比较两个区域的国内 RCA 指数、国际 RCA 指数，来分析两个区域在国内市场、国际市场的竞争力差异。

东部沿海区域和西北区域的国内 RCA 指数比较图如图 7-9 所示，两个区域在国内的行业竞争力几乎是相反的。以 2012 年为例，除其他制造业外，东部沿海区域最具比较优势的行业是电气机械及电子通信设备制造业，最具比较劣势的行业是采选业；而西北区域正好相反，西北地区最具比较优势的行业是采选业，最具比较劣势的行业是电气机械及电子通信设备制造业。这基本上体现了东部沿海区域和西北区域的要素禀赋差异，在国内八大经济区域中，东部沿海区域是技术要素最富裕的地区，而西北地区是自然资源最富裕的地区，电气机械及电子通信设备制造业是技术密集型行业的代表，而采选业则是自然资源密集型行业的代表。从其他行业的情况来看，一些技术和资本密集型行业，如机械工业、交通运输设备制造业、造纸印刷及文教体育用品制造业等，在东部沿海区域是比较优势行业，而在西北区域是比较劣势行业；一些资源密集型行业，如电力、热力、燃气及水生产和供应业、金属品冶炼及制品业等，在东部沿海区域是比较劣势行业，而在西北区域是比较优势行业。

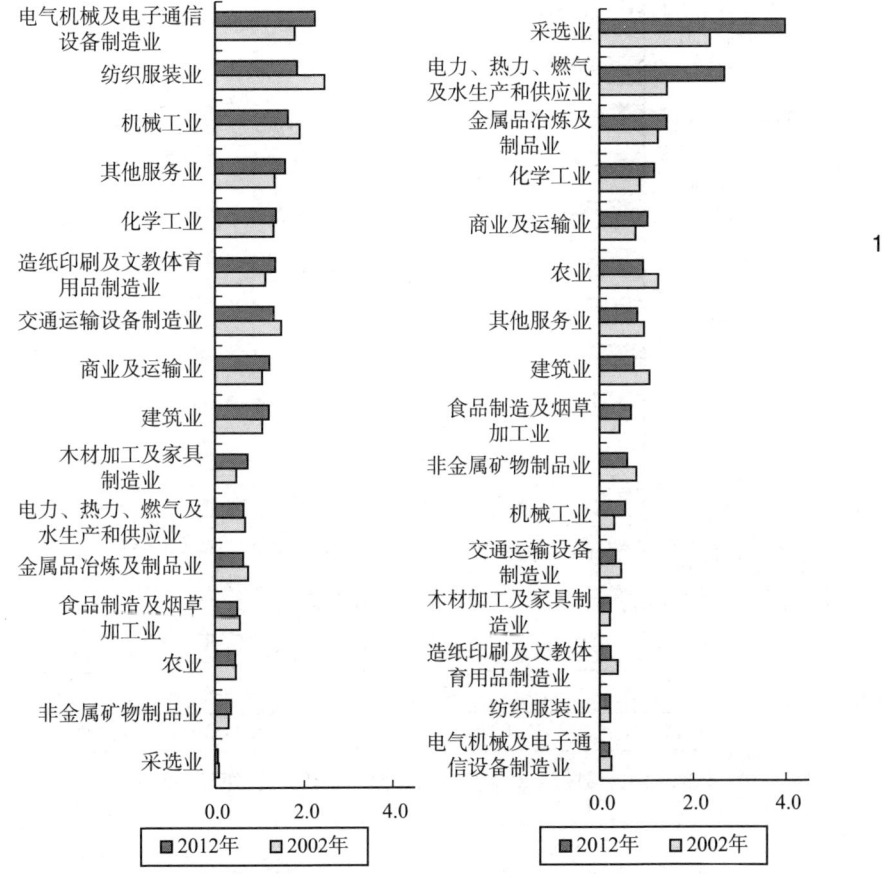

图 7-9 东部沿海区域国内 RCA 指数（左图）与西北区域国内 RCA 指数（右图）

资料来源：作者绘制。

东部沿海区域和西北区域的国际 RCA 指数比较图如图 7-10 所示。与国内 RCA 指数的表现很相似，两个区域在世界市场上的行业竞争力也基本上是相反的。东部沿海区域在纺织服装业、木材加工及家具制造业、电气机械及电子通信设备制造业、机械工业等表现出比较优势的行业，在西北区域都是比较劣势行业；西北区域在采选业、食品制造及烟草加工业、农业、电力、热力、燃气及水生产和供应业等表现为比较优势的行业，在东部沿海区域则是比较劣势行业。

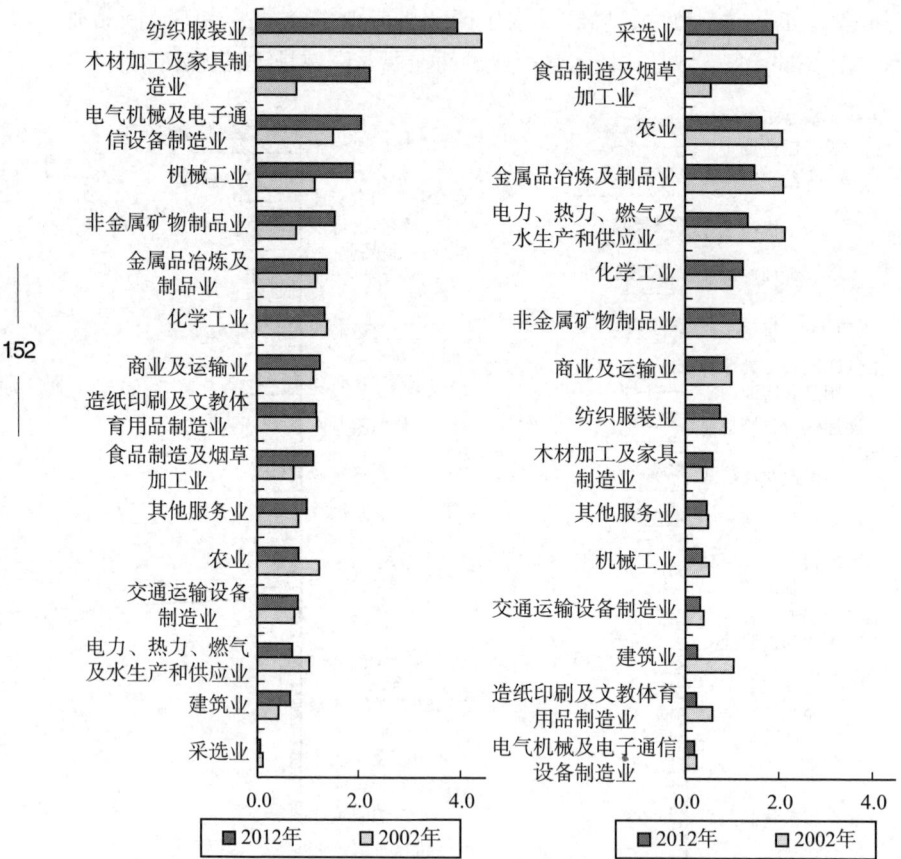

图 7-10　东部沿海区域国际 RCA 指数（左图）与西北区域国际 RCA 指数（右图）
资料来源：作者绘制。

总体来看，我国东部地区和中西部地区在要素禀赋方面存在较大差异，因而在行业比较优势和竞争力方面也形成了互补互助的局面，这有利于国内各区域形成良好的价值链分工合作关系。

7.3 国内省区市价值链参与度情况

本部分分析我国国内 30 个省区市 21 个部门的价值链参与度情况，包括全球价值链以及国内省内价值链和省际价值链的前向参与度、后向参与度，测算的基础是 2010 年、2012 年 EMIIOT – 30。在测算出两个年度价值链参与度的基础上，本书计算了两个年度不同类型价值链参与度的算术平均值，以便于从总体上分析我国各省区市参与国内价值链、参与全球价值链的情况。另外，由于我国东部地区省份和中西部地区省份在价值链参与度上各自有一些共同特征，因此，在下面的特征性事实描述中，本书区分了东部地区、中西部地区两大类地区进行比较和分析①。

第一，从总体上看，我国参与三种类型价值链的程度存在较大差异，30 个省区市参与省内价值链程度最高，其次是省际价值链，参与全球价值链的程度最低，并且各个省区市在价值链参与度上也表现出较大差异。

从前向参与度分析，我国省内价值链前向参与度加权均值为 70.76%，而省际价值链和全球价值链的前向参与度加权均值仅分别为 19.57%、9.67%。这说明各省区市生产要素创造的增加值主要供本省区市自身使用，流转到国内其他省区市和出口到国外的增加值相对份额要小。不过，各省区市价值链前向参与度之间还是有较大差异的。省内价值链前向参与度较高的省份如湖北、四川、湖南等，其前向参与度数值分别达到 84.15%、82.89%、78.62%，这些省份生产要素创造的增加值主要用于生产本省的最终产品，省内生产加工环节相对较为完整，

---

① 东部地区包括 10 个省区市，分别是北京、天津、河北、山东、江苏、上海、浙江、福建、广东、海南，中西部地区包括 EMIIOT 表中的另外 20 个省区市。国内两大区域分类后，东部地区和中西部地区的经济规模相当。2012 年中国增加值规模为 8.42 万亿美元，其中，东部地区 4.34 万亿美元，占比为 51.5%；中西部地区 4.08 万亿美元，占比为 48.5%。

仅有少部分增加值参与了省际价值链分工和全球价值链分工。省内价值链前向参与度较低的省份如陕西、天津、内蒙古等，其前向参与度数值分别为56.06%、57.18%、57.73%，这些省份生产要素创造的增加值用于本省最终产品生产的份额相对较低，有很大一部分增加值以中间品形式流出到国内其他省份和外国。不同类型价值链参与度具体情况如表7-8所示。

表7-8　　　　　国内省区市价值链参与度情况　　　　　单位：%

省份	前向参与度 省内价值链	前向参与度 省际价值链	前向参与度 全球价值链	后向参与度 省内价值链	后向参与度 省际价值链	后向参与度 全球价值链
湖北	84.15	10.59	5.25	88.08	7.99	3.92
四川	82.89	12.60	4.51	84.12	11.14	4.74
湖南	78.62	17.25	4.13	81.48	13.84	4.68
山东	77.65	11.96	10.39	75.04	11.30	13.66
北京	77.40	17.19	5.41	56.09	27.61	16.30
云南	75.88	19.37	4.75	70.38	22.80	6.82
广西	75.20	20.38	4.43	74.82	16.12	9.07
福建	74.83	12.87	12.30	75.75	11.61	12.64
青海	73.44	22.88	3.68	77.90	18.25	3.84
甘肃	72.39	24.02	3.60	68.37	25.07	6.57
广东	71.31	11.07	17.62	63.66	14.80	21.54
重庆	71.16	22.74	6.10	67.83	25.37	6.81
辽宁	71.11	19.72	9.17	69.90	18.45	11.65
江西	71.00	22.42	6.58	76.44	16.79	6.77
浙江	70.89	13.13	15.97	62.66	23.04	14.30
河南	70.67	24.61	4.71	74.64	19.51	5.85
宁夏	70.30	23.77	5.93	66.02	28.41	5.57

续表

省份	前向参与度 省内价值链	前向参与度 省际价值链	前向参与度 全球价值链	后向参与度 省内价值链	后向参与度 省际价值链	后向参与度 全球价值链
贵州	69.51	25.04	5.45	74.16	21.42	4.42
江苏	69.07	15.79	15.14	63.29	19.28	17.44
安徽	68.02	26.52	5.46	58.73	33.06	8.21
海南	67.16	27.81	5.03	65.91	24.10	9.99
新疆	66.93	28.45	4.62	70.66	25.06	4.28
吉林	66.65	29.69	3.66	66.56	24.63	8.81
上海	64.61	19.69	15.69	47.64	22.86	29.50
黑龙江	62.37	31.87	5.77	71.48	20.82	7.69
山西	61.67	29.73	8.60	73.93	19.64	6.43
河北	59.65	32.08	8.26	71.42	18.72	9.87
内蒙古	57.73	36.29	5.97	76.35	18.76	4.89
天津	57.18	29.98	12.85	56.32	22.49	21.19
陕西	56.06	37.46	6.48	63.23	30.51	6.26
全国加权均值	70.76	19.57	9.67	68.41	18.92	12.68
东部地区加权均值	70.36	16.26	13.38	64.17	18.30	17.52
中西部地区加权均值	71.21	23.20	5.60	73.75	19.61	6.64

注：①表格按第二列省内价值链前向参与度降序排列，不同类型参与度数值均为2010年和2012年的算数平均值。

②全国、东部地区和中西部地区加权均值所使用的权重，前向参与度为相应省区市的增加值份额，后向参与度为相应省区市的最终产品价值份额。

资料来源：作者测算。

我国各省区市价值链后向参与度的特征与前向参与度有类似之处。30个省区市的省内价值链后向参与度也是最高的，加权均值为68.41%；其次是省际价值链后向参与度，加权均值为18.92%；全球价值链后向参与度最低，加权均值为12.68%。这说明我国各省区市在生产最终产品过程中，其初始生产要素增加值主要来自省区市内部，有较少的部分来自其他省区市或者来自其他国家和地区。从东部地区与中西部地区的差异来看，中西部地区省区市基本占据了省内价值链后向参与度较高的位置，东部地区的省内价值链后向参与度则相对较低。例如，湖北、四川、湖南等中西部地区省份的省内价值链后向参与度分别达到88.08%、84.12%、81.48%；上海、北京、天津等东部地区省区市的省内价值链后向参与度则分别为47.64%、56.09%、56.32%。这意味着中西部地区省区市在生产最终产品时对本省区市生产要素的依赖度相对较高，东部地区在这方面则相对表现出稍低的依赖性。东部地区和中西部地区在全球价值链和省际价值链方面的差异，下文将做进一步分析。

第二，在全球价值链参与度方面，东部地区的全球价值链参与度要高于中西部地区。

从全球价值链前向参与度来看，东部地区的加权均值为13.38%，中西部地区的加权均值为5.60%，东部地区明显高出中西部地区。从全球价值链后向参与度来看，东部地区加权均值为17.52%，中西部地区加权均值为6.64%，东部地区也是明显高出中西部地区。

国内30个省区市全球价值链前向参与度按降序排序后，排名前七位的全部属于东部地区，其中，广东、浙江、上海的全球价值链前向参与度分别达到17.62%、15.97%、15.69%，而排名后九位的全部属于中西部地区，其中，甘肃、吉林、青海的全球价值链前向参与度都在4%以下，分别仅有3.60%、3.66%、3.68%。

国内30个省区市全球价值链后向参与度按降序排序后，中西部地区除辽宁排名第九外，其他中西部地区省份排名都位于东部地区省份之后。其中，东部地区的上海、广东、天津居前三位，全球价值链后向参与度都超过20%，分别达到29.50%、21.54%、21.19%；中西部地区的青海、湖北、新疆居后三位，全球价值链后向参与度分别仅有3.84%、3.92%、4.28%。全球价值链前向和后向参与度具体排序情况和数值分别如图7-11和表7-8所示。

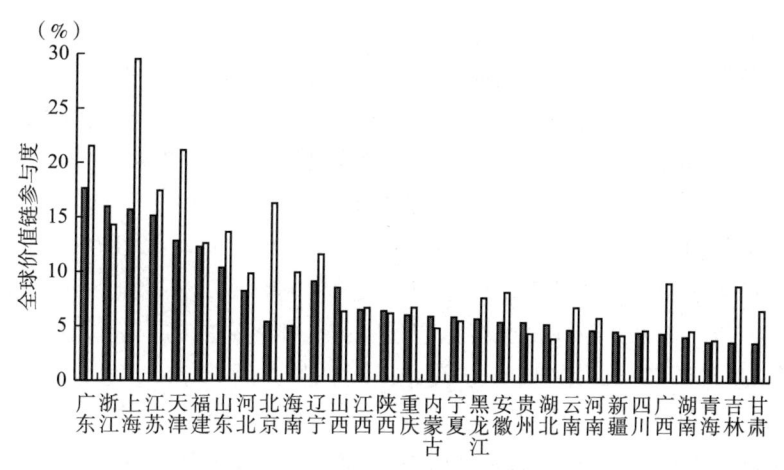

第7章 国内价值链发展与地区经济增长

图 7-11 国内省区市全球价值链参与度情况

注：①前向参与度用黑色柱状图表示，后向参与度用白色柱状图表示，参与度数值是 2010 年、2012 年两个年度的算数平均值。
②横轴省份排序方式为：东部地区省区市、中西部地区省区市分别按前向参与度的降序排列，左侧为东部地区省区市，右侧为中西部地区省区市。
资料来源：作者绘制。

上述分析表明，东部地区在参与全球价值链方面明显强于中西部地区。这包括两层含义：一是东部地区生产要素增加值采取前向参与全球价值链的程度较高，中间产品出口规模较大；二是东部地区生产最终产品采取后向参与全球价值链的程度也较高，中间产品进口规模也相对较大。应该说，东部地区、中西部地区在全球价值链参与度方面的这种差异，与很多因素有关，既有东部地区、中西部地区地理位置不同所引发的差异，也有我国对外开放政策渐进式展开的原因。东部地区由于地理位置优越，享受对外开放政策红利较早而且较多，因而参与全球价值链的程度相对较深。

第三，在省际价值链参与度方面，中西部地区的省际价值链参与度要高于东部地区。

省际价值链参与度的表现情况与全球价值链参与度有所不同。东部地区省际价值链前向参与度的加权均值为 16.26%，中西部地区的省际价值链前向参与度的加权均值为 23.20%，中西部地区要高出东部地区。东部地区省际价值链后向参与度的加权均值为 18.30%，中西部地区省际价值链后向参与度的加权均值为 19.61%，中西部地区也要高出东部地区。

各省区市省际价值链前向参与度按降序排序后，中西部地区省份大多数排名靠前，东部地区省份大多数则排名靠后。中西部地区的陕西、内蒙古、黑龙江省际价值链前向参与度均超过30%，分别达到37.46%、36.29%、31.87%；而东部地区的广东、山东、福建等省份的省际价值链前向参与度仅分别为11.07%、11.96%、12.87%。

各省区市省际价值链后向参与度按降序排序后，东部地区仅有北京市进入排名前八位，中西部地区省份占据了排名靠前的位置。其中，中西部地区的安徽、陕西、宁夏省际价值链后向参与度分别达到33.06%、30.51%、28.41%。相比之下，东部地区的山东、福建、广东省际价值链后向参与度仅分别为11.30%、11.61%、14.80%。省际价值链前向和后向参与度具体排序情况和数值分别如图7-12和表7-8所示。

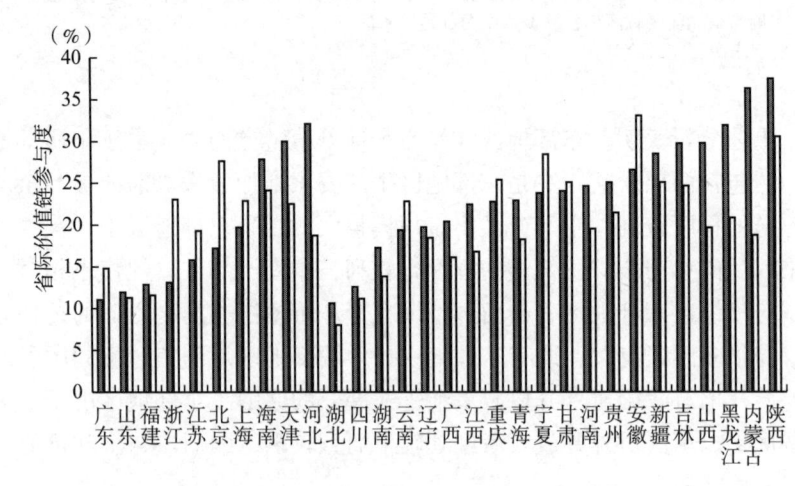

图7-12 国内省区市省际价值链参与度情况

注：①前向参与度用黑色柱状图表示，后向参与度用白色柱状图表示，参与度数值是2010年、2012年两个年度的算数平均值。
②横轴省份排序方式为：东部地区省区市、中西部地区省区市分别按前向参与度的升序排列，左侧为东部地区省区市，右侧为中西部地区省区市。
资料来源：作者绘制。

上述分析表明，我国各省区市在参与省际价值链方面，中西部省区市的参与强度高于东部省区市。其基本含义也包括两方面：一方面，中西部省区市通过前向参与方式参与省际价值链程度相对较高，其中间品流出到其他省区市规模相对较大；另一方面，中西部省区市通过后向参与方式参与省际价值链程度也较高，其国内中间品流入规模也相对较大。与东部省区市比较来看，东部省区市参与全球价值链程度相对较高，中西部省区市参与省际价值链程度相对较高。

7.4 融入国内价值链分工与地区经济增长

前文分析了国内八大经济区域和国内 30 个省区市在参与不同类型价值链分工方面的特征，以及东部地区和中西部地区表现出的差异性，下文对融入国内价值链和全球价值链分工影响地区经济增长问题进行分析和检验。

7.4.1 融入价值链分工影响经济增长的机理分析

价值链的本质即生产分工，而关于生产分工促进经济发展的分析可以追溯到 18 世纪的古典经济学。根据古典经济学的观点，专业化分工有助于提高劳动生产率，各个国家根据各自比较优势从事专业化生产并进行交换可以增加经济总量。传统的产业间分工虽然已发展为当代的产业内分工和产品内分工，不同国家或地区仅分工从事各种产品的特定生产环节，但依据比较优势所形成的不同生产环节的专业化分工，同样可以通过提高劳动生产率和改善资源配置效果促进经济增长。根据新古典经济增长理论，经济增长来源于要素生产率的提高和要素数量的增加，即包含技术进步的生产函数 $Y = AF(K, L)$，其中，Y 代表产出，A 代表生产技术，K 代表资本，L 代表劳动力。在劳动力投入规模不变的条件下，融入价值链进行专业化生产可以通过改善生产技术和资本积累进而促进经济增长。

第一，参与价值链分工，能够改善生产技术水平，从而有助于经济增长。价值链分工中的一个明显优势是技术外溢，无论是全球价值链，还是国内价值链，价值链条上参与企业的技术水平各不相同，技术领先企业依靠自身研发活动占据高技术分工环节，技术相对落后的企业通过参与全球价值链或国内价值链，能够与技术领先企业密切合作，从技术领先企业中学习、模仿，获得技术溢出收益。融入价值链生产体系反映了劳动分工的精细化和特定生产环节或"任务"的专业化（Task Specialization），如此精细的专业化分工能够促使企业更加充分地发挥各自的比较优势，从而获得技术溢出收益、促进劳动生产率的提高（Baldwin et al., 2014）。因此，积极参与价值链分工的国家和地区可以通过提高生产技术水平改善其经济增长。

第二，参与价值链分工，能够改善资本积累，从而有助于经济增长。随着全球经济一体化的深入，全球范围内的产品内分工得到迅速发展。产品内分工导致产品的生产工序实现专业化，由于每个企业只专注产品生产的某一工序，生产要素得到集聚，资源实现优化配置。同时每个企业需向市场提供特定产品，市场得到扩大，因此企业会扩大生产规模进行生产。在特定规模下，产量的增加引致平均成本下降，从而实现规模效应。随着经济体融入价值链并生产产品，资本得到积累。由稻田条件可知，资本的边际产出为正但是边际产出呈现出递减趋势。当经济处于储蓄大于投资阶段，产出会不断增加，资本会不断积累。根据新古典经济增长理论可知，资本的积累可以实现经济增长，即融入价值链生产体系可以通过资本积累促进经济增长。

7.4.2 模型构建与变量解释

由于国内八大经济区域的样本量相对较少，本书采用我国30个省区市的行业变量，设计如下计量模型，对我国融入国内价值链和全球价值链影响经济增长进行检验和分析：

$$\ln Y_{ij} = \beta_1 \cdot \ln RVC_{ij} + \beta_2 \cdot \ln GVC_{ij} + \beta_k \cdot \sum_k \ln X_{ijk} + \varepsilon_{ij} \quad (7-13)$$

其中，Y代表经济增长变量，RVC代表参与国内价值链的程度，GVC代表参与全球价值链的程度，X代表控制变量，i代表各省区市，j代表部门，ε是随机误差项。模型对所有变量均取自然对数，以尽量减少异方差的影响。

经济增长是模型的被解释变量，其代理变量使用部门增加值的变化规模，即30个省区市2012年分部门的增加值与2010年相比的增长规模。因为有个别部门的增加值出现负增长，本书采取数据平移法，对部门增加值变化的最小值取绝对值,加到所有的增加值变化规模上,该处理方式并不会改变部门增加值变化规模的大小顺序,而且还尽可能地减少了样本损失问题。

参与国内价值链的程度、参与全球价值链的程度是模型的两个核心解释变量,参与国内价值链程度的代理变量选取省际价值链前向参与度、省际价值链后向参与度两个变量的算术均值,参与全球价值链程度的代理变量选取全球价值链前向参与度、全球价值链后向参与度两个变量的算术均值。省际价值链参与度、全球价值链参与度均选用2010年的数据,目的是避免内生性问题,即经济增长对参与价值链分工的反作用。以上数据来源于本书前文的计算结果。

为了更准确地分析各省区市融入国内价值链和全球价值链对经济增长的影响,本书选取了控制变量,包括行业资本要素密集度控制变量(KL)、外资开放度控制变量(OPEN)、固定资产投资规模控制变量(INVEST)以及地区基础设施水平控制变量(INFRAS)。

资本要素密集度控制变量。各行业由于生产函数性质不同,在资本密集度方面表现出较大的异质性。不同地区由于要素禀赋存在差异,即便是面对同一个行业,其资本要素密集性质也存在异质性。在其他条件相同的情况下,较高的资本劳动比例有助于提高劳动生产率,从而有助于提高行业增加值和经济增长。因此,本书引入资本要素密集度作为控制变量,用各省区市不同行业的资本—劳动要素投入比例作为代理变量,资本和劳动投入原始数据分别使用分省分行业规模以上工业企业资产总计和平均用工人数,数据来源于EPS中国工业经济数据库。

外资开放度控制变量。外商直接投资流入对我国经济增长起到了较大的推动作用,外商直接投资一方面为我国带来了稀缺的资本,另一方面也带来了先进技术和经营管理理念,产生了一定的技术外溢效应(赖明勇等,2005;陈继勇等,2008)。由于各省区市在经济发展基础、劳动力技能、地理位置以及地方政府吸引外资政策等方面存在一定差异,不同地区不同行业吸引外商直接投资的程度是不同的。为了控制外资流入地区和行业差异对经济增长的影响,本书引入外资开放度作为控制变量,用港澳台资本和外商资本之和在总实收资本中的比例作为代理变量。各省各行业规模以上工业企业实收资本、港澳台资本、外商资本原始数据来源于EPS中国工业经济数据库。

固定资产投资控制变量。由新古典经济增长理论可知，资本、劳动、技术等生产要素投入的增加会导致产出的增加，也就是经济增长。这是由于产品的生产需要生产要素作为基础，更多的生产要素使企业有更多的资源进行产品生产。固定资产投资不仅会影响资本积累，也会影响全要素生产率（宋丽智，2011），从而对经济增长产生影响。因此，本书引入固定资产投资作为控制变量，使用分省分行业固定资产投资规模为代理变量，数据来源于 EPS 中国固定资产投资数据库。

地区基础设施水平控制变量。地区基础设施是否完善对经济增长产生重要影响。拥有更完善的基础设施可以减少产品的运输成本、交易成本，提高经济的运行效率。当今经济运行的本质是生产分工，产品内贸易愈发盛行，完善的基础设施可以提升产品的生产效率以及分工的管理效率。因此，基础设施的完善有利于通过分工途径来促进经济的增长，本书使用分省公路里程变量作为基础设施水平的代理变量，数据来源于 EPS 中国宏观经济数据库。

上述控制变量数据来源于 EPS 数据库，该数据库在农业、建筑业、服务业缺失数据，因此，实证检验中剔除相应行业，保留了制造业 13 个细分行业，以及采选业和电力、热力、燃气及水生产和供应业，共 15 个行业。EPS 数据库行业分类与 EMIIOT 行业分类的对应关系如第 4 章表 4-4 所示。

7.4.3 全样本及分地区样本基准回归检验结果及其解释

本部分既采用我国 30 个省区市的全样本进行了实证检验，也考虑到前文关于东部省区市、中西部省区市在参与国内价值链、全球价值链方面的特征性差异，对东部地区、中西部地区进行了分样本检验。模型采用稳健标准误方法，利用最小二乘法进行截面数据回归。检验结果如表 7-9 所示。

表 7-9 首先列示了全样本的检验结果，后两列分别显示了东部地区、中西部地区的分样本检验结果。从全样本结果分析，我国各省区市参与国内价值链分工显著促进了经济增长，显著性水平为 1%；我国各省区市参与全球价值链分工也显著促进了经济增长，显著性水平也达到 1%，而且参与全球价值链的回归系数还大于参与国内价值链的回归系

数,说明参与全球价值链对经济增长的促进作用要大于参与国内价值链的促进作用。

表7-9　　　　　　　全样本及分地区样本回归结果

模型	模型1-全国	模型2-东部地区	模型3-中西部地区
RVC	1.472 *** (0.446)	2.298 ** (0.995)	1.353 *** (0.344)
GVC	2.920 *** (0.486)	2.733 *** (0.789)	0.842 * (0.485)
KL	0.337 *** (0.0378)	0.485 *** (0.0732)	0.153 *** (0.0461)
OPEN	0.0993 *** (0.0246)	0.266 *** (0.0859)	0.0219 (0.0161)
INVEST	-0.0397 * (0.0233)	-0.125 *** (0.0336)	0.0185 (0.0234)
INFRAS	0.667 *** (0.0172)	0.663 *** (0.0293)	0.707 *** (0.0167)
观测值数量	412	147	265
行业数	15	15	15
R^2	0.997	0.996	0.998

注:括号里数值是稳健标准误。稳健标准误显著性水平置信区间: *** $p<0.01$, ** $p<0.05$, * $p<0.1$。

资料来源:作者测算及整理。

在我国国内改革开放政策的推动下,国内市场经济建设稳步开展,市场配置资源的功能在我国各省区市得到强化。依据市场竞争机制,各省区市根据自身的比较优势,积极参与国内价值链分工、全球价值链分工,资源配置得到优化,技术水平逐渐提高,有效促进了经济增长。无论是全球价值链分工,还是国内价值链分工,都为技术相对落后的企业提供了一个机会,那就是在价值链分工中与技术相对领先的企业进行合作。技术相对领先企业拥有的先进技术、知识及管理经验、生产诀窍等,不仅会外溢给价值链上的参与企业,也会外溢给价值链外的其他企业。技术落后企业通过学习、模仿以及"干中学"效应，不断从技术领先企业吸收新技术、新经验，这有利于参与价值链企业整体技术水平的提升，从而会对经济增长起到较大的促进作用。比较而言，全球价值链上发达国家和地区的跨国公司拥有相对更为先进的技术和经营管理经验，对我国参与全球价值链的企业来说，有可能获得更高水平的技术外溢，因此，我国各省区市参与全球价值链比参与国内价值链有机会在更大程度上促进经济增长。

全样本控制变量的检验效果基本符合预期，资本要素密集度与经济增长显著正相关，显著性水平达到1%，外资开放度也在1%的显著性水平上促进了经济增长。同样，地区基础设施水平也显著促进了经济增长，显著性水平也达到1%。只有固定资产投资规模的检验效果与预期相反，但显著性很弱。这与我国固定资产投资效率偏低的问题有关，由于我国的固定资产投资规模基数已经较高，因此投资拉动经济增长的效果逐渐减弱，这也是我国近年来要求新旧动能转换、提高投资效率的重要原因。

东部地区、中西部地区分样本的检验结果显示，两大地区参与国内价值链、参与全球价值链都能显著促进经济增长。比较而言，东部地区参与国内价值链、参与全球价值链的回归系数相对大小与全样本检验结果是一致的，即东部地区参与全球价值链对经济增长的促进作用要大于参与国内价值链。中西部地区参与国内价值链、全球价值链的回归系数相对大小，其方向与全样本检验结果不一致，中西部地区参与国内价值链对经济增长的促进作用要相对更大。

前述关于东部地区、中西部地区参与国内价值链、全球价值链的特征性事实描述分析已经表明，东部地区省区市参与全球价值链的程度相对更高，而中西部地区省区市参与国内价值链的程度相对更高。东部地区地理位置优越，对外开放程度相对更高，劳动力，尤其是人力资本也相对集中于东部地区，因此，东部地区在参与全球价值链分工方面明显强于中西部地区，在参与全球价值链分工带来的技术溢出和资本积累效果的推动下，经济得以快速增长。中西部地区参与国内价值链程度相对较高，通过省际价值链与东部地区省区市相连，从东部地区先进企业中也能够获得技术溢出和资本积累效果，继而促进经济增长。但中西部地区由于参与全球价值链程度相对较低，参与全球价值链对经济增长的拉动作用相对要低于参与国内价值链。

7.4.4 稳健性检验

下面分别采取加权最小二乘法回归处理异方差、添加交互项考察国内价值链与全球价值链的联动效应，以及替换解释变量和通过缩尾、截尾处理异常值等几种方式进行稳健性检验。

1. 处理异方差稳健性检验

由于截面数据易出现异方差问题，而异方差将导致最小二乘法的效率降低。故首先对上述回归进行异方差检验。使用怀特检验得到的 P 值为 0.0000，强烈拒绝原假设，故存在异方差。为消除异方差，现进行加权最小二乘法回归进行稳健性检验。检验结果如表 7-10 所示。

表 7-10　　　　　　加权最小二乘法回归结果

模型	模型 4 - 全国	模型 5 - 东部地区	模型 6 - 中西部地区
RVC	1.495 *** (0.435)	2.289 ** (0.890)	1.314 *** (0.408)
GVC	3.367 *** (0.506)	3.769 *** (0.882)	1.051 ** (0.458)
KL	0.271 *** (0.0351)	0.478 *** (0.0700)	0.0889 ** (0.0375)
OPEN	0.0563 ** (0.0218)	0.300 *** (0.0606)	-0.00374 (0.0178)
INVEST	0.0221 (0.0212)	-0.0643 (0.0412)	0.0541 *** (0.0190)
INFRAS	0.645 *** (0.0159)	0.618 *** (0.0335)	0.706 *** (0.0156)
观测值数量	412	147	265
行业数	15	15	15
R^2	0.997	0.996	0.998

注：括号里数值是标准误。标准误显著性水平置信区间：*** $p<0.01$，** $p<0.05$，* $p<0.1$。

资料来源：作者测算及整理。

使用加权最小二乘法回归得到的结果与上述使用最小二乘法回归得到的结果基本一致，无论是全球价值链融入程度还是国内价值链融入程度都正向促进了经济增长。全国30个省区市与东部地区的解释变量系数表明融入全球价值链相较于融入国内价值链更能促进经济的增长，中西部地区的解释变量系数表明融入国内价值链相较于融入全球价值链更能促进经济的增长。

2. 添加交互项稳健性检验

由于融入国内价值链与融入全球价值链之间相互影响并存在联动效应，融入国内价值链对经济增长的促进作用受融入全球价值链的影响，反过来说，融入全球价值链对经济增长的促进作用也受融入国内价值链的影响。因此，下面加入国内价值链融入程度与全球价值链融入程度的交互项，分析融入国内价值链和融入全球价值链是如何相互影响对经济增长的促进作用的。由于篇幅限制，以下稳健性检验只针对全样本回归，不再分地区样本，检验结果如表7-11所示。

表7-11　　　　　　替换、处理数据回归结果

模型	模型7-添加交互项	模型8-换解释变量	模型9-1%、99%缩尾	模型10-1%、99%截尾
RVC	5.081 *** (0.793)	2.774 *** (0.421)	1.327 *** (0.426)	0.908 ** (0.448)
GVC	8.768 *** (1.332)	2.916 *** (0.487)	2.965 *** (0.470)	3.223 *** (0.509)
RVC·GVC	-33.23 *** (7.058)			
KL	0.325 *** (0.0375)	0.268 *** (0.0376)	0.347 *** (0.0388)	0.355 *** (0.0452)
OPEN	0.0998 *** (0.0243)	0.114 *** (0.0243)	0.0939 *** (0.0224)	0.0765 *** (0.0234)
INVEST	-0.0320 (0.0224)	-0.0329 (0.0214)	-0.0376 (0.0230)	-0.0267 (0.0240)

续表

模型	模型7 – 添加交互项	模型8 – 换解释变量	模型9 – 1%、99%缩尾	模型10 – 1%、99%截尾
INFRAS	0.614 *** (0.0194)	0.668 *** (0.0163)	0.663 *** (0.0171)	0.656 *** (0.0185)
观测值数量	412	412	412	373
行业数	15	15	15	15
R^2	0.997	0.997	0.997	0.997

注：括号里数值是稳健标准误。稳健标准误显著性水平置信区间：*** $p<0.01$，** $p<0.05$，* $p<0.1$。
资料来源：作者测算及整理。

由表7-11添加交互项（RVC·GVC）后的检验结果看，国内价值链融入程度和全球价值链融入程度继续保持了与经济增长的正相关关系，且全球价值链融入程度的回归系数大于国内价值链的回归系数。这说明融入国内价值链与融入全球价值链都能促进经济的增长，并且融入全球价值链比融入国内价值链的促进作用相对更大，从而表明了前述检验结果的稳健性。全球价值链融入程度与国内价值链融入程度交互项的系数为负，表明了在促进经济增长方面，二者存在一定的替代关系。融入国内价值链对经济增长的边际促进作用随着融入全球价值链的增大而下降，同样，融入全球价值链对经济增长的边际促进作用也随着融入国内价值链的增大而下降。

3. 替换、处理数据稳健性检验

替换解释变量是对两个核心解释变量选择新的代理变量，参与国内价值链的程度、参与全球价值链的程度都采用2010年、2012年两个年度的算术均值。处理数据分别采用缩尾和截尾方法剔除异常值，数据缩尾和截尾的标准是1%、99%分位数。检验结果如表7-11所示。

在替换解释变量之后，我国参与国内价值链、参与全球价值链对经济增长的促进效果没有发生改变。缩尾和截尾检验的结果也显示，我国各省区市参与国内价值链、参与全球价值链促进经济增长的效果与前述检验效果一致。因此，我国各省区市参与国内价值链、参与全球价值链促进经济增长的作用是稳健的。

7.5 本章小结

本章主要探讨了国内价值链发展的基本情况，在构建价值链参与度指标体系的基础上，测算并分析了国内经济区域及各省区市国内价值链和全球价值链的参与度，分析了国内价值链的广度、深度、匹配度以及各经济区域在国内和国际上的竞争力，检验了融入国内价值链对地区经济增长的促进作用。

从国内经济区域来看，伴随着国内各种区域发展政策的不断推进，国内价值链参与度在近几年有所上升，尤其是区际价值链参与度的上升势头更为明显，国内价值链分工联系不断增强。相应地，国内价值链的广度表现出上升趋势，中西部地区国内价值链广度上升幅度相对更大；国内价值链深度也有所加强，国内价值链分工的生产长度和增加值流转额都在增加。国内各区域要素禀赋存在很大差异，东部地区在技术和资本要素方面具有较强优势，而中西部地区的自然资源丰富，国内价值链依托各区域的富裕要素得到了充分发展，国内价值链的匹配度较好，以要素禀赋优势形成的各区域在国内和国际上的竞争力也在不断加强。

从国内各省区市来看，我国各省区市在产业发展上表现出了较强的经济自立能力，每个省区市的生产活动均大量使用了各自省区市内部的原材料、中间产品以及相应的商业服务、交通运输和物流等服务资源，省内价值链在国内各省区市价值链中占据非常重要的地位。在融入全球价值链和国内价值链方面，东部省区市和西部省区市存在一定的差异。东部省区市对外开放活动的规模相对较大，程度也相对较深，因而相对更多地融入了全球价值链分工之中。西部省区市存在一定的地理区位劣势，对外开放程度受到了一定影响，更多地融入国内价值链分工之中。

从融入国内价值链和全球价值链对地区经济增长的促进作用来看，我国各地区通过参与国内价值链和全球价值链分工活动，对地区经济增长都起到了较好的促进作用。总体来看，我国各地区参与全球价值链分工对经济增长的促进作用，要大于参与国内价值链分工对经济增长的促进作用。区分东部省区市和西部省区市的情况来看，两大地区还是存在一定差异的。东部省区市参与全球价值链分工对经济增长的促进作用，比参与国内价值链相对要大；西部省区市则相反，西部省区市参与国内价值链对经济增长的促进作用，比参与全球价值链相对要大。这与两大地区的地理区位优势、资源禀赋特征、技术水平、对外开放水平等方面的差异都有一定的关系。

第8章　国内价值链优化升级

国内价值链与全球价值链虽然在理论上可以通过抽象方法分离开来，但在现实的价值链运行中，国内价值链与全球价值链是密切连接在一起的。越来越多的发展中国家认识到，通过参与全球价值链，与发达国家的先进企业和先进技术充分互动，是国内价值链优化升级的重要条件。本章对中国国内价值链优化升级问题进行分析，包括中国国内价值链优化升级的发展目标与实现机制，以及中国国内价值链优化升级的既往事实与经验检验等。

8.1　国内价值链优化升级的发展目标和实现机制

国内价值链与全球价值链密切相连，国内价值链优化升级最终会体现到全球价值链中的竞争力上来。我国国内价值链优化升级的发展目标是要向全球价值链的中高端不断迈进，提高我国在全球价值链中所获取的附加值，增强产业在全球价值链中的控制力和竞争力。我国市场空间广阔，不同区域要素禀赋互补，为国内价值链成长提供了良好的基础。在中国对外开放向纵深发展的背景下，有效利用进口价值链和国内价值链的互动机制，有助于国内价值链优化升级，并促进经济增长。

根据国内价值链优化升级的发展目标，本书从以下几方面阐述国内价值链优化升级的实现机制：一是改善进口价值链质量，加强与进口价值链上先进企业和先进技术的互动机制；二是培育高级生产要素，提高研发创新、生产制造及营销服务能力；三是优化区域发展战略，实现国内区域一体化；四是发展产业集群，提高产业集群的知识溢出能力和辐射能力。

国内价值链优化升级的发展目标和实现机制示意图如图 8-1 所示。下面分别对国内价值链优化升级的实现机制进行阐述。

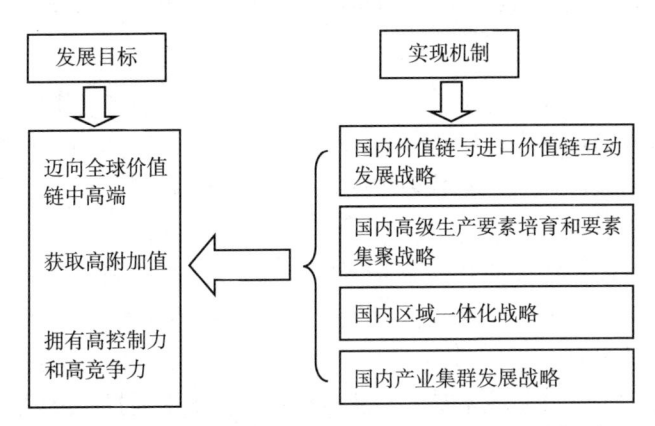

图 8-1　国内价值链优化升级的发展目标和实现机制

资料来源：作者绘制。

第一，改善进口价值链质量，加强与进口价值链上先进企业和先进技术的互动机制。

改善进口价值链质量能够显著促进国内价值链质量的提升，本书在第 6 章对此进行了理论分析和经验检验，并提出了进口价值链通过技术溢出效应和市场环境效应影响国内价值链的理论机制。关于国际贸易和经济增长的理论认为，各国的劳动生产率水平是相互影响的（Grossman & Helpman，1991），其影响渠道主要包括：①国际贸易使一国能够使用更多种类的中间产品和资本设备，从而提高该国资源的生产率。这些中间投入品既可以是相互补充的，也可以在质量上具有垂直性差异。②国际贸易提供了沟通和交流的渠道，使参与国际贸易的国家可以相互学习生产方法、产品设计、组织管理以及市场服务等，这既有助于提高国内资源的使用效率，也有助于调整产品组合，以获得更多的单位投入的增加值。③国际间的联系为一国模仿国外技术并将其调整为国内使用提供了机会。④国际贸易可以提高国家在开发新技术或模仿外国技术方面的能力，从而间接影响其整个经济的生产力水平。

科埃和赫尔普曼（Coe & Helpman，1995）通过在生产函数中引入中间投入品的方式阐述了国际间的技术溢出效应，其构造的生产函数基本形式为：

$$Y = D(\cdot) \quad (8-1)$$

其中，Y 代表制造业的产出水平，D 是关于中间投入品的线性齐次生产函数。

在中间投入品具有水平差异的情况下，$D = n^{\frac{1}{\sigma-1}}X$；在中间投入品具有垂直差异的情况下，$D = \lambda^1 X$。其中，n 代表中间投入品的种类；σ 代表中间品的替代弹性；λ^1 代表中间投入品的平均质量，λ>1；X 代表中间投入品的数量。

在从封闭经济转向开放经济、引入中间投入品的国际贸易之后，中间投入品的种类 n 和平均质量 λ^1 都是依赖于世界累积的 R&D，而不仅仅是本国的 R&D 水平。其他国家和地区的研发支出水平会通过中间投入品的国际贸易产生技术扩散，从而有助于提高中间投入品进口国的全要素生产率和产出水平。

全球价值链通过中间品的国际贸易把世界各国和地区连接起来，技术的可扩散性为发展中国家参与全球价值链并实现升级提供了机会，新技术的溢出效应使更多的企业和国家能够"蛙跳"到更先进的技术。然而，参与全球价值链，并不一定意味着能够实现国内价值链的升级。发展中国家难免有一种担心：国内价值链升级的前景有限，如果加入全球价值链，发展中国家的生产活动有可能被"锁定"在全球生产系统中增加值较低的部分，也就是出现"模块化陷阱"（Modularity Trap, Chesbrough & Kusunoki, 2001）、"低端锁定陷阱"等问题，发展中国家的廉价劳动力优势也有可能被技术革命所带来的自动化和数字化所替代。

因此，从发展中国家国内价值链升级的角度来说，至少有两个问题是至关重要的：一是在国际生产网络中"与谁相连"（to whom to be connected, Inomata & Taglioni, 2019），二是自身能力的提升。

与全球价值链上的先进企业和关键参与者相连的重要性已经被网络理论分析（Network Theory）所证实。克里斯库洛和蒂米斯（Criscuolo & Timmis, 2017）将网络理论应用于考察外国同行对企业全要素生产率的影响，研究了企业绩效与全球价值链中企业经营地位的关系。企业在全球价值链中的地位由两个因素决定：一是网络中心性，这代表特定企业与网络中其他参与者的相互联系；二是买方/卖方的加权平均生产率，这表明企业同行的相对重要性。对于生产率较低或规模较小的企业来说，在与生产网络中的关键参与者建立联系时，其生产率的提高比其他企业更快。这一发现与桑托尼和塔格里奥尼（Santoni & Taglioni，2015）、中野等（Nakano et al.，2018）的研究成果是一致的。

与全球价值链上的先进企业和先进技术相连并加强互动的效果，也存在一些案例研究的支撑。中国摩托车行业向越南的价值链迁移是一个反面的案例，与之相对照，中国智能手机的价值链升级则是一个成功的案例。

藤田（Fujita，2018）介绍了中国大陆摩托车行业向越南的价值链迁移（Value Chain Migration）案例。在中国大陆企业进入越南之前，越南的摩托车行业一直由少数日本和中国台湾地区投资的制造商主导，这些制造商生产的复杂但昂贵的车型远远超出了大多数人的承受能力。在这种背景下，面对国内市场饱和的消费需求，中国大陆企业认为越南这个只有昂贵车型的低收入国家是中国低价产品的一个有前途的出口地。

中国大陆企业进入越南摩托车行业始于大量整车出口。然而，2002年，越南政府开始实施限制进口组装车辆的贸易保护措施，提高了当地含量要求。因此，中国大陆企业进入越南市场的模式从整车出口转向零部件出口，又转向对越南直接投资，形成了中国大陆摩托车行业全球价值链服务越南低端市场的新形式。由于低价摩托车主要迎合农村区域的消费者，中资零部件供应商与越南组装商合作，注重发挥当地合作伙伴的竞争优势，即对当地需求状况的了解以及与越南各地经销商处理关系的能力。

这些由中国大陆零部件供应商和越南组装商组成的团队确实取得过几年良好的业绩，这一价值链转移战略也为中国小型企业摆脱国内激烈竞争提供了一条捷径，但是这种服务当地低端市场的发展方式缺乏可持续性。事实上，随着越南收入水平的迅速增长，到20世纪10年代初，越南的低价摩托车市场几乎消失，这一市场仅存在了10年。中国大陆供应商和当地组装商的团队未能跟上产品开发的步伐，以满足消费者需求的变化，主要原因是中国大陆供应商及其合作伙伴均缺乏技术来升级产品。最终，整个市场由来自日本、中国台湾地区和意大利的5家外资制造商占据，合计占98%的份额，其中本田占63%（Fujita，2018）。

相对于中国大陆摩托车行业向越南价值链迁移这一最终失败的案例，中国智能手机行业价值链的升级却是非常成功的，这既与选择全球价值链中的合作伙伴有关，也与开发和提高自身能力有关，下面在第二个问题中进行阐述。

第二，培育高级生产要素，提高研发创新、生产制造及营销服务能力。

根据波特的竞争优势理论，生产要素依照在竞争优势中的重要性可以分为初级生产要素（Basic Factor）和高级生产要素（Advanced Factor）两类①。初级生产要素主要包括自然资源、气候、地理位置、非技术人工与半技术人工、融资等，这些初级生产要素或者是被动继承的，或者只需要简单的私人及社会投资就能拥有；高级生产要素主要包括通讯基础设施、尖端科技、高级技术人才、生产技术诀窍、管理经验等，高级生产要素通常是创造出来的，它需要先在人力和资本上大量而持续地投资。

随着知识和技术在生产中重要性的增强，人力资本作为高级生产要素的重要性已经日益显露出来。全球价值链中存在着一种"技术阶梯"（Humphrey，2004），全球价值链的不同生产环节对应着不同的技术层级，中高端的生产环节要求高级生产要素的高投入。我国欲掌控全球价值链的中高端或制高点、在全球价值链中获取更高的附加值，必须大力培育高级生产要素，提高我国企业的研发创新、生产制造、营销服务等各方面的能力。

按照比较优势原理，各国在国际分工中的地位是由其技术水平或相对劳动生产率决定的。而为了确保比较优势的存在，相对劳动生产率又决定了相对工资的变化范围。也就是说，一国在全球价值链中能够获取多少附加值，取决于其技术状况或劳动生产率水平。只有具备相对更丰富的高级生产要素，不断提高其劳动生产率水平，一国才能够在国际分工和全球价值链中获取相对更高的报酬或附加值。

在古典的 $2 \times 2 \times 1$ 模型中，假定本国在产品 1 上具有比较优势，外国在产品 2 上具有比较优势，那么，在产品 1 上，本国的价格低于外国；在产品 2 上，本国的价格高于外国，即：

---

① 迈克尔·波特：《国家竞争优势》，华夏出版社 2002 年版。

$$w \cdot a_{1L} < w^* \cdot a_{1L}^* \tag{8-2}$$

$$w \cdot a_{2L} > w^* \cdot a_{2L}^* \tag{8-3}$$

其中，w、w^* 分别表示本国和外国的工资水平；a_{iL}、a_{iL}^* 分别表示本国和外国生产产品 i 的单位劳动投入，$i=1,2$。

由此可以得出，相对劳动生产率决定相对工资的基本表达形式为：

$$\frac{a_{2L}^*}{a_{2L}} < \frac{w}{w^*} < \frac{a_{1L}^*}{a_{1L}} \tag{8-4}$$

在给定外国劳动生产率及其工资水平的条件下，本国只有提高自身劳动生产率水平（或降低生产产品的单位劳动投入），其工资水平才有机会得以提高。

更进一步地，在古典的比较优势模型中，比较优势决定了国际分工和贸易模式，而绝对优势决定了国家间的工资水平[1]。如果一国在两个产品上的劳动生产率水平都逊于贸易伙伴国，那么，该国只能获取低工资报酬。证明过程如下：

假定本国在两个产品上都是绝对劣势，但在产品 1 上具有比较优势，即 $a_{1L} > a_{1L}^*$，$a_{2L} > a_{2L}^*$，$a_{1L}/a_{2L} < a_{1L}^*/a_{2L}^*$。

令 p 表示自由贸易均衡时产品 1 的相对价格，由于本国出口产品 1，那么本国在自由贸易下的工资：$w = \dfrac{p}{a_{1L}}$

外国出口产品 2，那么外国在自由贸易下的工资：$w^* = \dfrac{1}{a_{2L}^*}$

由于贸易均衡时：$p < \dfrac{a_{1L}^*}{a_{2L}^*}$

$$w^* = \frac{1}{a_{2L}^*} > \frac{p}{a_{1L}^*} \tag{8-5}$$

根据 $a_{1L} > a_{1L}^*$，可得 $w = \dfrac{p}{a_{1L}} < \dfrac{p}{a_{1L}^*} < w^*$

因此，一国在国际分工中获取报酬的多少，根本上还是取决于劳动生产率水平。培育高级生产要素、改善技术水平、提高劳动生产率，是一国提高国际分工地位的必由之路。

---

[1] Feenstra R. C., *Advanced International Trade: Theory and Evidence* [M]. Oxfordshire: Princeton University Press, 2004.

在国际分工发展到产品分阶段生产，即在产品内分工或全球价值链分工情况下，相对劳动生产率与相对工资的关系依然是存在的。赫梅尔斯等（2001）假定最终产品生产要求两个阶段，第一阶段的产出 $Y_1(z)$ （$z\in[0,1]$）由劳动单独生产，只能用于生产最终产品；第二阶段使用第一阶段的产出 $Y_1(z)$ 和劳动共同生产出最终产品 $Y(z)$。令 $a_1(z)$ 和 $a_1^*(z)$（$z\in[0,1]$）分别表示本国和外国第一阶段的单位劳动投入，$a_2(z)$ 和 $a_2^*(z)$（$z\in[0,1]$）分别表示本国和外国第二阶段的单位劳动投入。那么，根据比较成本决定分工模式的原则，产品 z 采取本国生产第一阶段、外国生产第二阶段的条件是：

$$wa_1(z) + w^* a_2^*(z) < wa_1(z) + wa_2(z) \qquad (8-6)$$

$$wa_1(z) + w^* a_2^*(z) < w^* a_1^*(z) + wa_2(z) \qquad (8-7)$$

$$wa_1(z) + w^* a_2^*(z) < w^* a_1^*(z) + w^* a_2^*(z) \qquad (8-8)$$

显然，$\dfrac{a_2^*(z)}{a_2(z)} < \dfrac{w}{w^*} < \dfrac{a_1^*(z)}{a_1(z)}$ 仍然是以上三式同时满足的必要条件。

因此，我国要实现国内价值链优化升级，在全球价值链中获取更高的附加值、更高的控制力和竞争力，必须着重培育我国的高级生产要素、改善人力资本状况、提高劳动生产率，在技术创新、研发、制造及营销服务能力等各方面下功夫。

我国智能手机价值链升级是国内价值链与进口价值链良性互动、国内技术创新和营销能力提升相结合的成功案例。

丁和日置（Ding & Hioki, 2018）阐述了在过去的十多年里，中国手机行业是如何进行技术转移和价值链升级的。在 21 世纪初，中国的手机产业几乎没有升级的空间，只能在模块化生产条件下广泛地参与标准化产品，几乎没有能力修改产品特征，导致了国内市场同质手机产品的过度供给、强烈的价格竞争和有限的技术转移。然而，近年来，中国手机生产企业取得了显著的增长，在全球市场的出货量迅猛增加（具体数据详见表 8-1），华为、中兴、联想、小米、OPPO、vivo 等众多企业在全球智能手机市场上迅速取得了国际品牌地位。而且，中国手机生产企业在国内市场的地位也发生了重大变化。从 2010 年开始，中国手机产品在低价市场保持着绝对优势的同时，迅速在中价位产品中获得了市场份额，同时一些中国企业又进一步进入了高端市场。表 8-2 展示了 2014 年第四季度和 2015 年第三季度国产智能手机在中国市场的市场份额和竞争地位情况。

表 8－1　　　　　　　全球市场智能手机出货量　　　　　　单位：百万部

品牌	2012 年	2013 年	2014 年	2015 年	2016 年	2017 年	年均增长率（%）
三星	198	199	308	320	310	316	9.80
苹果	136	153	193	232	216	216	9.69
华为	31	52	75	108	139	153	37.62
OPPO	5	18	31	45	95	118	88.18
vivo	3	12	30	44	82	95	99.58
小米	7	19	65	73	58	92	67.39
LG	26	48	59	60	N/A	56	16.59
中兴	31	42	45	51	57	46	8.21
联想	23	45	N/A	45	50	39	11.14

注：N/A 表示缺失数据。
资料来源：根据丁和日置（2018）整理测算。

表 8－2　　　　　　本土品牌智能手机在中国市场的份额

市场类型	2014 年第四季度			2015 年第三季度		
	总的市场份额	本土品牌在高中低端市场的份额	本土品牌前三位的份额	总的市场份额	本土品牌在高中低端市场的份额	本土品牌前三位的份额
高端市场	16.0%	N/A	4.20%	13.5%	N/A	9.4%
中端市场	20.4%	76.5%	44.6%	24.8%	81.9%	58.8%
低端市场	63.6%	100%	45.4%	61.7%	100%	48.0%

注：高端、中端、低端市场分别对应的智能手机单价范围是高于 500 美元、250 美元～500 美元、低于 250 美元；N/A 表示缺失数据。
资料来源：根据丁和日置（2018）整理。

中国智能手机生产企业正在通过打造自己的品牌进行价值链升级，其主要成功经验表现在两个方面：一是积极参与全球技术生态系统（Global Technology Ecosystems），加强与关键技术供应商的联系与互动；二是注重吸纳和培育人才，不断提升自身研发设计和营销服务能力。

从积极参与全球技术生态系统来看，由于很多企业内部核心技术能力不足，我国企业还是依赖于全球可获得的知识密集型中间产品和技术。成功的中国智能手机企业并非全部在中国本土化生产，而是拥有真正的全球研发足迹，关键技术供应商主要包括来自发达国家的公司，例如谷歌（Google）、三星（Samsung）、高通（Qualcomm）、博通（Broad-com），以及领先的半导体公司安谋（ARM）和恩智浦（NXP）等。开放的硬件和软件平台为中国智能手机企业通过生产差异化产品打造自己的品牌创造了机会。例如，作为全球最大的 3G 和 4G 技术专利拥有者，高通公司采用了开放平台的方法，在开发新产品和与客户共同解决问题方面非常积极主动。这是因为，技术复杂性的增加需要平台供应商和手机制造商以及其他相关组件（放大器和天线等）供应商之间更密切的合作。向用户开放平台源代码降低了产品的模块性，提高了使高通公司能够为用户提供自主进行重大产品差异化的可能性。相比于联发科技（MediaTek）只开放 20% 的源代码，高通公司已经开放了大约 80% 的硬件驱动程序源代码。在某些情况下，高通公司甚至允许客户调整平台的设计参数（如射频规格）。同样，谷歌推出的安卓（Android）手机操作系统也拥有一个开放的技术架构，安卓操作系统实行免费授权，其源代码通过安卓开源项目（Android Open Source Project）发布，供所有人根据需要使用或修改。中国智能手机生产企业充分利用了这些开放的技术平台，与国际先进技术企业密切合作，为手机行业价值链升级奠定了良好的基础。

从人才培育和人才集聚战略来看，中国智能手机生产企业为我国其他行业企业树立了典范。以华为为例，2020 年，华为从事研究与开发的人员有 10.5 万多名，约占公司总人数的 53.4%；研发费用支出为人民币 1418.9 亿元，约占全年销售收入的 15.9%[①]。在这种每年将 10% 以上的销售收入投入研究与开发战略的支撑下，华为成为全球最大的专利持有企业之一。截至 2020 年底，华为在全球累计获得授权专利超过 10 万件，90% 以上专利为发明专利[②]。依托人才保障和研发创新，中国智能手机生产企业得以不断地提高自身的技术水平以及设计和营销能力。伴随着中国人均收入水平的提高，国内消费者需求发生了重要变化，众多的中端消费者（Midrange Consumers）开始从专注于成本和低

[①②] https://www.huawei.com/cn/about-huawei/corporate-information/research-development.

价，转向要求物有所值。社交通讯网络平台用户的增加，也进一步加剧了消费者对中高端手机产品的需求。面对国内消费者对更高质量、功能更强大、数据传输更好的手机产品日益增长的需求，中国手机生产企业紧紧抓住从功能手机到智能手机产品升级换代的重要机遇，通过提升自身的研发设计和营销服务能力，将营销战略从低价竞争转向"为中端而战"（Fight for the Middle, Brandt & Thun, 2010），从而成功地提升了自己在手机价值链中的地位。中国手机生产企业立足于中国市场，夺回了三星、苹果这些曾经的市场领导者的市场份额。到2017年，中国本土品牌已经占领了87%的国内市场。不仅如此，中国手机生产企业在国外市场也越来越成功。中国手机生产企业终于不再仅仅是为国际品牌提供低附加值、同质化加工组装服务的代名词，众多企业依托人才和创新，努力发展自己的品牌和市场能力，迈向了手机价值链的中高端。

第三，优化区域发展战略，实现国内区域一体化。

我国虽然早在20世纪90年代初就制订了社会主义市场经济体制的建设目标，明确了市场在资源配置中的决定性作用，但是过去计划经济体制遗留下来的按行政区划、行政部门和行政层次管理经济的观念和做法导致了一定程度上的国内市场分割问题。尤其是在省级行政层面上，政府政绩观念和财政分权体制等因素，仍然是导致地区保护和市场分割的重要力量。国内市场分割破坏了市场配置资源的环境，使得生产要素自由流动和企业优胜劣汰的竞争机制难以充分发挥作用。国内市场分割所形成的制度性交易成本虽然可以保护本地区低效率企业的生存，但是由于缺少来自其他地区高效率企业的竞争，因此弱化了本地区低效率企业提升技术水平和劳动生产率水平的动机，而且也失去了通过与其他地区高效率企业交往中可能获得的技术外溢及"干中学"效应。在国内存在地区保护和市场分割的情况下，地区间的产品流动、要素流动以及行业关联都受到一定程度的阻碍，企业生产率提升也受到抑制，这些因素都不利于国内价值链的优化升级。

我国为了破除地方保护、市场分割以及地区发展不平衡问题，采取了一系列积极措施推进国内区域一体化。消除地方行政保护，减少地区间交易障碍，推进区际资源整合，优化地区发展布局，"西部开发""东北振兴""中部崛起""东部率先"等一系列区域发展战略相继推进，有效减弱了国内市场分割问题，国内区域一体化程度得以逐步提高。改善国内区域一体化状况对于国内价值链优化升级，以及提升我国在全球价值链中的竞争力和控制力具有积极意义。国内区域一体化的过程实际上就是消除国内市场分割、发挥市场配置国内资源决定性作用的过程。首先，国内区域一体化消除地方保护，有助于充分发挥市场竞争机制配置资源的作用。脱离了地方行政的保护伞，原来的在位企业必须消除曾经的惰性，主动提高劳动生产率以应对来自其他地区的竞争者，通畅的企业进入退出机制、强化的竞争态势也会刺激新技术的研发应用，从而有助于企业降低成本、提高收益、强化竞争能力和市场地位。然后，国内区域一体化能够带来更广阔的国内市场，有利于实现规模经济利益。如果消除了地区保护和市场分割，国内连成统一的大市场，具备规模经济特征的行业和企业就能够享受更大规模市场引致的成本下降，市场竞争力就会进一步得到增强。最后，国内区域一体化有助于加强生产要素在全国范围内的自由流动。在破除了劳动力、资本、技术等生产要素流动的障碍后，优质的要素得以向劳动生产率相对更高的地区和企业流动、集聚，企业优胜劣汰的机制可以充分发挥，资源运用的效率得以提高，能够在市场竞争中生存和持续发展壮大的企业都是具备强大竞争力的佼佼者，国内价值链条上的这些企业也将是全球价值链中的获胜者。

第四，发展产业集群，提高产业集群的知识溢出能力和辐射能力。

产业集群与价值链关系密切，较长的价值链是产业集群成长的技术基础，产业集群的发展有助于提高价值链的质量和竞争力。价值链的形成源于产业间的前向联系和后向联系，价值链的长短取决于最终产品的生产技术特征。从本质上讲，价值链是不同生产环节分割并通过合作共同创造价值的体系，各生产环节的分工与合作与各自的最佳生产规模有关。较长的价值链使产业集群的形成具备了一个重要条件（张建华和张淑静，2006），但产业集群的形成和发展还要求相互联系的产业和企业在地理上出现集聚现象。

产业集群本身具有地域集中性、产业和企业间联系紧密性的特征，这对于提高价值链质量和促进国内价值链优化升级具有积极作用。首先，产业集群由具有行业领导者地位的主导企业和相对完整的产业链组成，由此形成的规模经济和范围经济有利于降低产业集群内部产品的生产成本。产业集群要求不同行业和企业在空间上形成地理集聚，同行业企业可以共享当地的基础设施和服务以及辅助性生产活动，共享当地的劳动力供给和知识培训，企业之间分工合作，知识交流与信息沟通方便，这些规模经济和范围经济因素都是降低相关企业生产成本的有利条件。然后，产业集群存在较为精细的产业和企业分工体系，有利于提高产业集群的劳动生产率。分工可以提高劳动生产率，这在古典经济学理论中就已经得到证明。现代产业组织理论和空间经济学理论则进一步指出，产业在地理上集聚，会进一步深化社会分工，带来企业间关联关系的加强和区域资源利用效率的提高，产业集群依靠内部企业的紧密联系和分工，对劳动生产率的提高具有很强的促进作用。最后，产业集群内部的竞争性合作关系有利于发挥学习效应，技术创新和技术扩散会产生较强的知识溢出和辐射能力。产业集群内部企业在竞争中保持着合作关系，为产业集群技术创新提供了活力和支撑，新知识和新技术在产业集群内部的应用、传播和扩散增强了企业间的相互学习效应。不仅如此，产业集群积聚的知识和技术还会对产业集群外部产生技术溢出和辐射效应。因此，产业集群既有价值链各环节在技术上密切合作和关联的优势，又有各生产企业在地理区位上集聚的优势，产业集群的发展对国内价值链成长和升级会起到积极的推动作用。

8.2 国内价值链优化升级的特征性事实

由于国内价值链优化升级最终会体现到中国在全球价值链中获得的附加值上，下面分别对中国及其细分行业增加值在全球价值链中的表现、中国增加值在世界细分行业全球价值链中的表现进行介绍。

8.2.1 中国及其细分行业增加值在全球价值链中的表现

中国及其细分行业增加值在全球价值链中的表现可以从全球价值链增加值分配矩阵中得到。根据第 4 章 4.3 小节的价值链拆分模型，$\hat{V}B\hat{Y}$ 矩阵的分解形式 $\hat{V}L\hat{Y}$、$\hat{V}LA^F B\hat{Y}$ 分别对应了国内价值链、全球价值链。对于 $\hat{V}LA^F B\hat{Y}$，该矩阵行向元素对应了基于前向关联的全球价值链，即出口价值链，它可以表示各国各行业增加值的去向，是全球价值链的增加值分配矩阵；该矩阵列向元素对应了基于后向关联的全球价值链，也就是进口价值链，它可以表示各国各行业最终产品生产所使用的增加值来源，是全球价值链最终产品生产的增加值来源矩阵。

继续沿用第4章的假设，假设世界上有 G 个国家，每个国家有 N 个生产部门，s、r∈G，i、j∈N。

用 CHN 表示中国，对 $\hat{V}LA^F B\hat{Y}$ 矩阵沿行向方向求和，该矩阵中国部分可以得到中国各行业在全球价值链中对世界各国和地区的增加值出口额（其中，对中国的增加值出口额是中国在全球价值链中的增加值回流价值），用公式表示为：

$$(\hat{V}LA^F B\hat{Y})_i^{CHN} = \sum_{r \in G} \sum_{j \in r} (\hat{V}LA^F B\hat{Y})_{i,j}^{CHN,r} \quad (8-9)$$

其中，$(\hat{V}LA^F B\hat{Y})_i^{CHN}$ 表示中国 i 行业在全球价值链中对世界的增加值出口额，$(\hat{V}LA^F B\hat{Y})_{i,j}^{CHN,r}$ 表示 r 国 j 行业在全球价值链中使用的中国 i 行业的增加值。

令 $(\hat{V}LA^F B\hat{Y})^{sum}$ 表示 $\hat{V}LA^F B\hat{Y}$ 矩阵所有元素的总和，即全球价值链中的增加值总值，那么：

$$(\hat{V}LA^F B\hat{Y})^{sum} = \sum_{s \in G} \sum_{i \in s} \sum_{r \in G} \sum_{j \in r} (\hat{V}LA^F B\hat{Y})_{ij}^{sr} \quad (8-10)$$

其中，$(\hat{V}LA^F B\hat{Y})_{ij}^{sr}$ 表示 r 国 j 行业在全球价值链中使用的 s 国 i 行业的增加值，即 $\hat{V}LA^F B\hat{Y}$ 矩阵的任一元素。

令 $Va_i^{CHNGVC}\%$ 表示中国 i 行业增加值在全球价值链中的比重，那么：

$$Va_i^{CHNGVC}\% = \frac{(\hat{V}LA^F B\hat{Y})_i^{CHN}}{(\hat{V}LA^F B\hat{Y})^{sum}} \times 100\% \quad (8-11)$$

本书依据 WIOD 数据库的世界投入产出表按照上述公式进行了测算，其中，对 i 行业的初始计算结果可以进行一定层次的汇总运算。下面分别介绍汇总到中国总体、中国国民经济行业主要门类的增加值在全球价值链中的表现情况，以及制造业门类下主要大类行业的增加值在全球价值链中的表现情况。

从总体上看，2000~2014 年，中国增加值在全球价值链中表现出了快速增长的态势，这表明中国在全球价值链中获得的附加值是快速增加的。图 8-2 展示了十五年来中国增加值在全球价值链中的绝对数额和相对比重情况。2000 年，中国增加值在全球价值链中的数额为 987.83 亿美元，在全球价值链中的比重为 3.56%。随后，无论是中国增加值在全球价值链中的绝对数额，还是中国增加值在全球价值链中的相对比重，除了2009年受全球金融危机影响有所下降外，其他年度都基本表现出了上升趋势。到2014年，中国增加值在全球价值链中的绝对数额已达到10139.21亿美元，中国增加值在全球价值链中的相对比重达到11.65%。十五年间，中国增加值在全球价值链中的绝对数额增加了9.26倍，年均增长率达到18.10%，中国增加值在全球价值链中的相对比重增加了8.09个百分点。中国增加值在全球价值链中的绝对数额和相对比重的增长趋势，足以说明中国在全球价值链中不断增强的竞争力，这得益于中国改革开放释放的政策红利，得益于社会主义市场经济体制建设激发出的企业活力，也是国内价值链成长和升级在全球价值链竞争中的具体体现。

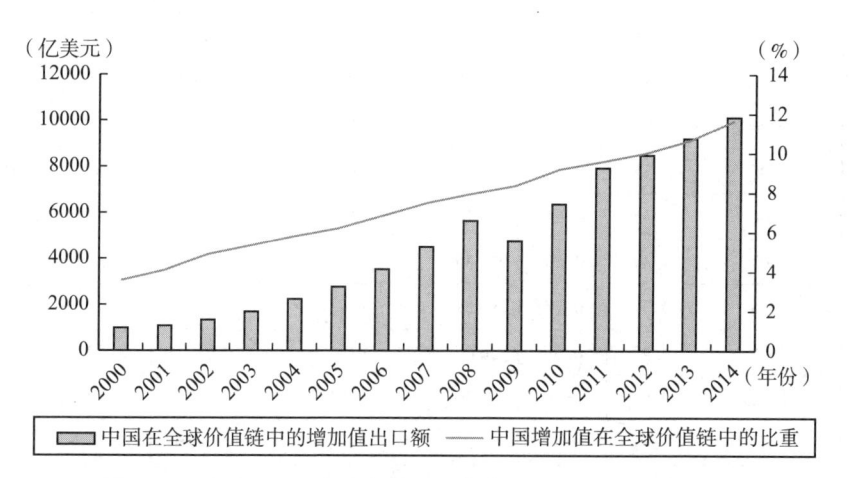

图 8 - 2　2000 ~ 2014 年中国增加值在全球价值链中的表现情况

资料来源：作者绘制。

从我国国民经济主要门类行业的增加值在全球价值链中的表现来看（见表8-3），制造业和服务业是我国在全球价值链中获取增加值的主要行业，资源密集型的农业、采选业和电力、热力、燃气及水生产和供应业，以及劳动密集型的建筑业并非我国从全球价值链中获取增加值的主体，这是我国国内价值链优化升级在国民经济行业层面的一个具体表现。从横向每一个年度来看，制造业和服务业都是中国在全球价值链中获取增加值的主体；从纵向年度变化来看，制造业和服务业仍然是中国在全球价值链中获取增加值增长最快的两个行业门类。2000年，我国制造业和服务业增加值在全球价值链中的比重分别为1.53%和1.31%。此后年度，制造业和服务业增加值在全球价值链中的比重逐渐增加。到2014年，我国制造业和服务业增加值在全球价值链中的比重已经分别达到5.01%和4.68%，比2000年分别增加了3.48个和3.37个百分点。

表8-3　2000~2014年中国分行业增加值在全球价值链中的比重　　单位：%

年份	农业	采选业	制造业	电力、热力、燃气及水生产和供应业	建筑业	服务业	合计
2000	0.23	0.36	1.53	0.11	0.02	1.31	3.56
2001	0.22	0.40	1.72	0.14	0.02	1.58	4.08
2002	0.26	0.45	2.04	0.17	0.02	1.94	4.88
2003	0.30	0.48	2.37	0.19	0.02	1.97	5.33
2004	0.31	0.51	2.68	0.23	0.02	2.04	5.80
2005	0.35	0.59	2.83	0.25	0.02	2.16	6.20
2006	0.35	0.61	3.18	0.29	0.02	2.37	6.83
2007	0.39	0.59	3.45	0.32	0.03	2.70	7.48
2008	0.39	0.78	3.59	0.24	0.03	2.91	7.94
2009	0.45	0.59	3.65	0.23	0.04	3.39	8.35
2010	0.47	0.70	4.10	0.24	0.05	3.62	9.18
2011	0.47	0.81	4.23	0.24	0.06	3.76	9.58
2012	0.51	0.77	4.34	0.24	0.06	4.09	10.02
2013	0.55	0.86	4.65	0.27	0.07	4.25	10.65
2014	0.59	0.97	5.01	0.31	0.07	4.68	11.65
2014年与2000年之差	0.37	0.61	3.48	0.20	0.05	3.36	8.09

注：合计数据存在因四舍五入而形成的误差。
资料来源：作者测算。

从制造业内部的大类行业来看，计算机、电子产品和光学产品的制造业、基本金属的制造业、化学品及化学制品的制造业、未另分类的机械和设备的制造业、电力设备的制造业以及纺织品、服装、皮革和相关产品的制造业等行业增加值在全球价值链中的比重增长排名靠前，这些行业增加值在全球价值链中的比重在 2000～2014 年的增长趋势如图 8-3 所示。计算机、电子产品和光学产品的制造业的表现尤其突出，该行业增加值在全球价值链中的比重在 2000 年为 0.19%，与基本金属的制造业、化学品及化学制品的制造业基本处在同一水平。但到 2014 年，计算机、电子产品和光学产品的制造业增加值在全球价值链中的比重已经遥遥领先于其他几个行业，达到 0.86%，增长了 0.67个百分点。图 8-3 显示的这些增加值在全球价值链中的比重排名靠前的行业，除纺织品、服装、皮革和相关产品的制造业外，其他几个行业都是我国装备制造业的重要组成部分。制造业，尤其是装备制造业在全球价值链中竞争力的提高，既是我国国内价值链优化升级的典型代表，也为我国其他行业国内价值链优化升级奠定了坚实的技术基础。

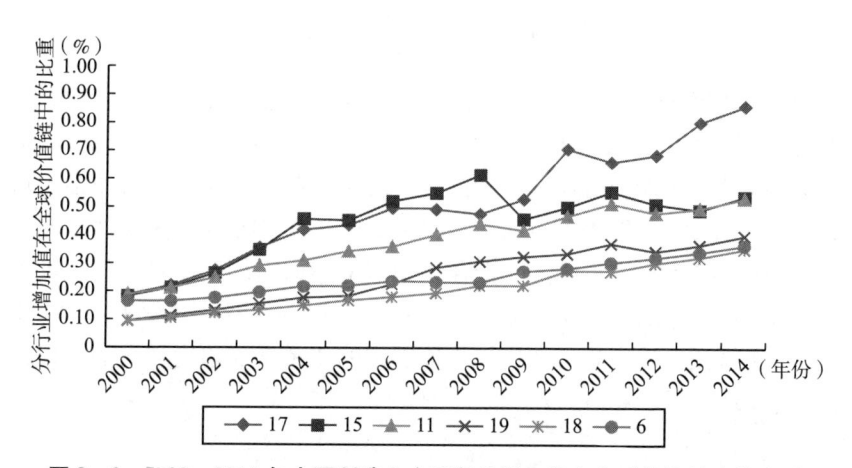

图 8-3　2000～2014 年中国制造业主要行业增加值在全球价值链中的比重

注：行业 17 指计算机、电子产品和光学产品的制造业；行业 15 指基本金属的制造业；行业 11 指化学品及化学制品的制造业；行业 19 指未另分类的机械和设备的制造业；行业 18 指电力设备的制造业；行业 6 指纺织品、服装、皮革和相关产品的制造业。具体的行业代码与行业名称对应关系参照附表 3 "世界投入产出表（WIOT）行业代码及名称"。

资料来源：作者绘制。

8.2.2　中国增加值在世界细分行业全球价值链中的表现

全球价值链增加值分配矩阵从列向观察，也是全球价值链最终产品生产的增加值来源矩阵，中国增加值在世界细分行业全球价值链中的表现也可以从该矩阵中得到。

令 $(\hat{V}LA^F B\hat{Y})_j^{CHN}$ 表示中国在世界 j 行业全球价值链中对世界的增加值出口总额，$(\hat{V}LA^F B\hat{Y})_{ij}^{CHN}$ 表示中国 i 行业在世界 j 行业全球价值链中对世界的增加值出口额，那么：

$$(\hat{V}LA^F B\hat{Y})_j^{CHN} = \sum_{i \in CHN} (\hat{V}LA^F B\hat{Y})_{ij}^{CHN} \quad (8-12)$$

令 $(\hat{V}LA^F B\hat{Y})_j^{sum}$ 表示 $\hat{V}LA^F B\hat{Y}$ 矩阵所有国家和地区 j 行业元素的总和，即世界 j 行业基于后向关联的全球价值链（或进口价值链）中的增加值总值，那么：

$$(\hat{V}LA^F B\hat{Y})_j^{sum} = \sum_{s \in G} \sum_{i \in s} \sum_{r \in G} (\hat{V}LA^F B\hat{Y})_{ij}^{sr} \quad (8-13)$$

令 $Y_j^{CHNGVC}\%$ 表示中国增加值在世界 j 行业基于后向关联的全球价值链（或进口价值链）中的比重，那么：

$$Y_j^{CHNGVC}\% = \frac{(\hat{V}LA^F B\hat{Y})_j^{CHN}}{(\hat{V}LA^F B\hat{Y})_j^{sum}} \times 100\% \quad (8-14)$$

根据 WIOD 数据库世界投入产出表计算的中国增加值在世界细分行业全球价值链（进口价值链）中的比重显示，2000~2014 年，中国增加值在世界所有细分行业进口价值链中的比重都是增加的，增加幅度从 1.93 个百分点到 13.94 个百分点不等。中国增加值增加幅度最小的是世界焦炭和精炼石油产品的制造业，中国增加值增加幅度最大的是世界计算机、电子产品和光学产品的制造业。表 8-4 展示了 2000~2014 年中国增加值在世界主要行业进口价值链中的比重增加幅度较大的代表性行业的表现情况。

表 8-4　　　　　2000~2014 年中国增加值在世界
主要制造行业进口价值链中的比重　　　　单位：%

年份	行业17	行业6	行业20	行业7	行业18	行业19	行业13	行业9	行业21
2000	3.80	5.84	3.24	3.21	4.61	3.88	4.18	3.31	3.05
2001	4.66	6.54	3.69	3.78	5.34	4.40	4.83	3.66	3.17
2002	5.82	7.88	4.35	4.56	6.32	5.24	5.73	4.60	4.13
2003	6.91	8.68	5.16	4.83	7.09	6.03	6.09	4.87	4.92

续表

年份	行业 17	行业 6	行业 20	行业 7	行业 18	行业 19	行业 13	行业 9	行业 21
2004	7.70	9.66	6.16	5.22	7.86	6.88	6.53	5.08	5.99
2005	8.69	10.52	6.85	5.69	8.26	7.43	7.22	5.67	6.52
2006	10.02	11.73	7.94	6.70	9.24	8.46	8.00	6.44	7.30
2007	10.14	12.11	8.88	7.57	9.59	9.28	8.95	7.08	7.94
2008	11.36	12.61	9.72	8.22	10.21	9.97	9.47	7.45	9.49
2009	12.46	13.21	9.69	8.96	10.59	9.68	9.77	8.13	8.24
2010	14.00	14.47	10.60	9.91	11.38	10.69	10.73	8.80	8.95
2011	14.75	15.71	11.07	10.52	11.72	11.48	11.58	9.92	9.73
2012	15.42	16.24	11.28	11.73	12.28	11.68	12.11	10.64	9.64
2013	16.41	17.05	12.07	11.86	12.81	12.31	12.50	11.39	10.58
2014	17.74	18.45	13.16	13.07	14.43	13.63	13.76	12.84	12.07
2014年与2000年之差	13.94	12.61	9.92	9.85	9.82	9.75	9.58	9.53	9.01

注：①行业17指计算机、电子产品和光学产品的制造业；行业6指纺织品、服装、皮革和相关产品的制造业；行业20指汽车、挂车和半挂车的制造业；行业7指木材、木材制品及软木制品的制造、草编制品及编织材料物品的制造业；行业18指电力设备的制造业；行业19指未另分类的机械和设备的制造业；行业13指橡胶和塑料制品的制造业；行业9指记录媒介物的印制及复制业；行业21指其他运输设备的制造业。具体的行业代码与行业名称对应关系参照附表3"世界投入产出表（WIOT）行业代码及名称"。
②该表按照最后一行降序排列。
资料来源：作者测算。

从表8-4中可以看到，2014年与2000年相比，在世界计算机、电子产品和光学产品的制造业、纺织品、服装、皮革和相关产品的制造业，汽车、挂车和半挂车的制造业，木材、木材制品及软木制品的制造、草编制品及编织材料物品的制造业，电力设备的制造业，未另分类的机械和设备的制造业，橡胶和塑料制品的制造业，记录媒介物的印制及复制业，其他运输设备的制造业等行业的进口价值链中，中国在其中的增加值比重都表现出了较大幅度的增长。中国在世界计算机、电子产品和光学产品的制造业中的表现最为突出，2000年，中国增加值在世界该行业进口价值链中的比重为3.80%，此后年度，每年都有一定幅度的增加，到 2014 年，中国增加值在世界计算机、电子产品和光学产品的制造业进口价值链中的比重已达到 17.74%，比 2000 年增加了 13.94 个百分点。信息和通信技术行业（Information and Communication Technology，ICT）是当代技术创新的前沿行业，中国增加值在该类行业的全球价值链中能够迅速占有越来越多的份额，这与我国企业的研发创新和技术进步是分不开的。中国在全球价值链中占有越来越大份额的增加值，说明中国在全球价值链中的竞争力和控制力在增强，也是国内价值链升级在全球价值链竞争中的体现。

8.3 国内价值链优化升级的经验检验

基于前述分析，下面对国内价值链优化升级的实现机制及其他影响因素进行经验检验。

8.3.1 模型构建

面板数据同时包含时间序列数据以及截面数据，可以提供研究对象更全面的信息，因此本文构建面板数据模型进行分析。构建的实证模型如下：

$$UPNVC_{it} = \beta_0 + \beta_1 QMVC_{it} + \beta_2 SERVP_{it} + \beta_3 DEVED_{it} + \beta_4 TECH_{it} + \beta_5 INTEG_{it} + \beta_6 CLUST_{it} + \varepsilon_{it} \quad (8-15)$$

其中，UPNVC 为被解释变量，代表国内价值链优化升级指标。解释变量分别为代表中国进口价值链质量的指标 QMVC，代表国内价值链中生产性服务业增加值占比的指标 SERVP，代表在中国进口价值链中发达国家增加值占比的指标 DEVED，代表高级生产要素或人力资本投入的指标 TECH，代表国内区域经济一体化的指标 INTEG，代表产业集群的指标 CLUST。模型中的 β_0 是截距项，β_k 表示回归系数，k = 1，2，3，4，5，6。i 表示行业，行业分类标准是依据 WIOD 数据库世界投入产出表中所划分的 56 个行业（详见附表 3），其中，将第 28~35 个行业合并为商业及运输业，将第 36~56 个行业合并为其他服务业，并去掉第 23 个行业（机械和设备的修理和安装，该行业的中国数据为 0），经过处理后全部行业数总共为 28 个。t 表示年度，年度选择自 2000~2014 年，共 15 个年度。ε 表示随机扰动项。

8.3.2 变量说明与数据来源

下面分别对模型变量的选取、测算方法及数据来源等问题进行解释和说明。

1. 国内价值链优化升级指标（UPNVC）

国内价值链优化升级指标选用中国增加值在世界分行业进口价值链中的比重，它代表了中国在全球价值链中的控制力和竞争力，是国内价值链优化升级在全球价值链竞争中的具体表现。该变量数据来源于本书在本章前文的测算结果。

2. 中国进口价值链质量指标（QMVC）

中国进口价值链质量指标用于解释进口价值链质量对国内价值链优化升级的影响。前文关于国内价值链优化升级实现机制的分析中提到，改善进口价值链质量，加强与进口价值链上先进企业和先进技术的互动机制，有助于国内价值链优化升级。因此，预期中国进口价值链质量指标将正向影响国内价值链优化升级，该变量数据根据本书第 6 章价值链质量测算方法得到。

3. 国内价值链中生产性服务业增加值占比指标（SERVP）

国内价值链中生产性服务业增加值占比指标用于解释服务业发展，尤其是生产性服务业发展对国内价值链优化升级的影响。随着国民经济产业结构的调整和升级，服务业对国民经济的贡献越来越大，各行业发展，尤其是制造业发展越来越依赖于生产性服务业的配套发展。因此，预期生产性服务业指标将正向促进国内价值链优化升级。考虑到计量检验对数据可获得性的要求，本模型设计仅将服务业分为商业及运输业、其他服务业两个细分类别，而商业及运输业是生产性服务业的重要组成部分，因此，选择国内价值链中商业及运输业增加值占比作为相应的生产性服务业增加值占比指标的代理变量。该变量数据采用商业及运输业增加值在基于后向关联的国内分行业价值链中的比重，根据本书第4章4.3小节价值链拆分模型测算得到，具体是测算商业及运输业增加值在 $\hat{V}L\hat{Y}$ 矩阵中列向的组成占比。

4. 中国进口价值链中发达国家增加值占比指标（DEVED）

中国进口价值链中发达国家增加值占比指标用于解释来自发达国家中间品对国内价值链优化升级的影响。与发展中国家和地区相比，发达国家和地区企业拥有相对更先进的技术和设备以及更高的劳动生产率，与这些先进企业的技术联系和中间品联系有利于促进国内价值链的成长。因此，预期中国进口价值链中发达国家增加值占比指标将正向影响国内价值链优化升级，该变量数据根据本书第4章4.3小节价值链拆分模型测算得到，具体是测算中国进口价值链中发达国家的增加值比重。其中，发达国家选取的是WIOD数据库中包括的澳大利亚、加拿大、瑞士、日本、韩国、挪威、美国和欧盟国家。

5. 高级生产要素或人力资本投入指标（TECH）

高级生产要素或人力资本投入指标用于解释高级生产要素培育和集聚对国内价值链优化升级的影响。前文关于国内价值链优化升级实现机制的分析中提到，培育高级生产要素、提高国内企业的研发创新、生产制造及营销服务能力，对于国内价值链优化升级具有重要的推动作用。因此，预期高级生产要素或人力资本投入指标将正向促进国内价值链优化升级，该变量数据使用国内大中型工业企业研究与试验发展经费支出，原始数据来源于《中国统计年鉴》。

6. 国内区域经济一体化指标（INTEG）

国内区域经济一体化指标用于解释国内区域一体化对国内价值链优化升级的影响。前文关于国内价值链优化升级实现机制的分析中提到，优化国内区域发展战略、破除地方保护和国内市场分割、实现国内区域一体化，有助于国内价值链优化升级。因此，预期国内区域经济一体化指标将正向影响国内价值链优化升级。该变量通过构建中国国内区域一体化指数指标经过测算后得到。

中国国内区域一体化指数采用相对价格法计算。该方法的思想来自购买力平价理论所依据的一价定律，在假设完全竞争和不考虑商品交易成本的条件下，同一产品在不同地区的价格是相等的。如果存在交易成本，如运输成本、制度障碍等因素，则同一产品在不同地区的价格会出现差异。因此，帕斯利和魏（Parsley & Wei，2001）、陆铭和陈钊（2009）等的文献陆续采用价格差异的思想度量不同国家之间、国内不同地区之间的市场分割（Market Fragmentation）或市场非一体化（Market Disintegration）问题。本书在利用该方法测算出市场分割程度的基础上，对其求倒数并进行指数化处理，从而得到中国国内区域一体化指数指标。

相对价格法测算国内区域一体化指数的具体步骤如下：

第一步，计算两个时期地区间相对价格变化量，具体公式为：

$$\Delta Q_{ijt}^k = \ln\left(\frac{P_{it}^k}{P_{jt}^k}\right) - \ln\left(\frac{P_{i,t-1}^k}{P_{j,t-1}^k}\right) \tag{8-16}$$

其中，ΔQ 表示相对价格变化量，P 表示价格水平，k 表示商品种类，i、j 表示地区，t 表示时间。

由于统计年鉴中的数据一般为环比价格指数，因此，对上述公式做以下变形：

$$\Delta Q_{ijt}^k = \ln\left(\frac{P_{it}^k}{P_{jt}^k}\right) - \ln\left(\frac{P_{i,t-1}^k}{P_{j,t-1}^k}\right) = \ln\left(\frac{P_{it}^k}{P_{i,t-1}^k}\right) - \ln\left(\frac{P_{jt}^k}{P_{j,t-1}^k}\right) \tag{8-17}$$

两个时期地区间相对价格的变化方向可能是正向的，也可能是负向的，因此，下面用 ΔQ_{ijt}^k 的绝对值 $|\Delta Q_{ijt}^k|$ 来代表两个时期地区间相对价格变化的幅度。

第二步，分离出市场分割因素对两个时期地区间相对价格变化的影响。

两个时期地区间相对价格变化的原因可能是来自市场分割因素，也可能是来自特定商品种类的某些特征变化。为了避免高估市场分割因素的影响，需要剔除后者的影响。剔除的方法可以采取去均值法，具体公式为：

$$q_{ijt}^k = |\Delta Q_{ijt}^k| - \overline{|\Delta Q_t^k|} \tag{8-18}$$

其中，$\overline{\Delta Q_t^k}$ 为 $|\Delta Q_{ijt}^k|$ 的均值，q_{ijt}^k 代表市场分割因素引致的两个时期地区间相对价格变化的幅度。

第三步，计算市场分割程度。

对 q_{ijt}^k 求方差 $Var(q_{ijt}^k)$，即为 t 时期的市场分割程度。方差 $Var(q_{ijt}^k)$ 值越大，说明地区间相对价格变化的分布离散程度越高，市场分割程度越大。

第四步，计算国内区域一体化指数。

市场分割程度也就是市场非一体化程度，而本书需要构建中国国内区域一体化指数，因此，对市场分割程度取倒数，并进行指数化处理，以此作为中国国内区域一体化指数指标。

令基期的中国国内区域一体化指数为 100，$INTEG_{t0}$ 为基期中国国内区域一体化指数对应的原始数值，$INTEG_t$ 为报告期 t 期的中国国内区域一体化指数，那么：

$$INTEG_{t0} = \frac{1}{Var(q_{ij,t0}^k)} \qquad (8-19)$$

$$INTEG_t = \frac{\frac{1}{Var(q_{ijt}^k)}}{INTEG_{t0}} \times 100 \qquad (8-20)$$

本书计算中国国内区域一体化指数的数据来源于相应年度《中国统计年鉴》各地区商品零售价格分类指数，共包括全国 31 个省区市九大类商品的零售价格指数。这九大类商品分别是：食品类、服装及鞋帽类、纺织品类、日用品类、化妆品类、金银珠宝首饰类、书报杂志及电子出版物类、燃料类、建筑材料及五金电料类。全国 31 个省区市共组成 465 个区域对，九大类商品每年度组成地区间相对价格数据 4185 条 (465×9)。以 2000 年为基期，计算得到 2000 年以来的中国国内区域一体化指数。

7. 产业集群指标（CLUST）

产业集群指标用于解释产业集群发展对国内价值链优化升级的影响。根据前文关于国内价值链优化升级实现机制的分析，由于产业集群本身具有地域集中性、产业和企业间联系紧密性的特征，以及较强的知识溢出能力和辐射能力，这些因素对于提高国内价值链质量和促进国内价值链优化升级都具有积极作用。因此，预期产业集群指标将正向影响国内价值链优化升级。产业集群的定量辨识方法虽然有很多种，如区位商法、投入产出分析法（包括主成分分析法、多元统计法、图谱分析法等）等，但每种分析方法都各有优劣势，尚缺乏比较完美的方法来识别一个地区的产业集群状况（贺灿飞和潘峰华，2007）。不过，采用定量方法从宏观或中观层次上识别产业集群，能够为定性分析产业集群提供一定的基础。本书采用区位商法对我国的产业集群情况进行定量测算。

计算某个地区行业的区位商可采用的指标有很多，如地区行业层面的就业、产值、企业单位数等。本书采用就业数据来测算我国各地区行业的区位商，具体公式如下：

$$LQ_{ij} = \frac{EMP_{ij} / \sum_{j} EMP_{ij}}{\sum_{i} EMP_{ij} / \sum_{i} \sum_{j} EMP_{ij}} \quad (8-21)$$

其中，LQ 代表区位商，EMP 代表就业人数，i、j 分别代表地区、行业。

区位商表达的含义是：某地区某行业就业人数在该地区所有行业就业人数中的比重与该行业所有地区就业人数占所有地区和行业就业总人数的比重之间的相对比较关系。如果该区位商值大于 1，说明该地区该行业已经形成了专业化优势，具备产业集群特征。因为，专业化优势的形成一般都是依赖于众多与之相联系的行业共同发展和支撑起来的。如果该区位商值小于 1，说明该地区该行业没有形成专业化优势，不具备产业集群特征。

对每一年度所有区位商值大于 1 的数值求均值，作为相应年度的产业集群情况度量指标。计算区位商所要求的分省分行业就业人数数据按第 6 章 6.1 小节方法得到。

8.3.3 变量处理与描述性统计分析

为消除因异方差而对模型估计产生的影响，本书对所有数据进行取对数处理。模型（8-15）变为以下模型形式：

$$\ln UPNVC_{it} = \beta_0 + \beta_1 \ln QMVC_{it} + \beta_2 \ln SERVP_{it} + \beta_3 \ln DEVED_{it} \\ + \beta_4 \ln TECH_{it} + \beta_5 \ln INTEG_{it} + \beta_6 \ln CLUST_{it} + \varepsilon_{it}$$

$$(8-22)$$

为了更好地从总体上认识各个变量，现对变量进行描述性统计（见表 8-5）。

表 8-5　　　　　　　　　　变量描述性统计

变量	指标含义	均值	标准差	最小值	最大值
lnUPNVC	国内价值链优化升级	-2.707	0.438	-4.084	-1.69
lnQMVC	中国进口价值链质量	11.454	0.313	10.796	12.124
lnSERVP	国内价值链中生产性服务业增加值占比	-2.316	0.468	-3.235	-0.36
lnDEVED	中国进口价值链中发达国家增加值占比	-0.827	0.154	-1.352	-0.533
lnTECH	高级生产要素或人力资本投入	16.751	0.992	15.078	18.109
lnINTEG	国内区域经济一体化	4.922	0.548	3.645	5.908
lnCLUST	产业集群	0.464	0.017	0.435	0.493

资料来源：作者测算及整理。

考虑到国内价值链优化升级的影响因素较多，各个影响因素之间有可能存在高度相关关系，而高度相关关系会影响实证回归估计的准确性。因此，为防止解释变量之间因存在高度相关关系而导致的模型估计偏差，本部分先通过计算解释变量的方差膨胀因子（VIF）进行多重共线性检验。使用方差膨胀因子法进行的多重共线性检验结果如表 8-6 所示。

表 8-6　　　　　　　　　　多重共线性检验结果

变量	VIF 值	1/VIF 值
lnTECH	9.60	0.104125
lnQMVC	6.21	0.160950
lnCLUST	5.37	0.186247
lnINTEG	2.37	0.422225
lnDEVED	1.91	0.522818
lnSERVP	1.05	0.954177
Mean VIF	4.42	

资料来源：作者测算及整理。

由表 8-6 检验结果可知，VIF 值全部小于 10，而经验表明方差膨胀因子数值小于 10 时可以认为不存在严重的多重共线性，因此可以进一步分析。

值得注意的是，代表中国进口价值链质量的 lnQMVC 变量对国内价值链优化升级产生影响可能具有一定的时滞性。中国进口价值链质量的高低取决于投入品的生产技术水平以及产业间投入产出关系的密切程度，国内价值链优化升级水平体现在中国在全球价值链分工中的控制力和竞争力上，而投入品的生产技术水平以及产业间投入产出关系的密切程度在当期可能不一定显著影响中国在全球价值链分工中的控制力和竞争力，提升中国在全球价值链分工中的控制力和竞争力需要一定的时间才能产生效果。这样，中国进口价值链质量对国内价值链优化升级产生影响就会具有一定的时滞性。因此，本部分首先对代表中国进口价值链质量的 lnQMVC 变量进行一阶差分再进行面板数据回归分析。此时 lnQMVC 变量的含义变为中国进口价值链质量的改变量 d.lnQMVC。

8.3.4 基准回归

基准回归部分是根据模型（8-22）对面板数据进行混合回归、随机效应模型回归和固定效应模型回归。由于同一个行业不同时期之间的扰动项一般存在自相关，普通标准误默认扰动项是独立同分布的，因此在进行混合回归时需要使用聚类稳健标准误进行回归（陈强，2014）。基准回归结果如表 8-7 所示。

表 8-7　　　　　　　　　　　基准回归结果

变量	混合回归 lnUPNVC	随机效应回归 lnUPNVC	固定效应回归 lnUPNVC
d.lnQMVC	0.0286 (0.0365)	0.110 *** (0.0324)	0.118 *** (0.0323)
lnSERVP	0.0149 (0.0739)	0.248 *** (0.0304)	0.271 *** (0.0318)

续表

变量	混合回归 lnUPNVC	随机效应回归 lnUPNVC	固定效应回归 lnUPNVC
lnDEVED	1.488*** (0.524)	0.707*** (0.0950)	0.668*** (0.0969)
lnTECH	0.436*** (0.0282)	0.406*** (0.0150)	0.405*** (0.0150)
lnINTEG	0.0718*** (0.0115)	0.0603*** (0.0114)	0.0598*** (0.0113)
lnCLUST	-0.899 (1.298)	1.591** (0.675)	1.768*** (0.669)
常数项	-8.681*** (0.612)	-9.378*** (0.496)	-9.431*** (0.488)
样本量	392	392	392
行业数量	28	28	28
固定行业	未固定	未固定	固定
R^2	0.694	0.9381	0.9383

注：混合回归括号内数值为聚类稳健标准误，随机效应、固定效应回归括号内数值为标准误。***、** 和 * 分别表示在1%、5%和10%置信水平下显著。

资料来源：作者测算及整理。

首先对面板数据进行混合回归，得到表8-7的结果。因使用中国进口价值链质量变量的一阶差分进行回归分析，样本量由420个减少为392个。中国进口价值链质量、国内价值链中生产性服务业增加值占比、中国进口价值链中发达国家增加值占比、高级生产要素投入和区域经济一体化等指标符号为正，说明中国进口价值链质量、国内价值链中生产性服务业增加值占比、中国进口价值链中发达国家增加值占比、高级生产要素投入和区域经济一体化等因素对国内价值链优化升级具有促进作用。但是中国进口价值链质量和国内价值链中生产性服务业增加值占比指标系数不显著。产业集群指标符号为负，说明产业集聚因素对国内价值链优化升级具有阻碍作用，但指标系数不显著。然后使用面板数据固定效应模型进行回归，得到F检验的P值为0.0000，故拒绝所有扰动项为零，混合回归可以接受原假设，认为面板数据固定效应模型明显优于混合回归。

然后对面板数据使用随机效应模型还是固定效应模型进行选择。对表 8-7 中的面板数据随机效应模型回归结果以及面板数据固定效应模型回归结果进行豪斯曼检验，计算得到 P 值为 0.0169，结果显著，拒绝系数没有显著差异性和使用面板数据随机效应模型的原假设，因此使用面板数据固定效应模型进一步分析。同时为了消除异方差对模型回归带来的不利影响，本部分使用稳健标准误进行面板数据固定效应模型回归。回归结果如表 8-8 所示。

表 8-8　　面板数据固定效应模型回归结果

变量	lnUPNVC
d. lnQMVC	0.118 *** (0.0249)
lnSERVP	0.271 *** (0.0657)
lnDEVED	0.668 *** (0.168)
lnTECH	0.405 *** (0.0178)
lnINTEG	0.0598 *** (0.00791)
lnCLUST	1.768 *** (0.363)
常数项	-9.431 *** (0.350)
样本量	392
行业数量	28
固定行业	固定
R^2	0.9383

注：括号内数值为稳健标准误，*** 、** 和 * 分别表示在 1%、5% 和 10% 置信水平下显著。
资料来源：作者测算及整理。

由表8-8面板数据固定效应模型回归结果可以看出，中国进口价值链质量、国内价值链中生产性服务业增加值占比、中国进口价值链中发达国家增加值占比、高级生产要素投入、区域经济一体化和产业集群等指标符号均为正，并且系数均在1%置信水平下显著，说明中国进口价值链质量、国内价值链中生产性服务业增加值占比、中国进口价值链中发达国家增加值占比、高级生产要素投入、区域经济一体化和产业集聚等因素对国内价值链优化升级具有显著的促进作用。

中国进口价值链质量正向变化时可以显著促进国内价值链优化升级。一方面，中国进口价值链质量的高低取决于投入品的生产技术水平以及产业间投入产出关系的密切程度，提高投入品的生产技术水平产生的技术外溢有助于提升国内价值链质量，增强中国在全球价值链中的竞争力。高技术投入品可以视为弹性产品，同时具有专用性特征，往往需要定制生产，因此订购方对高技术投入品具有较强的控制力，也就是对全球价值链具有较强的控制力。另一方面，关系密切的产业间投入产出关系意味着更多的贸易量，而贸易是否平稳健康发展关系着全球价值链的稳定性，因此如果一个经济体与其他经济体拥有密切的投入产出关系，将会对全球价值链具有较强的控制力。综上所述，中国进口价值链质量提升时将会促进国内价值链优化升级。

国内价值链中生产性服务业增加值占比提高可以显著促进国内价值链优化升级。生产性服务业是工业生产过程中中间投入的服务业以及与工业生产直接相关的服务业（席强敏等，2015），在以全球价值链为主要分工方式的国际生产分工中，工业生产与生产性服务业的结合越来越紧密，工业生产制造企业也越来越注重延长服务环节以在全球价值链中获取更高的附加值。生产性服务业的发展有助于延长国内价值链的生产长度，有利于提高国内价值链的广度和深度。因此，生产性服务业的发展对于国内价值链优化升级具有显著的促进作用。

中国进口价值链中发达国家增加值占比增加可以显著促进国内价值链优化升级。来自发达国家的进口中间品具有相对更高的技术含量，也会产生更多的技术溢出效应（刘会政和朱光，2019）。中国进口价值链中发达国家增加值占比越高，意味着中国可以进口更多高技术的中间产品以及获得更多的技术溢出效应。更多高技术含量的中间品以及更多的技术溢出效应可以显著促进国内价值链优化升级。

高级生产要素投入增加可以促进国内价值链优化升级。物质资本、人力资本丰裕的国家生产出的产品具有更高的技术含量，研发投入的增加可以促进创新（齐俊妍等，2011），能够提高劳动生产率（Romer，1990）。而高级生产要素、人力资源禀赋的提升可以通过提升产品技术含量、提升创新能力和提高生产率等途径改善国内价值链的质量。因此，培育高级生产要素、加大人力资本投入对国内价值链优化升级具有显著的促进作用。

国内区域经济一体化水平的提升可以促进国内价值链优化升级。在一体化的市场中，各种生产要素可以以较低的成本在区域内自由流动，制造业可以更容易地在区域内集中以及扩散（陈喜强等，2017），这有利于区域内制造业各主体根据自身的比较优势进行产业的转移以及加深制造业主体间的分工协作。要素的自由流动、制造业的专业化分工生产有助于改善国内价值链分工体系。因此，国内区域经济一体化的提升对国内价值链优化升级具有显著的促进作用。

产业集群水平的提升可以促进国内价值链优化升级。产业集群能够提升区域内的知识、信息等资源的交换与流动，促进经济主体之间的协同效应（田颖等，2019），同时还能促进产业间有序竞争。产业集群还可以实现产业在价值链中的梯度转移，促使区域间产业联动协作，推动产业向价值链分工高端环节延伸。产业集群通过这种协同效应、资源有序转移和竞争效应以及较强的知识溢出和辐射效应，能够有效加强国内产业间的投入产出联系，提升关联企业的技术水平，改善国内价值链质量。因此，产业集群水平的提升对国内价值链优化升级具有显著的促进作用。

8.3.5 动态面板回归

由于国内价值链优化升级在时间维度上具有持续性特征，上一期的国内价值链优化升级程度影响着当期国内价值链优化升级程度，因此在模型中加入国内价值链优化升级指标的一期滞后项进行分析。建立的动态面板数据模型如下：

$$\ln UPNVC_{it} = \beta_0 + \beta_1 L.\ln UPNVC_{it} + \beta_2 \ln QMVC_{it} + \beta_3 \ln SERVP_{it} \\ + \beta_4 \ln DEVED_{it} + \beta_5 \ln TECH_{it} + \beta_6 \ln INTEG_{it} \\ + \beta_7 \ln CLUST_{it} + \varepsilon_{it} \qquad (8-23)$$

模型（8-23）中的 L. lnUPNVC 变量表示国内价值链优化升级指标的一期滞后值。加入被解释变量国内价值链优化升级指标一期滞后值的动态面板数据模型具有解释变量与扰动项相关的问题，也就是存在内生性问题，而内生性的存在使得最小二乘法回归的估计值不再一致。同时，本部分的面板数据具有行业维度 N 较多而时间维度 T 较短的特征，属于短动态面板数据。对于短动态面板数据回归，主要有差分 GMM 与系统 GMM 两种估计方法。因此对面板数据模型进行差分 GMM 和系统 GMM 回归估计。在使用差分 GMM 与系统 GMM 方法估计时，需设定内生变量与外生变量。由于中国进口价值链质量、国内价值链中生产性服务业增加值占比、中国进口价值链中发达国家增加值占比三个指标在对国内价值链优化升级产生影响的同时，国内价值链优化升级也会影响到中国进口价值链质量、国内价值链中生产性服务业增加值占比、中国进口价值链中发达国家增加值占比三个指标，存在互为因果关系，因此将中国进口价值链质量、国内价值链中生产性服务业增加值占比、中国进口价值链中发达国家增加值占比三个指标设定为内生变量。而高级生产要素投入、国内区域经济一体化和产业集群三个指标仅对国内价值链优化升级产生影响，而国内价值链优化升级对高级生产要素投入、国内区域经济一体化和产业集群的影响可以忽略不计，因此将高级生产要素投入、国内区域经济一体化和产业集群三个指标设定为外生变量。并且在设置内生变量时，最多使用内生变量的二阶滞后值与三阶滞后值作为工具变量。动态面板数据 GMM 回归结果如表 8-9 所示。

表 8-9　　　　　　　　　　动态面板数据回归结果

变量	差分 GMM	系统 GMM
	lnUPNVC	lnUPNVC
L. lnUPNVC	0.553 *** (0.0294)	0.876 *** (0.0193)
d. lnQMVC	0.112 *** (0.00689)	0.0456 *** (0.00802)
lnSERVP	0.270 *** (0.0118)	0.0995 *** (0.0208)

续表

变量	差分 GMM	系统 GMM
	lnUPNVC	lnUPNVC
lnDEVED	0.455 *** (0.0196)	0.235 *** (0.0156)
lnTECH	0.212 *** (0.0127)	0.0748 *** (0.00767)
lnINTEG	0.0413 *** (0.00112)	0.0317 *** (0.00233)
lnCLUST	2.429 *** (0.156)	2.336 *** (0.150)
常数项	-5.049 *** (0.289)	-2.334 *** (0.167)
样本量	364	392
行业数量	28	28

注：括号内数值为标准误，***、** 和 * 分别表示在 1%、5% 和 10% 置信水平下显著。
资料来源：作者测算及整理。

首先对差分 GMM 进行 Arellano – Bond 检验，检验结果显示扰动项的差分存在一阶自相关但不存在二阶自相关，说明可以使用差分 GMM 进行估计。然后由于差分 GMM 使用了 102 个工具变量，需要对工具变量进行过度识别检验，检验结果显示所有工具变量全部有效。然后对系统 GMM 进行 Arellano – Bond 检验，检验结果与差分 GMM 的 Arellano – Bond 检验结果一致，扰动项的差分存在一阶自相关但不存在二阶自相关，说明可以使用系统 GMM 进行估计。最后由于系统 GMM 使用了 153 个工具变量，需要对工具变量进行过度识别检验，检验结果显示所有工具变量全部有效。

由表 8 – 9 动态面板数据回归结果可以看出，考虑了国内价值链优化升级在时间维度上具有持续性特征后，使用动态面板数据模型差分 GMM 两步法和系统 GMM 两步法得到的回归结果与使用面板数据固定效应模型得到的回归结果一样，中国进口价值链质量、国内价值链中生产性服务业增加值占比、中国进口价值链中发达国家增加值占比、高级生产要素投入、区域经济一体化和产业集群等指标符号均为正，并且系数均在1%置信水平下显著，说明中国进口价值链质量、国内价值链中生产性服务业增加值占比、中国进口价值链中发达国家增加值占比、高级生产要素投入、区域经济一体化和产业集群等因素对国内价值链优化升级具有显著的促进作用。同时国内价值链优化升级滞后一期系数显著为正，说明上一期的国内价值链优化升级程度显著影响当期国内价值链优化升级程度。

8.3.6 稳健性检验

国际生产分工协作、国家间劳动力成本差异以及生产要素在世界范围内自由流动等因素共同推动制成品生产工序的分割化（王直等，2015），使得各个国家根据各自比较优势生产价值链分工中的某一环节，生产链条逐步延长。因此，全球价值链分工最主要的领域为制造业，制造业具有生产环节可分割和中间品可贸易的特点，而且制造业的生产要素相对容易自由流动。根据制造业的上述特征，本部分重点通过分析制造业领域的国内价值链优化升级影响因素进行稳健性检验。一方面，将原始的28个行业区分为制造业部分与非制造业部分，回归结果如表8-10所示；另一方面，根据OECD对制造业的划分标准，将制造业继续划分为低、中低技术制造业，中高、高技术制造业进行分析[①]。

表8-10　　　　制造业和非制造业分类回归结果

变量	制造业			非制造业		
	固定效应 OLS	差分 GMM	系统 GMM	固定效应 OLS	差分 GMM	系统 GMM
	lnUPNVC	lnUPNVC	lnUPNVC	lnUPNVC	lnUPNVC	lnUPNVC
L. lnUPNVC		0.610 *** (0.0628)	0.847 *** (0.0969)		0.343 *** (0.0679)	0.549 *** (0.203)

---

① 中高、高技术制造业包括的WIOD行业代码为：11、12、17~21；制造业中的其他行业为低、中低技术制造业。

续表

变量	制造业			非制造业		
	固定效应 OLS	差分 GMM	系统 GMM	固定效应 OLS	差分 GMM	系统 GMM
	lnUPNVC	lnUPNVC	lnUPNVC	lnUPNVC	lnUPNVC	lnUPNVC
d. lnQMVC	0.133 *** (0.0421)	0.121 *** (0.00904)	0.108 *** (0.0222)	0.0756 ** (0.0250)	0.0739 ** (0.0295)	0.0557 (0.0622)
lnSERVP	0.223 * (0.112)	0.199 *** (0.0223)	0.155 *** (0.0266)	0.372 *** (0.0410)	0.321 *** (0.0599)	0.623 *** (0.227)
lnDEVED	0.878 *** (0.206)	0.432 *** (0.0304)	0.236 *** (0.0485)	0.213 (0.193)	0.189 ** (0.0768)	0.311 (0.251)
lnTECH	0.410 *** (0.0231)	0.173 *** (0.0249)	0.0770 ** (0.0363)	0.389 *** (0.0137)	0.262 *** (0.0337)	0.241 ** (0.103)
lnINTEG	0.0754 *** (0.00766)	0.0481 *** (0.00287)	0.0429 *** (0.00460)	0.0314 * (0.0148)	0.0324 *** (0.00993)	0.0543 *** (0.0192)
lnCLUST	1.424 *** (0.338)	2.059 *** (0.199)	2.341 *** (0.362)	2.409 ** (0.967)	2.431 *** (0.489)	3.152 *** (0.677)
常数项	-9.347 *** (0.397)	-4.288 *** (0.601)	-2.386 *** (0.845)	-9.462 *** (0.668)	-6.562 *** (0.731)	-5.197 ** (2.230)
样本量	252	234	252	140	130	140
行业数量	18	18	18	10	10	10
R^2	0.929			0.969		

注：OLS 回归括号内数值为稳健标准误，GMM 回归括号内数值为标准误，*** 、** 和 * 分别表示在1%、5%和10%置信水平下显著。

资料来源：作者测算及整理。

表 8-10 回归结果显示，在制造业领域，使用固定效应 OLS 估计的结果显示中国进口价值链质量、国内价值链中生产性服务业增加值占比、中国进口价值链中发达国家增加值占比、高级生产要素投入、区域经济一体化和产业集群等指标符号均为正，并且中国进口价值链质量、中国进口价值链中发达国家增加值占比、高级生产要素投入、区域经济一体化和产业集群等指标系数在1%置信水平下显著，国内价值链中生

产性服务业增加值占比指标系数在10%置信水平下显著。说明中国进口价值链质量、国内价值链中生产性服务业增加值占比、中国进口价值链中发达国家增加值占比、高级生产要素投入、区域经济一体化和产业集群等因素对国内价值链优化升级具有显著的促进作用。考虑了国内价值链优化升级在时间维度上具有持续性特征后，使用动态面板数据模型差分GMM两步法和系统GMM两步法得到的回归结果与使用面板数据固定效应模型得到的回归结果一样，中国进口价值链质量、国内价值链中生产性服务业增加值占比、中国进口价值链中发达国家增加值占比、高级生产要素投入、区域经济一体化和产业集群等指标符号均为正，并且系数在1%与5%的置信水平下显著，说明中国进口价值链质量、国内价值链中生产性服务业增加值占比、中国进口价值链中发达国家增加值占比、高级生产要素投入、区域经济一体化和产业集群等因素对国内价值链优化升级具有显著的促进作用。同时国内价值链优化升级滞后一期系数显著为正，说明上一期的国内价值链优化升级程度显著影响当期国内价值链优化升级程度。

在非制造业领域，使用固定效应OLS估计的结果显示中国进口价值链质量、国内价值链中生产性服务业增加值占比、中国进口价值链中发达国家增加值占比、高级生产要素投入、区域经济一体化和产业集群等指标符号均为正。国内价值链中生产性服务业增加值占比和高级生产要素投入指标系数在1%置信水平下显著，中国进口价值链质量和产业集群指标系数在5%置信水平下显著，国内区域经济一体化指标系数在10%置信水平下显著，说明中国进口价值链质量、国内价值链中生产性服务业增加值占比、高级生产要素投入、区域经济一体化和产业集群等因素对国内价值链优化升级具有显著的促进作用。但中国进口价值链中发达国家增加值占比指标系数不显著，可能的原因是中国制造业对来自发达国家中间投入品的依赖程度相对更高，非制造业领域来自发达国家中间投入品的贡献相对要小，从而致使非制造业领域中国进口价值链中发达国家增加值占比变量促进国内价值链优化升级的作用不显著。考虑了国内价值链优化升级在时间维度上具有持续性特征后，使用动态面板数据模型差分GMM两步法和系统GMM两步法得到的回归结果显示，中国进口价值链质量、国内价值链中生产性服务业增加值占比、中国进口价值链中发达国家增加值占比、高级生产要素投入、区域经济一体化和产业集群等指标对国内价值链优化升级均具有正向的促进作用，只是显著性略有差异。

根据制造业领域与非制造业领域的固定效应 OLS 估计的系数可以看出，在制造业领域，中国进口价值链质量、中国进口价值链中发达国家增加值占比、高级生产要素投入和区域经济一体化等影响因素对国内价值链优化升级的促进作用相较于非制造业而言更大，这些影响因素正是对制造业发展具有重要影响的因素。而国内价值链中生产性服务业增加值占比和产业集群影响因素对国内价值链优化升级的促进作用，在制造业要略小于非制造业，生产性服务业和产业集群的发展潜力以及对制造业的贡献还有待进一步挖掘和提高。

根据表 8-11 的回归结果，在低、中低技术制造业领域，使用固定效应 OLS 估计的结果显示中国进口价值链中发达国家增加值占比、高级生产要素投入、国内区域经济一体化和产业集群等指标符号均为正，并且系数在 1% 置信水平下显著，说明中国进口价值链中发达国家增加值占比、高级生产要素投入、国内区域经济一体化和产业集群等因素对国内价值链优化升级具有显著的促进作用。中国进口价值链质量和国内价值链中生产性服务业增加值占比对国内价值链优化升级的影响系数也为正，只是效果不显著。使用动态面板数据模型差分 GMM 估计后，中国进口价值链质量和国内价值链中生产性服务业增加值占比指标的显著性得到增强，其他指标也都通过了显著性检验。这说明考虑了国内价值链优化升级在时间维度上具有持续性特征后，各影响变量对国内价值链优化升级均具有显著的促进作用。使用动态面板数据模型系统 GMM 两步法得到的回归结果显示，各影响变量对国内价值链优化升级也起到了正向促进作用，只是个别变量也存在效果不显著的情况。

表 8-11　　　　　　　制造业分技术水平回归结果

变量	低、中低技术制造业			中高、高技术制造业		
	固定效应 OLS	差分 GMM	系统 GMM	固定效应 OLS	差分 GMM	系统 GMM
	lnUPNVC	lnUPNVC	lnUPNVC	lnUPNVC	lnUPNVC	lnUPNVC
L.lnUPNVC		0.647*** (0.0911)	0.767*** (0.110)		0.688*** (0.0540)	0.869*** (0.0232)

续表

变量	低、中低技术制造业			中高、高技术制造业		
	固定效应 OLS	差分 GMM	系统 GMM	固定效应 OLS	差分 GMM	系统 GMM
	lnUPNVC	lnUPNVC	lnUPNVC	lnUPNVC	lnUPNVC	lnUPNVC
d. lnQMVC	0.0630 (0.0404)	0.0540** (0.0227)	0.0906*** (0.0329)	0.185*** (0.0273)	0.186*** (0.0342)	0.196*** (0.0259)
lnSERVP	0.192 (0.119)	0.266*** (0.0575)	0.0922 (0.103)	0.0670 (0.110)	0.137*** (0.0443)	0.183*** (0.0291)
lnDEVED	0.902*** (0.200)	0.273* (0.140)	0.0538 (0.256)	0.631* (0.308)	0.186* (0.110)	0.0882 (0.0564)
lnTECH	0.385*** (0.0320)	0.149*** (0.0370)	0.0807 (0.0512)	0.428*** (0.0256)	0.118*** (0.0278)	0.0362** (0.0145)
lnINTEG	0.0745*** (0.00752)	0.0441*** (0.0109)	0.0236*** (0.00803)	0.0658*** (0.0114)	0.0516*** (0.0108)	0.0488*** (0.00819)
lnCLUST	1.222*** (0.375)	2.005*** (0.373)	3.596*** (1.149)	1.461* (0.706)	1.787*** (0.648)	1.882*** (0.484)
常数项	-8.867*** (0.553)	-3.712*** (0.840)	-3.451*** (0.842)	-10.18*** (0.618)	-3.373*** (0.705)	-1.518*** (0.421)
样本量	154	143	154	98	91	98
行业数量	11	11	11	7	7	7
R^2	0.907			0.970		

注：OLS 回归括号内数值为稳健标准误，GMM 回归括号内数值为标准误，***、** 和 * 分别表示在 1%、5% 和 10% 置信水平下显著。由于中高、高技术制造业在回归时方差-协方差矩阵不满秩，因此使用一步回归法进行回归。

资料来源：作者测算及整理。

在中高、高技术制造业领域，使用固定效应 OLS 估计的结果显示中国进口价值链质量、国内价值链中生产性服务业增加值占比、中国进口价值链中发达国家增加值占比、高级生产要素投入、区域经济一体化和产业集群等指标符号均为正，除国内价值链中生产性服务业增加值占比指标没有通过显著性检验外，其他变量都通过了显著性检验。在考虑了国内价值链优化升级在时间维度上具有持续性特征后，使用动态面板数据模型差分 GMM 两步法和系统 GMM 两步法得到的国内价值链中生产性服务业增加值占比系数在 1% 置信水平下显著。这说明，对于中高、高技术制造业而言，中国进口价值链质量、国内价值链中生产性服务业增加值占比、中国进口价值链中发达国家增加值占比、高级生产要素投入、区域经济一体化和产业集群等因素对国内价值链优化升级均具有显著的促进作用。

根据低、中低技术制造业领域与中高、高技术制造业领域的固定效应 OLS 估计的系数可以看出，在中高、高技术制造业领域，中国进口价值链质量、高级生产要素投入和产业集群等影响因素对国内价值链优化升级的促进作用相较于低、中低技术制造业而言更大。在中高、高技术制造业领域，更多复杂的技术、知识和信息等高端生产要素在行业间流动并且投入生产中，因此这些影响因素对中高、高技术制造业发展具有重要的影响。比较而言，中国进口价值链中发达国家增加值占比和国内区域经济一体化等影响因素，在低、中低技术制造业领域相对更大地促进了国内价值链的优化升级。各影响变量对不同技术水平制造业国内价值链升级的促进作用大小略有差异，但总体来看，中国进口价值链质量、国内价值链中生产性服务业增加值占比、中国进口价值链中发达国家增加值占比、高级生产要素投入、区域经济一体化和产业集群等变量对国内价值链优化升级都具有积极的促进作用，不同的检验方法得到的检验结果基本得到了相互印证。

8.3.7 进一步的讨论

在上述分析中，使用中国进口价值链质量一阶差分数据进行面板数据模型回归。但是一阶差分会损失部分样本量，为了解决这一问题，本部分对原始数据进行实证分析，探索国内价值链优化升级影响因素的其他可能性。首先，对原始数据使用普通面板数据固定效应模型进行回归。面板数据固定效应模型回归结果如表 8-12 所示。

由表 8-12 面板数据固定效应模型回归结果可知，国内价值链中生产性服务业增加值占比、中国进口价值链中发达国家增加值占比、高级生产要素投入、区域经济一体化和产业集群等指标符号均为正，并且系

表 8-12　　　　　　　　面板数据固定效应模型回归结果

变量	lnUPNVC
lnQMVC	-0.0108 (0.0936)
lnSERVP	0.219*** (0.0609)
lnDEVED	0.688*** (0.212)
lnTECH	0.442*** (0.0196)
lnINTEG	0.0474*** (0.00945)
lnCLUST	2.982*** (0.364)
常数项	-10.52*** (0.838)
样本量	420
行业数量	28
固定行业	固定
R^2	0.943

注：括号内为稳健标准误，*** 、** 和 * 分别表示在1%、5%和10%置信水平下显著。
资料来源：作者测算及整理。

数均在1%置信水平下显著，说明生产性服务业的发展、来自发达国家中间投入品的贡献、国内高级生产要素投入、区域经济一体化和产业集群等因素对国内价值链优化升级具有显著的促进作用。但是中国进口价值链质量系数为负且不显著。对此，在模型（8-22）的基础上，添加中国进口价值链质量的二次项继续进行回归，建立模型（8-24）。对模型（8-24）回归的结果如表8-13所示。

$$\ln UPNVC_{it} = \beta_0 + \beta_1 \ln QMVC_{it} + \beta_2 \ln QMVC_{it}^2 + \beta_3 \ln SERVP_{it}$$
$$+ \beta_4 \ln DEVED_{it} + \beta_5 \ln TECH_{it} + \beta_6 \ln INTEG_{it}$$
$$+ \beta_7 \ln CLUST_{it} + \varepsilon_{it} \qquad (8-24)$$

由表8-13添加中国进口价值链质量二次项后的面板数据固定效应

模型回归结果可知,国内价值链中生产性服务业增加值占比、中国进口价值链中发达国家增加值占比、高级生产要素投入、区域经济一体化和产业集群等指标的符号依然为正,并且系数均在1%和5%置信水平下显著,说明这些影响变量对国内价值链优化升级具有显著的促进作用。

表8－13 添加中国进口价值链质量二次项后面板数据固定效应模型回归结果

变量	lnUPNVC
lnQMVC	4.597 * (2.620)
lnQMVC^2	－0.200 * (0.116)
lnSERVP	0.259 *** (0.0648)
lnDEVED	0.552 ** (0.215)
lnTECH	0.419 *** (0.0106)
lnINTEG	0.0357 *** (0.0123)
lnCLUST	2.905 *** (0.372)
常数项	－36.64 ** (14.77)
样本量	420
行业数量	28
固定行业	固定
R^2	0.945

注:括号内数值为稳健标准误,*** 、** 和 * 分别表示在1%、5%和10%置信水平下显著。

资料来源:作者测算及整理。

中国进口价值链质量一次项系数为正,并且在10%置信水平下显著。中国进口价值链质量二次项系数为负,并且在10%置信水平下显著。这表明在不考虑进口价值链质量对国内价值链优化升级滞后影响效应的情况下,中国进口价值链质量因素对国内价值链优化升级的促进作用具有倒"U"型特征。在国内价值链优化升级的不同阶段,中国进口价值链质量影响作用的大小可能不一致。为分析国内价值链优化升级不同阶段的影响变量的作用效果,本部分使用分位数回归,选择1/10分位数、1/4分位数、中位数、3/4分位数、9/10分位数进行回归,全面认识国内价值链优化升级的影响因素及其影响效果。分位数回归结果如表8-14所示。

表8-14　　　　　　　　　分位数回归结果

分位数	0.1	0.25	0.5	0.75	0.9
变量	lnUPNVC	lnUPNVC	lnUPNVC	lnUPNVC	lnUPNVC
lnQMVC	6.234 * (3.301)	5.587 ** (2.455)	4.572 *** (1.689)	3.640 * (2.177)	2.913 (3.067)
lnQMVC^2	-0.270 * (0.144)	-0.242 ** (0.107)	-0.199 *** (0.0739)	-0.159 (0.0952)	-0.127 (0.134)
lnSERVP	0.218 *** (0.0795)	0.235 *** (0.0591)	0.260 *** (0.0407)	0.283 *** (0.0524)	0.302 *** (0.0738)
lnDEVED	0.457 (0.296)	0.495 ** (0.220)	0.554 *** (0.152)	0.608 *** (0.195)	0.650 ** (0.275)
lnTECH	0.424 *** (0.0348)	0.422 *** (0.0259)	0.419 *** (0.0178)	0.417 *** (0.0229)	0.415 *** (0.0324)
lnINTEG	0.0315 (0.0265)	0.0332 * (0.0197)	0.0357 *** (0.0135)	0.0381 ** (0.0175)	0.0399 (0.0246)
lnCLUST	3.799 *** (1.322)	3.446 *** (0.984)	2.891 *** (0.678)	2.382 *** (0.873)	1.985 (1.229)
样本量	420	420	420	420	420

注:括号内数值为标准误,***、**和*分别表示在1%、5%和10%置信水平下显著。
资料来源:作者测算及整理。

从表 8－14 显示的分位数回归结果可以看出，总体上中国进口价值链质量、生产性服务业长度、中国进口价值链发达国家增加值占比、资源禀赋、区域经济一体化和产业集聚等因素对国内价值链优化升级具有显著的促进作用，但是在不同分位点上国内价值链优化升级的影响因素具有不同的特征。

中国进口价值链质量一次项系数为正，并且在国内价值链优化升级由低分位数到高分位数转变的过程中，系数逐渐变小。中国进口价值链质量二次项系数为负，并且在国内价值链优化升级由低分位数到高分位数转变的过程中，系数的绝对值逐渐变小。由于一次项系数的平方值与二次项系数绝对值的比值逐渐变小，倒"U"型曲线呈扁平化趋势。这说明，如果不考虑进口价值链质量对国内价值链优化升级的滞后影响效应，中国进口价值链质量因素对国内价值链优化升级的促进作用具有显著的倒"U"形特征。在国内价值链优化升级从低水平到高水平的变化过程中，中国进口价值链质量这一因素对国内价值链优化升级的边际促进作用会有所下降。中国在发展国内价值链初级阶段时，应注重国内价值链质量的提升，但是随着国内价值链逐步升级，应将发展重心转移到其他影响因素上。

国内价值链中生产性服务业增加值占比指标在各分位点上的系数均为正，并且均在1%置信水平下显著，同时，系数随分位点的增加而增加。这说明在国内价值链优化升级从低水平到高水平的变化过程中，生产性服务业的发展对国内价值链优化升级的促进作用越来越重要。中国在发展国内价值链时，应注重发展生产性服务业。

中国进口价值链中发达国家增加值占比指标在各分位点上的系数均为正，并且在1/4分位点、中位点、3/4分位点、9/10分位点上显著，同时，系数随分位点的增加而增加。这说明在国内价值链优化升级从低水平到高水平的变化过程中，中国进口价值链中发达国家增加值占比这一因素对国内价值链优化升级的促进作用越来越重要。中国在发展国内价值链时，应继续进口国外高技术含量的产品并积极提升自身能力以更好地通过技术溢出效应获得先进技术。

高级生产要素投入指标在各分位点上的系数均为正，并且均在1%置信水平下显著，而且系数随分位点的增加变化不大。这表明国内价值链优化升级从低水平到高水平的变化过程中，高级生产要素投入这一因素对国内价值链优化升级能够持续地起到促进作用。中国在发展国内价值链时，应注重人力资本积累。

国内区域经济一体化指标在各分位点上的系数均为正，并且在 1/4 分位点、中位点、3/4 分位点上显著，同时系数随分位点的增加而增加，系数变化不大。这表明随着国内价值链优化升级从低水平到高水平的变化过程中，国内区域经济一体化对国内价值链优化升级持续起到促进作用，区域经济一体化对国内价值链优化升级一直具有较为重要的作用。

产业集群指标在各分位点上的系数均为正，并且在 1/10 分位点、1/4 分位点、中位点、3/4 分位点上的 1% 置信水平下显著，但系数随分位点的增加而略有减少。这表明国内价值链优化升级从低水平到高水平的变化过程中，产业集群这一因素对国内价值链优化升级的边际促进作用会有所下降。中国在发展国内价值链初级阶段时，应注重产业集群因素对国内价值链优化升级的促进作用，但随着国内价值链优化升级水平的上升，中国应将发展重心转移到其他影响因素上去。

8.4 本章小结

本章阐述了国内价值链优化升级的发展目标和实现机制，测算了国内价值链优化升级的现实情况，并对国内价值链优化升级的影响因素进行了经验检验。国内价值链优化升级最终要体现到全球价值链中的竞争力上来，我国国内价值链优化升级的发展目标是要向全球价值链的中高端不断迈进，提高我国在全球价值链中所获取的附加值，增强产业在全球价值链中的控制力和竞争力。为实现国内价值链优化升级的发展目标，我国要改善进口价值链质量，加强与进口价值链上先进企业和先进技术的互动机制；培育高级生产要素，提高研发创新、生产制造及营销服务能力；优化区域发展战略，实现国内区域一体化；发展产业集群，提高产业集群的知识溢出能力和辐射能力。

从国内价值链的发展情况来看，2000~2014 年，中国增加值在全球价值链中表现出了快速增长的态势，无论是中国增加值在全球价值链中的绝对数额，还是中国增加值在全球价值链中的相对比重，在考察年度内都基本表现出了上升趋势。中国增加值在全球价值链中的绝对数额和相对比重的增长趋势，足以说明中国在全球价值链中不断增强的竞争力，国内价值链呈现出升级的发展趋势。自从中国开始实行改革开放战略以及加入世界贸易组织以来，中国经济得到快速发展，中国开始参与全球价值链分工协作，并且在全球价值链分工中占据着越来越重要的地位。伴随而来的是中国在全球价值链分工中获得越来越多的增加值以及越来越多地控制全球价值链的核心环节，中国在全球价值链中的控制力和竞争力不断增强。中国由原来获取全球价值链中加工组装环节的较少的增加值发展到获取研发设计环节以及销售服务环节的较多的增加值，由原来处在全球价值链分工中的中低端环节逐步发展上升到中高端环节。中国在全球价值链分工中控制力和竞争力的增强推动着中国国内价值链不断发展壮大，使得中国国内价值链由原先生产低技术、低资本、高劳动密集型产品发展到生产高技术、高资本、低劳动密集型产品，国内价值链表现出优化升级的发展趋势。

从对国内价值链优化升级影响因素的检验效果来看，作为国内价值链优化升级实现机制中的重要变量，中国进口价值链质量、高级生产要素或人力资本投入、国内区域经济一体化和产业集群发展，都对国内价值链优化升级起着积极的推动作用。国内价值链中生产性服务业增加值占比指标、中国进口价值链中发达国家增加值占比指标也对国内价值链优化升级起到正面促进作用，而且伴随着国内价值链优化升级从低水平到高水平发展，国内生产性服务业的发展和中国进口价值链中发达国家增加值占比这些因素对国内价值链优化升级的促进作用也越来越重要。中国在发展国内价值链时，应注重加强与发达国家和先进企业的技术联系与互动，不断改善进口价值链质量，加强国内高级生产要素培育、区域一体化和产业集群建设，积极推动服务业，尤其是生产性服务业的发展。

第9章 结论与建议

本章对全书的结论进行总结,并提出研究建议和下一步的研究方向。

9.1 研究结论

第一,全球价值链通过中间产品的进出口贸易将世界各国和地区的生产活动连接在一起,全球价值链的分析和研究既要关注出口角度的分析,也要关注进口角度的分析。虽然出口和进口是一个问题的两个侧面,但就一国而言,由于中间品进口供给直接和间接地融入了国内生产体系中,因此它对国内经济的影响比出口的需求拉动更为深刻。从进口价值链角度来研究全球价值链,本书认为,进口价值链通过投入—产出机制、供应链机制和产业集群机制对国内价值链产生影响,在国内价值链质量以及国内价值链成长等方面发挥着重要作用。

第二,通过建立国内八大经济区域、国内30个省区市的嵌入式世界投入产出表和价值链拆分模型,本书提出了价值链生产长度和生产位置的相关指标体系并分别进行了测算研究。测算结果发现,中国参与国内价值链和全球价值链劳动分工越来越精细,参与程度也越来越深,中国与世界其他国家和地区的经济联系越来越密切。中国出口价值链、进口价值链和国内价值链的延长共同驱动了中国基于前向关联和基于后向关联的价值链生产长度延长。国内八大经济区域基于前向关联和后向关联的区际价值链生产长度、出口价值链生产长度和进口价值链生产长度都出现了较大幅度的延长,但不同省区市表现出较大的异质性。中国在全球价值链中总体上处于相对下游生产位置,但在不同行业、不同经济区域、不同省区市之间存在较大差异。

第三，全球价值链质量是对价值链条上中间产品质量和参与主体间关系密切程度的综合考量。在界定价值链质量概念的基础上，本书提出了全球价值链、国内价值链和进口价值链质量的测算方法，以及考虑中国细分经济区域的价值链质量、区域价值链质量和进口价值链质量。全球价值链和国内价值链质量在研究期间都出现了一定程度的改善，中国主要经济区域的价值链质量也都出现了不同程度的改善，东部地区的价值链质量普遍高于中西部地区。不过，中西部地区价值链质量改善的速度要快于东部地区，因此，东部地区与中西部地区的价值链质量的相对差距在缩小。经验研究结果显示，提高进口价值链质量能够有效促进国内价值链质量的提升，但诸如全球金融危机等类似事件引发世界经济和贸易关系出现摩擦或动荡时，这一促进作用会受到削弱。

第四，在我国各种区域发展战略的推动下，国内各经济区域在国内价值链中的参与度在近几年有所上升，尤其是区际价值链参与度的上升势头更为明显，国内价值链分工联系不断增强。相应地，国内价值链的广度表现出上升趋势，中西部地区国内价值链广度上升幅度相对更大；国内价值链深度也有所加强，国内价值链分工的生产长度和增加值流转额都在增加。国内各区域要素禀赋存在很大差异，东部地区在技术和资本要素方面具有较强优势，而中西部地区的自然资源丰富，国内价值链依托各区域的富裕要素得到了充分发展，国内价值链的匹配度较好，以要素禀赋优势形成的各区域在国内和国际上的竞争力也不断加强。国内各省区市存在较强的经济自立能力，省内价值链发育较为完善。国内各省区市通过参与全球价值链和国内价值链，对地区经济增长都能起到促进作用，只是东部省区市在参与全球价值链方面显示出相对更大的促进作用，而西部省区市在参与国内价值链方面显示出相对更大的促进作用。

第五，国内价值链优化升级最终要体现到全球价值链中的竞争力上来，我国国内价值链优化升级的发展目标是要向全球价值链的中高端不断迈进，提高我国在全球价值链中所获取的附加值，增强产业在全球价值链中的控制力和竞争力。研究期间，中国在全球价值链中的竞争力不断增强，国内价值链也呈现出升级的发展趋势。中国进口价值链质量、高级生产要素投入、国内区域经济一体化和产业集群发展，都对国内价值链优化升级起着积极的推动作用。为进一步促进国内价值链的优化升级，我国要继续改善进口价值链质量，加强与进口价值链上先进企业和先进技术的互动机制；培育高级生产要素，提高研发创新、生产制造及营销服务能力；优化区域发展战略，实现国内区域一体化；发展产业集群，提高产业集群的知识溢出能力和辐射能力。

9.2 研究建议

本节从区域一体化合作战略、要素培育和要素集聚战略、产业集群发展战略等角度，提出国内区域价值链优化升级的具体措施建议，包括以下方面。

第一，充分利用新技术发展机遇，培育数字技术新优势，促进国内价值链成长。

当今信息技术的发展正在推进全球价值链的变革，自动化、智能机器等数字技术的发展正在对依靠低成本劳动优势嵌入全球价值链并依赖出口拉动经济增长的发展中国家构成威胁（World Bank，2020）。发达国家在新技术革命的背景下，纷纷出台新的工业化战略，推动其离岸外包的制造业回流本土，这对于发展中国家借助外资与发达国家主导的全球价值链保持密切联系并获取技术外溢收益的发展模式也形成了挑战。我们要认识到新技术发展可能带来的风险，更要充分利用好新技术发展带来的机遇。《中国制造2025》战略规划和《关于推进贸易高质量发展的指导意见》分别指出制造业强大和贸易高质量发展的重要意义，我们要充分利用新技术发展带来的机遇，加强培育高质量的国内价值链。

培育高质量的国内价值链，关键是提高国内企业的技术水平和创新能力，并通过新技术的应用和传播强化企业之间的协同技术进步和生产联系。新技术发展给我国企业自主创新带来了良好的发展机遇，技术研发是提高技术水平的关键，技术应用也是改进技术水平的重要因素，政府在基础研究方面的投资与在技术应用方面的投资同样重要（Harrigan et al.，2018）。政府在鼓励企业自主创新的同时，也要加强新技术的应用和推广，加强培育国内企业在数字技术领域的新优势，促进国内企业整体技术水平的提升和国内价值链质量的改善。

第二,加强与跨国企业的互动合作,改善进口价值链质量,构建新型贸易网络。

进口价值链质量对国内价值链质量的提升具有积极的促进作用,毕竟发达国家在高技术领域还存在着相对优势,我们应该与发达国家保持密切的协调和沟通,尽量将美国等少数国家挑起的国际经贸摩擦损失降低到最小程度,创造良好的进口环境,与技术先进的跨国企业保持密切的互动合作关系,充分利用进口价值链带来的技术外溢效果。

当然,我们也应该看到,美国的贸易保护行为对业已形成的全球价值链结构带来了挑战,世界经济和贸易的发展增加了很大的不确定性,全球价值链的剧烈调整将引致全球经济的再平衡。跨国企业为了避免贸易摩擦引致的成本上升,开始重新寻求供应链合作伙伴,全球价值链贸易正在重新定向(Amiti et al.,2019;Fajgelbaum,2019)。另外一个引导全球价值链重构的力量来自区域经济一体化的加强,目前,区域贸易协定伙伴国之间的中间品流动规模越来越大,区域内价值链联系越来越紧密(Gortari,2019)。发达国家主导的区域贸易协定规则正在使全球价值链结构内生化,发达国家主导的全球价值链分层也逐渐固化(荆林波和袁平红,2019)。因此,我们应该充分利用"一带一路"等开放倡议带来的机遇,打造由我国主导的世界不同区域的价值链,加强与不同层次的跨国企业合作,积极构建新型的全球贸易网络,通过贸易协定和规则上的制定权和话语权,争取在全球价值链上的控制力和竞争力。

第三,重视服务业对外开放,提高技术贸易进口对国内价值链的贡献。

制造业和服务业的融合发展产生了制造业服务化趋势(祝树金等,2019),服务业的发展,尤其是生产性服务业的发展有助于促进国内价值链优化升级。长期以来,我国制造业在全球价值链中处于加工组装的中低端生产环节,国内企业参与全球价值链仅能获取低廉的附加值,其中的原因并不能完全归咎于制造业生产技术水平相对不足,服务业发展相对滞后也在一定程度上拖累了我国制造业的发展。制造业和服务业在全球价值链生产体系下已经融合为一个整体,一国要使制造业具有国际竞争力,必须考虑包括服务业在内的整个价值链。一国在全球价值链中的地位和竞争力不仅取决于制造业企业,还取决于服务业供应商(Michel et al.,2018)。生产性服务业通过价值链关联关系与制造业密切相连，以知识、技术为主导的服务要素与其他生产要素相结合，不仅能直接推动生产技术创新，还能通过制造业的服务化，对制造业企业带来技术溢出效应。我国应该重视服务业对外开放，既要通过引进先进知识和技术弥补国内技术水平的不足并享受技术外溢收益，也要改善国内服务供应商的技术水平，通过国外和国内服务业技术水平的提升和知识结构的改善，共同促进国内价值链的成长和升级。

第四，协调国内区域发展政策，促进国内区域经济一体化。

我国幅员辽阔，国内不同地区的资源禀赋和生产要素优势各不相同，区域经济发展水平也存在较大差异。在我国各类区域发展战略的推动下，区域经济协调发展已经取得了较大的进展，国内区域经济一体化水平也得到了提高。不过，由于个别地方政府出于自身利益或政绩等方面的考虑，地方保护行为还时常出现，国内市场依然存在一定的分割状况。我们应该继续降低地方行政壁垒，优化国内区域发展布局，提升国内区域经济一体化水平，以促进国内价值链的成长和升级。从国内价值链发展的角度看，上下游企业的协同发展对于整个价值链技术水平的提升至关重要，良好的市场竞争环境有助于打破上游或下游企业的垄断行为，上游或下游企业之间的竞争有助于价值链参与主体的技术创新（Bettignies et al.，2018）。国内区域经济一体化通过优化竞争环境，能够破除当地企业对地方保护的依赖，使各地企业在竞争中融入国内价值链，与其他区域的企业共同发展。因此，我国在继续推动已有的国内各项区域发展战略的同时，还要加强不同区域之间的融通和互动，进一步优化区域布局，整合国内不同区域的资源，发挥不同区域的比较优势，推进国内价值链高质量发展。

第五，积极培育高级生产要素，提高国内企业的竞争力。

跨国公司在全球价值链中发挥主导作用，在通过离岸外包活动降低劳动力成本的同时，更多的是利用跨国公司所特有的技术、品牌等无形资产，以很低的边际成本在全球价值链中获取高额的附加值或利润（Chen et al.，2018）。无形资产收入在全球价值链要素收入中占有相当的份额，这来自高级生产要素的贡献。在自动化、3D打印、智能制造等一系列新技术革命中受到威胁的是非熟练劳动力，新技术革命越是向前推进，高级生产要素越是会表现出稀缺性。因此，政府除了要考虑为因新技术革命和全球价值链发展带来的结构性变化所伤害的非熟练劳动力提供救济和调整政策外，更要考虑高级生产要素的培育和发展政策。人力资本投资并不仅仅是资金投入规模的增加，人才的成长和集聚更需要优越的软环境。培育人才、留住人才、吸引人才，我们在加大教育和人力资本投资的同时，还要花大力气改善人才成长的环境，推动高级生产要素的成长和集聚，这是提高国内企业竞争力和国内价值链升级的根本。

第六，注重培育产业集群，提高产业集群的知识溢出能力和辐射能力。

产业集群在我国已经得到了一定程度的发展，产业集群有可能成为我国企业"抱团"融入全球价值链的重要力量（刘志彪和吴福象，2018）。不过，我国产业集群的发展在一些地区还存在一定程度的同质化现象，较低水平重复性建设发展起来的产业集群难以发挥产业集群应有的竞争优势。产业集群建设需要有强有力的主导型企业，该主导企业对产业集群形成的价值链拥有较强的治理能力，通过价值链条上密切的前向关联和后向关联关系，将产业集群内的企业整合为一体，产业集群才能有效发挥其协同效应和规模效应。产业集群具有强烈的知识溢出能力和辐射能力，不仅产业集群内的企业易于获取技术溢出收益，产业集群的周边地区和企业也能够享受到辐射效果。在自由贸易试验区建设成为国家战略之后，我国已分批次建设了18个自由贸易试验区，这对我国产业集群的建设又带来了新的机会。一些地区的自由贸易试验区具有鲜明的地方特色和产业特色，这些地区可以从当地的优势资源或产业出发，充分利用自由贸易试验区的优惠政策，培育和发展高质量的产业集群，助推新旧动能转换，推动产业集群在嵌入国内价值链和全球价值链中发挥更重要的作用。

9.3 进一步的研究方向

全球价值链测算领域的研究在近几年的确取得了很大的进展，但较多的研究成果依赖于投入产出分析方法，借助世界性的投入产出表来实现研究目标，本书的研究方法也是如此。本书通过将国内经济区域、国内省区市间的投入产出表嵌入世界投入产出表，对国内价值链成长和升级问题进行了细致研究，并通过提出价值链质量的概念和测算方法，为全球价值链的研究领域扩充了一个新的内容。

投入产出分析方法的局限性在于，这种方法借助投入产出表主要能够实现对地区和行业层面的分析，对企业层面的分析很难实现。毕竟企业是参与全球价值链的主体，全球价值链的研究未来应该更多的关注企业行为。虽然目前已经有文献从事企业层面全球价值链问题的研究（Johnson，2018），但这些研究基本上是个案研究，研究工作集中在特定部门和国家的特定案例研究上。例如，杰里菲（Gereffi，1999）关于服装行业的研究、斯特金等（Sturgeon et al.，2008）关于汽车行业的研究、巴伯和杰里菲（Bamber & Gereffi，2013）关于哥斯达黎加医疗器械行业的研究、马基阿韦洛和莫尔贾里亚（Macchiavello & Morjaria，2015）关于肯尼亚花卉行业以及马基阿韦洛和莫尔贾里亚（Macchiavello & Morjaria，2017）关于卢旺达咖啡价值链的研究等。

在企业层面上测算全球价值链还处于初级阶段（Infant Stage），其众所周知的困难在于企业有关数据的来源和处理（Antràs，2019）。一方面，确定企业出口的产品是用于中间投入还是用于最终消费是困难的；另一方面，即使能够确定企业出口的产品是中间投入品，也几乎不可能确定这些投入品是在进口国完全被吸收，还是在增加价值后又由进口方再出口到第三国市场。

世界银行曾计划在《2020年世界发展报告》中利用世界银行出口商动态数据库（World Bank's Exporter Dynamics Database，EDD），将基于案例研究的文献与全球价值链的投入产出分析方法相结合，制定企业层面和产品层面参与全球价值链的测算标准，尤其是希望对关系型全球价值链（Relational Global Value Chains）开展研究，但由于时间和难度等种种限制，没能完成相关分析（World Bank，2020）。

不过，基于企业层面研究全球价值链的工作已经起步，这将是未来非常值得探索的领域。笔者也将继续关注这一领域的进展，争取获得更新的研究成果。

参 考 文 献

[1] 柴斌锋、杨高举：《高技术产业全球价值链与国内价值链的互动——基于非竞争型投入占用产出模型的分析》，载于《科学学研究》2011年第4期。

[2] 陈继勇、盛杨怿：《外商直接投资的知识溢出与中国区域经济增长》，载于《经济研究》2008年第12期。

[3] 陈健、康曼琳、陈苔菁：《国内价值链的构建如何影响企业国际价值链拓展？——来自微观数据的经验实证》，载于《产业经济研究》2019年第1期。

[4] 陈启斐、巫强：《国内价值链、双重外包与区域经济协调发展：来自长江经济带的证据》，载于《财贸经济》2018年第7期。

[5] 陈强：《高级计量经济学及Stata应用（第2版）》，高等教育出版社2014年版。

[6] 陈喜强、傅元海、罗云：《政府主导区域经济一体化战略影响制造业结构优化研究——以泛珠三角区域为例的考察》，载于《中国软科学》2017年第9期。

[7] 陈旭、邱斌、刘修岩，等：《多中心结构与全球价值链地位攀升：来自中国企业的证据》，载于《世界经济》2019年第8期。

[8] 崔向阳、袁露梦、钱书法：《区域经济发展：全球价值链与国家价值链的不同效应》，载于《经济学家》2018年第1期。

[9] 戴翔：《全球贸易增速下降之谜研究综述》，载于《经济学动态》2016年第9期。

[10] 段世德、王跃生：《中国对美出口贸易利益获取研究——基于全球价值链视角》，载于《经济科学》2019年第3期。

[11] 樊纲、关志雄、姚枝仲：《国际贸易结构分析：贸易品的技术分布》，载于《经济研究》2006年第8期。

［12］高敬峰：《中国出口价值链演化及其内在机理剖析》，载于《财贸经济》2013年第4期。

［13］高翔、黄建忠、袁凯华：《价值链嵌入位置与出口国内增加值率》，载于《数量经济技术经济研究》2019年第6期。

［14］高煜、杨晓：《国内价值链构建与区域产业互动机制研究》，载于《经济纵横》2012年第3期。

［15］耿晔强、白力芳：《人力资本结构高级化、研发强度与制造业全球价值链升级》，载于《世界经济研究》2019年第8期。

［16］韩剑、冯帆、姜晓运：《互联网发展与全球价值链嵌入——基于GVC指数的跨国经验研究》，载于《南开经济研究》2018年第4期。

［17］贺灿飞、潘峰华：《产业地理集中、产业集聚与产业集群：测量与辨识》，载于《地理科学进展》2007年第2期。

［18］黄先海、余骁：《以"一带一路"建设重塑全球价值链》，载于《经济学家》2017年第3期。

［19］蒋含明：《中国制造业全球价值链利益分配机制研究：契约不完全视角》，载于《经济学动态》2019年第2期。

［20］赖明勇、包群、彭水军，等：《外商直接投资与技术外溢：基于吸收能力的研究》，载于《经济研究》2005年第8期。

［21］黎峰：《进口贸易、本土关联与国内价值链重塑》，载于《中国工业经济》2017年第9期。

［22］黎峰：《中国国内价值链是怎样形成的?》，载于《数量经济技术经济研究》2016年第9期。

［23］李跟强、潘文卿：《国内价值链如何嵌入全球价值链：增加值的视角》，载于《管理世界》2016年第7期。

［24］李磊、冼国明、包群：《"引进来"是否促进了"走出去"？——外商投资对中国企业对外直接投资的影响》，载于《经济研究》2018年第3期。

［25］李善同、何建武、刘云中：《全球价值链视角下中国国内价值链分工测算研究》，载于《管理评论》2018年第5期。

［26］刘会政、朱光：《全球价值链嵌入对中国装备制造业出口技术复杂度的影响——基于进口中间品异质性的研究》，载于《国际贸易问题》2019年第8期。

[27] 刘景卿、车维汉：《国内价值链与全球价值链：替代还是互补？》，载于《中南财经政法大学学报》2019年第1期。

[28] 刘乃郗、韩一军、王萍萍：《FDI是否提高了中国农业企业全要素生产率？——来自99801家农业企业面板数据的证据》，载于《中国农村经济》2018年第4期。

[29] 刘仕国、吴海英、马涛，等：《利用全球价值链促进产业升级》，载于《国际经济评论》2015年第1期。

[30] 刘维林：《中国式出口的价值创造之谜：基于全球价值链的解析》，载于《世界经济》2015年第3期。

[31] 刘志彪：《重构国家价值链：转变中国制造业发展方式的思考》，载于《世界经济与政治论坛》2011年第4期。

[32] 刘志彪、吴福象：《"一带一路"倡议下全球价值链的双重嵌入》，载于《中国社会科学》2018年第8期。

[33] 刘志彪：《以国内价值链的构建实现区域经济协调发展》，载于《广西财经学院学报》2017年第5期。

[34] 刘志彪、张杰：《全球代工体系下发展中国家俘获型网络的形成、突破与对策——基于GVC与NVC的比较视角》，载于《中国工业经济》2007年第5期。

[35] 刘志彪、张少军：《中国地区差距及其纠偏：全球价值链和国内价值链的视角》，载于《学术月刊》2008年第5期。

[36] 刘遵义、陈锡康、杨翠红，等：《非竞争型投入占用产出模型及其应用——中美贸易顺差透视》，载于《中国社会科学》2007年第5期。

[37] 陆铭、陈钊：《分割市场的经济增长——为什么经济开放可能加剧地方保护》，载于《经济研究》2009年第3期。

[38] 罗军：《生产性服务进口与制造业全球价值链升级模式——影响机制与调节效应》，载于《国际贸易问题》2019年第8期。

[39] 罗伟、吕越：《外商直接投资对中国参与全球价值链分工的影响》，载于《世界经济》2019年第5期。

[40] 吕越、陈帅、盛斌：《嵌入全球价值链会导致中国制造的"低端锁定"吗？》，载于《管理世界》2018年第8期。

[41] 麻书城、唐晓青：《供应链质量管理特点及策略》，载于《计

算机集成制造系统》2001年第9期。

[42] 马丹、何雅兴、张婧怡：《技术差距、中间产品内向化与出口国内增加值份额变动》，载于《中国工业经济》2019年第9期。

[43] 马述忠、张洪胜、王笑笑：《融资约束与全球价值链地位提升——来自中国加工贸易企业的理论与证据》，载于《中国社会科学》2017年第1期。

[44] 倪红福、夏杰长：《中国区域在全球价值链中的作用及其变化》，载于《财贸经济》2016年第10期。

[45] 潘文卿、李跟强：《中国区域的国家价值链与全球价值链：区域互动与增值收益》，载于《经济研究》2018年第3期。

[46] 蒲国利、苏秦、刘强：《一个新的学科方向——供应链质量管理研究综述》，载于《科学学与科学技术管理》2011年第10期。

[47] 齐俊妍、王永进、施炳展，等：《金融发展与出口技术复杂度》，载于《世界经济》2011年第7期。

[48] 乔小勇、王耕、李泽怡：《全球价值链国内外研究回顾——基于SCI/SSCI/CSSCI文献的分析》，载于《亚太经济》2017年第1期。

[49] 邵朝对、李坤望、苏丹妮：《国内价值链与区域经济周期协同：来自中国的经验证据》，载于《经济研究》2018年第3期。

[50] 邵朝对、苏丹妮：《国内价值链与技术差距——来自中国省际的经验证据》，载于《中国工业经济》2019年第6期。

[51] 沈鸿、向训勇、顾乃华：《全球价值链嵌入位置与制造企业成本加成——贸易上游度视角的实证研究》，载于《财贸经济》2019年第8期。

[52] 沈剑飞：《流通活动、市场分割与国内价值链分工深度》，载于《财贸经济》2018年第9期。

[53] 盛斌、景光正：《金融结构、契约环境与全球价值链地位》，载于《世界经济》2019年第4期。

[54] 盛斌、苏丹妮、邵朝对：《中国全球价值链嵌入的空间路径选择——事实与影响因素》，载于《世界经济文汇》2018年第1期。

[55] 宋丽智：《我国固定资产投资与经济增长关系再检验：1980~2010年》，载于《宏观经济研究》2011年第11期。

[56] 苏丹妮、盛斌、邵朝对：《国内价值链、市场化程度与经济

增长的溢出效应》，载于《世界经济》2019年第10期。

[57] 苏庆义、高凌云：《全球价值链分工位置及其演进规律》，载于《统计研究》2015年第12期。

[58] 苏庆义：《中国省级出口的增加值分解及其应用》，载于《经济研究》2016年第1期。

[59] 唐宜红、张鹏杨、梅冬州：《全球价值链嵌入与国际经济周期联动：基于增加值贸易视角》，载于《世界经济》2018年第11期。

[60] 唐宜红、张鹏杨：《中国企业嵌入全球生产链的位置及变动机制研究》，载于《管理世界》2018年第5期。

[61] 田颖、田增瑞、韩阳，等：《国家创新型产业集群建立是否促进区域创新？》，载于《科学学研究》2019年第5期。

[62] 王思语、郑乐凯：《全球价值链嵌入特征对出口技术复杂度差异化的影响》，载于《数量经济技术经济研究》2019年第5期。

[63] 王孝松、吕越、赵春明：《贸易壁垒与全球价值链嵌入——以中国遭遇反倾销为例》，载于《中国社会科学》2017年第1期。

[64] 王永进、刘灿雷、施炳展：《出口下游化程度、竞争力与经济增长》，载于《世界经济》2015年第10期。

[65] 王振国、张亚斌、单敬，等：《中国嵌入全球价值链位置及变动研究》，载于《数量经济技术经济研究》2019年第10期。

[66] 王直、魏尚进、祝坤福：《总贸易核算法：官方贸易统计与全球价值链的度量》，载于《中国社会科学》2015年第9期。

[67] 魏龙、王磊：《从嵌入全球价值链到主导区域价值链——"一带一路"战略的经济可行性分析》，载于《国际贸易问题》2016年第5期。

[68] 魏龙、王磊：《全球价值链体系下中国制造业转型升级分析》，载于《数量经济技术经济研究》2017年第6期。

[69] 文东伟：《全球价值链分工与中国的贸易失衡——基于增加值贸易的研究》，载于《数量经济技术经济研究》2018年第11期。

[70] 席强敏、陈曦、李国平：《中国城市生产性服务业模式选择研究——以工业效率提升为导向》，载于《中国工业经济》2015年第2期。

[71] 席艳玲、白艳娟：《贸易增加值视角下全球价值链与国内价值链研究评述》，载于《现代管理科学》2017年第8期。

[72] 徐宁、皮建才、刘志彪：《全球价值链还是国内价值链——中国代工企业的链条选择机制研究》，载于《经济理论与经济管理》2014年第1期。

[73] 许和连、成丽红、孙天阳：《离岸服务外包网络与服务业全球价值链提升》，载于《世界经济》2018年第6期。

[74] 闫云凤、赵忠秀：《中国在全球价值链中的嵌入机理与演进路径研究：基于生产链长度的分析》，载于《世界经济研究》2018年第6期。

[75] 姚洋、张晔：《中国出口品国内技术含量升级的动态研究——来自全国及江苏省、广东省的证据》，载于《中国社会科学》2008年第2期。

[76] 于泽、徐沛东：《资本深化与我国产业结构转型——基于中国1987~2009年29省数据的研究》，载于《经济学家》2014年第3期。

[77] 余泳泽、容开建、苏丹妮，等：《中国城市全球价值链嵌入程度与全要素生产率——来自230个地级市的经验研究》，载于《中国软科学》2019年第5期。

[78] 余振、周冰惠、谢旭斌，等：《参与全球价值链重构与中美贸易摩擦》，载于《中国工业经济》2018年第7期。

[79] 袁凯华、彭水军、陈泓文：《国内价值链推动中国制造业出口价值攀升的事实与解释》，载于《经济学家》2019年第9期。

[80] 占丽、戴翔、张为付：《产业上游度、出口品质与全球价值链攀升——中美"悖论"的经验证据及启示》，载于《财经科学》2018年第9期。

[81] 张会清、翟孝强：《中国参与全球价值链的特征与启示——基于生产分解模型的研究》，载于《数量经济技术经济研究》2018年第1期。

[82] 张建华、张淑静：《产业集群的识别标准研究》，载于《中国软科学》2006年第3期。

[83] 张杰、郑文平：《全球价值链下中国本土企业的创新效应》，载于《经济研究》2017年第3期。

[84] 张鹏杨、唐宜红：《FDI如何提高我国出口企业国内附加值？——基于全球价值链升级的视角》，载于《数量经济技术经济研

究》2018 年第 7 期。

［85］张少军、刘志彪：《国内价值链是否对接了全球价值链——基于联立方程模型的经验分析》，载于《国际贸易问题》2013 年第 2 期。

［86］张志明、周彦霞：《嵌入亚太价值链提升了中国劳动生产率吗？》，载于《经济评论》2019 年第 5 期。

［87］张中元：《区域贸易协定的水平深度对参与全球价值链的影响》，载于《国际贸易问题》2019 年第 8 期。

［88］祝树金、谢煜、段凡：《制造业服务化、技术创新与企业出口产品质量》，载于《经济评论》2019 年第 6 期。

［89］Agrawal M. K., Pak M. H., Getting Smart about Supply Chain Management. *The McKinsey Quarterly*, No. 2, 2001, pp. 22 – 25.

［90］Almunia M., Antràs P., Lopez – Rodriguez D., et al., Venting Out: Exports During a Domestic Slump. *NBER Working Paper*, No. 25372, 2018.

［91］Amiti M., Redding S. J., Weinstein D., The Impact of the 2018 Trade War on U. S. Prices and Welfare. *NBER Working Paper*, No. 25672, 2019.

［92］Antràs P., Conceptual Aspects of Global Value Chains. *NBER Working Paper*, No. 26539, 2019.

［93］Antràs P., Chor D., On the Measurement of Upstreamness and Downstreamness in Global Value Chains. *NBER Working Paper*, No. 24185, 2018.

［94］Antràs P., Chor D., Organizing the Global Value Chain. *Econometrica*, Vol. 81, No. 6, 2013, pp. 2127 – 2204.

［95］Antràs P., Chor D., Fally T., et al., Measuring the Upstreamness of Production and Trade Flows. *American Economic Review*, Vol. 102, No. 3, 2012, pp. 412 – 416.

［96］Arndt S. W., Globalization and the Open Economy. *North American Journal of Economics & Finance*, Vol. 8, No. 1, 1997, pp. 71 – 79.

［97］Auer R., Bonadio B., Levchenko A. A., The Economics and Politics of Revoking NAFTA. *NBER Working Paper*, No. 25379, 2018.

［98］Baldwin R., *Globalisation: The Great Unbundling*（s）. Economic Council of Finland, 2006.

［99］Baldwin R., Lopez – Gonzalez J., Supply – chain Trade: A Portrait of Global Patterns and Several Testable Hypotheses. *CEPR Discussion Paper*, No. 9421, 2013.

［100］Baldwin R., Venables A. J., Spiders and Snakes: Offshoring and Agglomeration in the Global Economy. *Journal of International Economics*, Vol. 90, No. 2, 2013, pp. 245 – 254.

［101］Baldwin R., Yan B., *Global Value Chains and the Productivity of Canadian Manufacturing Firms*. Statistics Canada Publishing, 2014.

［102］Bamber P., Gereffi G., *Costa Rica in the Medical Devices Global Value Chain: Opportunities for Upgrading*. Global Value Chains Center, Duke University, 2013.

［103］Berlingieri G., Pisch F., Steinwender C., Organizing Global Supply Chains: Input Cost Shares and Vertical Integration. *NBER Working Paper*, No. 25286, 2018.

［104］Bettignies J. D., Gainullin B., Liu H., et al., The Effects of Downstream Competition on Upstream Innovation and Licensing. *NBER Working Paper*, No. 25166, 2018.

［105］Blalock G., Gertler P., Welfare Gains from Foreign Direct Investment through Technology Transfer to Local Suppliers. *Journal of International economics*, Vol. 74, No. 2, 2008, pp. 402 – 421.

［106］Brandt L., Thun E., The Fight for the Middle: Upgrading, Competition, and Industrial Development in China. *World Development*, Vol. 38, No. 11, 2010, pp. 1555 – 1574.

［107］Carluccio J., Fally T., Foreign Entry and Spillovers with Technological Incompatibilities in the Supply Chain. *Journal of International Economics*, Vol. 90, 2013, pp. 123 – 135.

［108］Carvalho V. M., From Micro to Macro via Production Networks. *The Journal of Economic Perspectives*, Vol. 28, No. 4, 2014, pp. 23 – 47.

［109］Chang H., Fernando G. D., Tripathy A., *Productivity Spillovers along the Supply Chain*. iDEAs conference, 2009.

［110］Chaudhry T. T., Industrial Clusters in Developing Countries: A

Survey of the Literature. *The Lahore Journal of Economics*, Vol. 10, No. 2, 2005, pp. 15 - 34.

[111] Chen W., Los B., Timmer M. P., Factor Incomes in Global Value Chains: The Role of Intangibles. *NBER Working Paper*, No. 25242, 2018.

[112] Chesbrough H., Kusunoki K., The Modularity Trap: Innovation, Technology Phase Shifts and the Resulting Limits of Virtual Organizations. In I. Nonaka and D. Teece (eds.) *Managing Industrial Knowledge.* London: Sage, 2001.

[113] Chor D., Manova K., Yu Z., The Global Production Line Position of Chinese Firms. *Working Paper*, 2014.

[114] Coe D. T., Helpman E., International R&D Spillovers. *European Economic Review*, Vol. 39, No. 5, 1995, pp. 859 - 887.

[115] Costinot A., Vogel J., An Elementary Theory of Global Supply Chains. *Review of Economic Studies*, Vol. 80, No. 1, 2013, pp. 109 - 144.

[116] Criscuolo C., Timmis J., The Relationship between Global Value Chains and Productivity. *International Productivity Monitor*, Vol. 32, 2017, pp. 61 - 83.

[117] Dean J., Fang K. C., Wang Z., How Vertically Specialized is Chinese Trade. *Review of International Economics*, Vol. 19, No. 4, 2011, pp. 609 - 625.

[118] Deardorff A. V., Fragmentation in Simple Trade Models. *North American Journal of Economics and Finance*, Vol. 12, No. 2, 2001, pp. 121 - 137.

[119] Dedrick J., Kraemer K. L., Linden G., The Distribution of Value in the Mobile Phone Supply Chain. *PCIC Working Paper*, 2010.

[120] Ding K., Hioki S., The Role of a Technological Platform in Facilitating Innovation in the Global Value Chain: A Case Study of China's Mobile Phone Industry. *IDE Discussion Paper Series*, No. 692, 2018.

[121] Dixit A. K., Grossman G. M., Trade and Protection with Multistage Production. *Review of Economic Studies*, Vol. 49, No. 4, 1982, pp. 583 - 594.

[122] Dunning J. H., Lundan S. M., *Multinational Enterprises and the Global Economy*. Cheltenham, UK: Edward Elgar, 2008.

[123] Fajgelbaum P. D., Goldberg P. K., Kennedy P. J., et al., The Return to Protectionism. *NBER Working Paper*, No. 25638, 2019.

[124] Fally T., Production Staging: Measurement and Facts. *University of Colorado – Boulder Working Paper*, 2012.

[125] Feenstra R. C., Hanson G. H., The Impact of Outsourcing and High – Technology Capital on Wages: Estimates for the United States, 1979 – 1990. *Quarterly Journal of Economics*, Vol. 114, No. 3, 1999, pp. 907 – 940.

[126] Feenstra R. C., Sasahara A., The "China Shock", Exports and U. S. Employment: A Global Input – Output Analysis. *NBER Working Paper*, No. 24022, 2017.

[127] Fetzer J. J., et al., Accounting for Firm Heterogeneity within U. S. Industries: Extended Supply – Use Tables and Trade in Value Added using Enterprise and Establishment Level Data. *NBER Working Paper*, No. 25249, 2018.

[128] Foster S. T. Jr., Towards an Understanding of Supply Chain Quality Management. *Journal of Operations Management*, Vol. 26, No. 4, 2008, pp. 461 – 467.

[129] Frohm E., Gunnella V., Sectoral Interlinkages in Global Value Chains: Spillovers and Network Effects. *ECB Working Paper*, No. 2064, 2017.

[130] Fujita M., How Suppliers Penetrate Overseas Market: Internationalization of Chinese Firms from the Value Chain Perspective. *IDE Discussion Paper Series*, No. 727, 2018.

[131] Garvin D., What does "Product Quality" Really Mean?. *Sloan Management Review*, Vol. 26, No. 1, 1984, pp. 25 – 43.

[132] Gereffi G., International Trade and Industrial Upgrading in the Apparel Commodity Chain. *Journal of International Economics*, Vol. 48, No. 1, 1999, pp. 37 – 70.

[133] Gortari A. D., Disentangling Global Value Chains. *NBER Work-*

ing Paper, No. 25868, 2019.

［134］Grossman G. M., Helpman E., *Innovation and Growth in the Global Economy*. Cambridge MA: The MIT Press, 1991.

［135］Grossman G. M., Rossi - Hansberg E., Task Trade between Similar Countries. *Econometrica*, Vol. 80, No. 2, 2012, pp. 593 - 629.

［136］Grossman S. J., Hart O. D., The Costs and Benefits of Ownership: A Theory of Vertical and Lateral Integration. *Journal of Political Economy*, Vol. 94, No. 4, 1986, pp. 691 - 719.

［137］Handfield R. B., Krause D. R., Scannell T. Q., et al., Avoid the Pitfalls in Supplier Development. *MIT Sloan Management Review*, Vol. 41, No. 2, 2000, pp. 37 - 49.

［138］Harrigan J., Reshef A., Toubal F., Techies, Trade, and Skill - Biased Productivity. *NBER Working Paper*, No. 25295, 2018.

［139］Hovhannisyan N., Keller W., International Business Travel: An Engine of Innovation?. *NBER Working Paper*, No. 17100, 2011.

［140］Hummels D., Ishii J., Yi K., The Nature and Growth of Vertical Specialization in World Trade. *Journal of International Economics*, Vol. 54, No. 1, 2001, pp. 75 - 96.

［141］Humphrey J., Upgrading in Global Value Chains. *International Labour Office Working Paper*, No. 28, 2004.

［142］Humphrey J., Schmitz H., Governance and Upgrading: Linking Industrial Cluster and Global Value Chain Research, *IDS Working Paper*, No. 120, 2000.

［143］Inomata S., Taglioni D., Technological Progress, Diffusion, and Opportunities for Developing Countries: Lessons from China. WTO: Global Value Chain Development Report 2019.

［144］Johnson R. C., Measuring Global Value Chains. *Annual Review of Economics*, No. 10, 2018, pp. 207 - 236.

［145］Johnson R. C., Noguera G., Accounting for Intermediates: Production Sharing and Trade in Value Added. *Journal of International Economics*, Vol. 86, No. 2, 2012, pp. 224 - 236.

［146］Johnson R. C., Moxnes A., GVCs and Trade Elasticities with

Multistage Production. *NBER Working Paper*, No. 26018, 2019.

[147] Ju J., Yu X., Productivity, Profitability, Production and Export Structures Along the Value Chain in China. *Journal of Comparative Economics*, Vol. 43, No. 1, 2015, pp. 33 – 54.

[148] Keller W., International Technology Diffusion. *Journal of Economic Literature*, Vol. 42, No. 3, 2004, pp. 752 – 782.

[149] Koopman R., Powers W., Wang Z., et al., Give Credit Where Credit Is Due: Tracing Value Added in Global Production Chains. *NBER Working Paper*, No. 16426, 2010.

[150] Koopman R., Wang Z., Wei S., Tracing Value – Added and Double Counting in Gross Exports. *American Economic Review*, Vol. 104, No. 2, 2014, pp. 459 – 494.

[151] Kraemer K. L., Linden G., Dedrick J., Capturing Value in Global Networks: Apple's iPad and iPhone. *PCIC Working Paper*, 2011.

[152] Lema R., Vang J., Collective Efficiency: A Prerequisite for Cluster Development?. *World Review of Entrepreneurship, Management and Sust. Development*, Vol. 14, No. 3, 2018.

[153] Linden G., Kraemer K. L., Dedrick J., Innovation and Job Creation in a Global Economy: The Case of Apple's iPod. *Journal of International Commerce and Economics*, Vol. 3, No. 1, 2011, pp. 223 – 239.

[154] Linder S. B., *An Essay on Trade and Transformation*. Uppsala: Almqvist & Wiksells, 1961.

[155] Lotfi Z., Sahran S., Mukhtar M., et al., The Relationships between Supply Chain Integration and Product Quality. *Procedia Technology*, Vol. 11, No. 1, 2013, pp. 471 – 478.

[156] Lund S., et al., Globalization in Transition: the Future of Trade and Value Chains. McKinsey Global Institute, 2019.

[157] Ma H., et al., Domestic Value – added in China's Exports and Its Distribution by Firm Owners. *Office of Economics Working Paper*, No. 2013 – 05A, 2013.

[158] Macchiavello R., Morjaria A., Competition and Relational Contracts: Evidence from Rwanda's Coffee Mills. *Buffett Institute Global Pov-*

erty Research Lab Working Paper, No. 17 – 103, 2017.

［159］Macchiavello R., Morjaria A., The Value of Relationships: Evidence from a Supply Shock to Kenyan Rose Exports. *American Economic Review*, Vol. 105, No. 9, 2015, pp. 2911 – 2945.

［160］Meng B., Wang Z., Koopman R., How are Global Value Chains Fragmentated and Extended in China's Domestic Production Networks? . *IDE Discussion Paper*, No. 424, 2013.

［161］Michel B., Hambÿe C., Hertveldt B., The Role of Exporters and Domestic Producers in GVCs: Evidence for Belgium based on Extended National Supply – and – Use Tables Integrated into a Global Multiregional Input – Output Table. *NBER Working Paper*, No. 25155, 2018.

［162］Miller R. E., Temurshoev U., Output Upstreamness and Input Downstreamness of Industries/countries in World Production. *International Regional Science Review*, Vol. 40, No. 5, 2017, pp. 443 – 475.

［163］Nakano S., Nishimura K., Kim J., Multi – Sectoral Value Chain in a Bilateral General Equilibrium. *IDE Discussion Paper Series*, No. 691, 2018.

［164］Newhouse J., *Boeing versus Airbus: The Inside Story of the Greatest International Competition in Business.* New York: A. A. Knopf, 2007.

［165］Nunn N., Relationship Specificity, Incomplete Contracts and the Pattern of Trade. *Quarterly Journal of Economics*, Vol. 122, No. 2, 2007, pp. 569 – 600.

［166］Parsley D. C., Wei S., Explaining the Border Effect: The Role of Exchange Rate Variability, Shipping Costs, and Geography. *Journal of International Economics*, Vol. 55, No. 1, 2001, pp. 87 – 105.

［167］Pavlínek P., Žížalová P., Linkages and Spillovers in Global Production Networks: Firm-level Analysis of the Czech Automotive Industry. *Journal of Economic Geography*, Vol. 16, No. 2, 2016, pp. 331 – 363.

［168］Piermartini R., Rubínová S., Knowledge Spillovers through International Supply Chains. *WTO Working Paper*, ERSD – 2014 – 11, 2014.

［169］Robinson C. J., Malhotra M. K., Defining the Concept of Supply Chain Quality Management and Its Relevance to Academic and Industrial

Practice. *International Journal of Production Economics*, Vol. 96, No. 3, 2005, pp. 315 – 337.

[170] Rodrik D., New Technologies, Global Value Chains, and Developing Economies. NBER Working Paper, No. 25164, 2018.

[171] Romer P. M., Endogenous Technological Change. *Journal of political Economy*, Vol. 98, No. 5, 1990, pp. 71 – 102.

[172] Romer P. M., Increasing Returns and Long Run Growth. *The Journal of Political Economy*, Vol. 94, No. 5, 1986, pp. 1002 – 1037.

[173] Santoni G., Taglioni D., Networks and Structural Integration in Global Value Chains. In J. Amador and F. di Mauro (eds.), *The Age of Global Value Chains: Maps and Policy Issues*. Centre for Economic Policy Research, VoxEU eBook, 2015.

[174] Schmitz H., Collective Efficiency: Growth Path for Small-scale Industry. *The Journal of Development Studies*, Vol. 31, No. 4, 1995, pp. 529 – 566.

[175] Soares A., Soltani E., Liao Y., The Influence of Supply Chain Quality Management Practices on Quality Performance: An Empirical Investigation. *Supply Chain Management: An International Journal*, Vol. 22, No. 2, 2017, doi: 10.1108/SCM – 08 – 2016 – 0286.

[176] Sturgeon T. J., Gereffi G., Rogers K. B., et al., The Prospects for Mexico in the North American Automotive Industry: A Global Value Chain Perspective. *Actes du GERPISA*, Vol. 42, 2010, pp. 11 – 22.

[177] Sturgeon T., Biesebroeck J. V., Gereffi G., Value Chains, Networks and Clusters: Reframing the Global Automotive Industry. *Journal of Economic Geography*, Vol. 8, No. 3, 2008, pp. 297 – 321.

[178] Timmer M. P., et al., Anatomy of the Global Trade Slowdown: based on the WIOD 2016 Release. GGDC Research Memorandum, No. 162, 2016.

[179] Timmer M. P., Dietzenbacher E., Los B., et al., An Illustrated User Guide to the World Input – Output Database: the Case of Global Automotive Production. *Review of International Economics*, Vol. 23, No. 3, 2015, pp. 575 – 605.

[180] Wang Z., Wei S., Yu X., et al., Characterizing Global Value Chains: Production Length and Upstreamness. *NBER Working Paper*, No. 23261, 2017.

[181] Wang Z., Wei S., Zhu K., Quantifying International Production Sharing at the Bilateral and Sector Levels. *NBER Working Paper*, No. 19677, 2013.

[182] World Bank. World Development Report 2020: Trading for Development in the Age of Global Value Chains. World Bank, 2020.

附　　表

附表1　　世界投入产出表包括的主要国家和地区代码及名称

WIOT 国家和地区代码	国家和地区名称
AUS	澳大利亚
BRA	巴西
CAN	加拿大
CHE	瑞士
CHN	中国
IDN	印度尼西亚
IND	印度
JPN	日本
KOR	韩国
MEX	墨西哥
NOR	挪威
RUS	俄罗斯
TUR	土耳其
TWN	中国台湾地区
USA	美国
RoW	世界其他国家和地区
EU	欧盟 28 国

附表2　　中国8区域与省区市分类对照表

区域名称	省、自治区、直辖市名称
东北区域	黑龙江、吉林、辽宁
京津区域	北京、天津
北部沿海区域	河北、山东
东部沿海区域	江苏、上海、浙江

续表

区域名称	省、自治区、直辖市名称
南部沿海区域	福建、广东、海南
中部区域	山西、河南、安徽、湖北、湖南、江西
西北区域	内蒙古、陕西、宁夏、甘肃、青海、新疆
西南区域	四川、重庆、广西、云南、贵州、西藏

附表3　世界投入产出表（WIOT）行业代码及名称

代码	行业名称	代码	行业名称
1	作物和牲畜生产、狩猎和相关服务活动	16	金属制品的制造，但机械设备除外
2	林业与伐木业	17	计算机、电子产品和光学产品的制造
3	渔业与水产业	18	电力设备的制造
4	采矿和采石	19	未另分类的机械和设备的制造
5	食品、饮料、烟草制品的制造	20	汽车、挂车和半挂车的制造
6	纺织品、服装、皮革和相关产品的制造	21	其他运输设备的制造
7	木材、木材制品及软木制品的制造、草编制品及编织材料物品的制造	22	其他制造业
8	纸和纸制品的制造	23	机械和设备的修理和安装
9	记录媒介物的印制及复制	24	电、煤气、蒸气和空调的供应
10	焦炭和精炼石油产品的制造	25	集水、水处理与水供应
11	化学品及化学制品的制造	26	污水处理；废物的收集、处理和处置活动；材料回收等
12	基本医药产品和医药制剂的制造	27	建筑业
13	橡胶和塑料制品的制造	28	批发和零售业以及汽车和摩托车的修理
14	其他非金属矿物制品的制造	29	批发贸易，汽车和摩托车除外
15	基本金属的制造	30	零售贸易，汽车和摩托车除外

续表

代码	行业名称	代码	行业名称
31	陆路运输与管道运输	44	房地产活动
32	水上运输	45	法律和会计活动；总公司的活动；管理咨询活动
33	航空运输	46	建筑和工程活动；技术测试和分析
34	运输的储藏和辅助活动	47	科学研究与发展
35	邮政和邮递活动	48	广告业和市场调研
36	食宿服务活动	49	其他专业、科学和技术活动；兽医活动
37	出版活动	50	出租和租赁活动；就业活动；旅游服务；安全活动；为楼宇和院落景观活动提供的服务
38	电影、录像和电视节目的制作、录音及音乐作品出版活动等	51	公共管理与国防；强制性社会保障
39	电信	52	教育
40	计算机程序设计、咨询及相关活动；信息服务活动	53	人体健康和社会工作活动
41	金融服务活动，保险和养恤金除外	54	艺术、娱乐和文娱活动及所有其他个人服务活动
42	保险、再保险和养恤金，强制性社会保障除外	55	家庭作为雇主的活动；家庭自用、未加区分的物品生产和服务活动
43	金融保险服务及其附属活动	56	国际组织和机构的活动

附表4　　中国区域间投入产出表行业部门代码及名称

代码	中国科学院《中国2010年30省区市区域间投入产出表》行业名称	CEADs《中国2012年30省区市30部门区域间投入产出表》行业名称
1	农林牧渔业	Agriculture
2	煤炭开采和洗选业	Coal mining
3	石油和天然气开采业	Petroleum and gas
4	金属矿采选业	Metal mining

续表

代码	中国科学院《中国2010年30省区市区域间投入产出表》行业名称	CEADs《中国2012年30省区市30部门区域间投入产出表》行业名称
5	非金属矿及其他矿采选业	Nonmetal mining
6	食品制造及烟草加工业	Food processing and tobaccos
7	纺织业	Textile
8	纺织服装鞋帽皮革羽绒及其制品业	Clothing, leather, fur, etc.
9	木材加工及家具制造业	Wood processing and furnishing
10	造纸印刷及文教体育用品制造业	Paper making, printing, stationery, etc.
11	石油加工、炼焦及核燃料加工业	Petroleum refining, coking, etc.
12	化学工业	Chemical industry
13	非金属矿物制品业	Nonmetal products
14	金属冶炼及压延加工业	Metallurgy
15	金属制品业	Metal products
16	通用、专用设备制造业	General and specialist machinery
17	交通运输设备制造业	Transport equipment
18	电气机械及器材制造业	Electrical equipment
19	通信设备、计算机及其他电子设备制造业	Electronic equipment
20	仪器仪表及文化办公用机械制造业	Instrument and meter
21	其他制造业	Other manufacturing
22	电力、热力的生产和供应业	Electricity and hot water production and supply
23	燃气及水的生产与供应业	Gas and water production and supply
24	建筑业	Construction
25	交通运输及仓储业	Transport and storage
26	批发零售业	Wholesale and retailing
27	住宿餐饮业	Hotel and restaurant
28	租赁和商业服务业	Leasing and commercial services
29	研究与试验发展业	Scientific research
30	其他服务业	Other services

附表5　　　我国国民经济行业分类（GB/T 4754－2002）

代码	行业名称	代码	行业名称	代码	行业名称
A	农、林、牧、渔业	18	皮革、毛皮、羽毛（绒）及其制品业	38	通信设备、计算机及其他电子设备制造业
01	农业	19	木材加工及木、竹、藤、棕、草制品业	39	仪器仪表及文化、办公用机械制造业
02	林业	20	家具制造业	40	工艺品及其他制造业
03	畜牧业	21	造纸及纸制品业	41	废弃资源和废旧材料回收加工业
04	渔业	22	印刷业和记录媒介的复制	D	电力、燃气及水的生产和供应业
05	农、林、牧、渔服务业	23	文教体育用品制造业	42	电力、热力的生产和供应业
B	采矿业	24	石油加工、炼焦及核燃料加工业	43	燃气生产和供应业
06	煤炭开采和洗选业	25	化学原料及化学制品制造业	44	水的生产和供应业
07	石油和天然气开采业	26	医药制造业	E	建筑业
08	黑色金属矿采选业	27	化学纤维制造业	45	房屋和土木工程建筑业
09	有色金属矿采选业	28	橡胶制品业	46	建筑安装业
10	非金属矿采选业	29	塑料制品业	47	建筑装饰业
11	其他采矿业	30	非金属矿物制品业	48	其他建筑业
C	制造业	31	黑色金属冶炼及压延加工业	F	交通运输、仓储和邮政业
12	农副食品加工业	32	有色金属冶炼及压延加工业	49	铁路运输业
13	食品制造业	33	金属制品业	50	道路运输业
14	饮料制造业	34	通用设备制造业	51	城市公共交通业
15	烟草制品业	35	专用设备制造业	52	水上运输业
16	纺织业	36	交通运输设备制造业	53	航空运输业
17	纺织服装、鞋、帽制造业	37	电气机械及器材制造业	54	管道运输业

续表

代码	行业名称	代码	行业名称	代码	行业名称
55	装卸搬运和其他运输服务业	69	房地产业	82	卫生
56	仓储业	L	租赁和商务服务业	83	社会保障业
57	邮政业	70	租赁业	84	社会福利业
G	信息传输、计算机服务和软件业	71	商务服务业	R	文化、体育和娱乐业
58	电信和其他信息传输服务业	M	科学研究、技术服务和地质勘查业	85	新闻出版业
59	计算机服务业	72	研究与试验发展	86	广播、电视、电影和音像业
60	软件业	73	专业技术服务业	87	文化艺术业
H	批发和零售业	74	科技交流和推广服务业	88	体育
61	批发业	75	地质勘查业	89	娱乐业
62	零售业	N	水利、环境和公共设施管理业	S	公共管理和社会组织
I	住宿和餐饮业	76	水利管理业	90	中国共产党机关
63	住宿业	77	环境管理业	91	国家机构
64	餐饮业	78	公共设施管理业	92	人民政协和民主党派
J	金融业	O	居民服务和其他服务业	93	群众团体、社会团体和宗教组织
65	银行业	79	居民服务业	94	基层群众自治组织
66	证券业	80	其他服务业	T	国际组织
67	保险业	P	教育	95	国际组织
68	其他金融活动	81	教育		
K	房地产业	Q	卫生、社会保障和社会福利业		

附表6　　我国国民经济行业分类（GB/T 4754–2011）

代码	行业名称	代码	行业名称	代码	行业名称
A	农、林、牧、渔业	15	酒、饮料和精制茶制造业	32	有色金属冶炼和压延加工业
01	农业	16	烟草制品业	33	金属制品业
02	林业	17	纺织业	34	通用设备制造业
03	畜牧业	18	纺织服装、服饰业	35	专用设备制造业
04	渔业	19	皮革、毛皮、羽毛及其制品和制鞋业	36	汽车制造业
05	农、林、牧、渔服务业	20	木材加工和木、竹、藤、棕、草制品业	37	铁路、船舶、航空航天和其他运输设备制造业
B	采矿业	21	家具制造业	38	电气机械和器材制造业
06	煤炭开采和洗选业	22	造纸和纸制品业	39	计算机、通信和其他电子设备制造业
07	石油和天然气开采业	23	印刷和记录媒介复制业	40	仪器仪表制造业
08	黑色金属矿采选业	24	文教、工美、体育和娱乐用品制造业	41	其他制造业
09	有色金属矿采选业	25	石油加工、炼焦和核燃料加工业	42	废弃资源综合利用业
10	非金属矿采选业	26	化学原料和化学制品制造业	43	金属制品、机械和设备修理业
11	开采辅助活动	27	医药制造业	D	电力、热力、燃气及水生产和供应业
12	其他采矿业	28	化学纤维制造业	44	电力、热力生产和供应业
C	制造业	29	橡胶和塑料制品业	45	燃气生产和供应业
13	农副食品加工业	30	非金属矿物制品业	46	水的生产和供应业
14	食品制造业	31	黑色金属冶炼和压延加工业	E	建筑业

续表

代码	行业名称	代码	行业名称	代码	行业名称
47	房屋建筑业	I	信息传输、软件和信息技术服务业	76	水利管理业
48	土木工程建筑业	63	电信、广播电视和卫星传输服务	77	生态保护和环境治理业
49	建筑安装业	64	互联网和相关服务	78	公共设施管理业
50	建筑装饰和其他建筑业	65	软件和信息技术服务业	O	居民服务、修理和其他服务业
F	批发和零售业	J	金融业	79	居民服务业
51	批发业	66	货币金融服务	80	机动车、电子产品和日用产品修理业
52	零售业	67	资本市场服务	81	其他服务业
G	交通运输、仓储和邮政业	68	保险业	P	教育
53	铁路运输业	69	其他金融业	82	教育
54	道路运输业	K	房地产业	Q	卫生和社会工作
55	水上运输业	70	房地产业	83	卫生
56	航空运输业	L	租赁和商务服务业	84	社会工作
57	管道运输业	71	租赁业	R	文化、体育和娱乐业
58	装卸搬运和运输代理业	72	商务服务业	85	新闻和出版业
59	仓储业	M	科学研究和技术服务业	86	广播、电视、电影和影视录音制作业
60	邮政业	73	研究和试验发展	87	文化艺术业
H	住宿和餐饮业	74	专业技术服务业	88	体育
61	住宿业	75	科技推广和应用服务业	89	娱乐业
62	餐饮业	N	水利、环境和公共设施管理业	S	公共管理、社会保障和社会组织

续表

代码	行业名称	代码	行业名称	代码	行业名称
90	中国共产党机关	93	社会保障	T	国际组织
91	国家机构	94	群众团体、社会团体和其他成员组织	96	国际组织
92	人民政协、民主党派	95	基层群众自治组织